Research on the Innovation of Rural
Property Rights Mortgage Financing

农村产权抵押融资创新研究

杜金向 ／著

中国财经出版传媒集团

经济科学出版社
Economic Science Press

图书在版编目（CIP）数据

农村产权抵押融资创新研究／杜金向著．—北京：
经济科学出版社，2020.12
ISBN 978 - 7 - 5218 - 2129 - 1

Ⅰ.①农…　Ⅱ.①杜…　Ⅲ.①农村 - 土地产权 - 抵押
贷款 - 研究 - 中国　Ⅳ.①F321.1

中国版本图书馆 CIP 数据核字（2020）第 241994 号

责任编辑：杜　鹏　常家凤
责任校对：齐　杰
责任印制：王世伟

农村产权抵押融资创新研究
杜金向　著
经济科学出版社出版、发行　新华书店经销
社址：北京市海淀区阜成路甲 28 号　邮编：100142
编辑部电话：010 - 88191441　发行部电话：010 - 88191522
网址：www. esp. com. cn
电子邮箱：esp_bj@ 163. com
天猫网店：经济科学出版社旗舰店
网址：http：//jjkxcbs. tmall. com
固安华明印业有限公司印装
710×1000　16 开　15.25 印张　270000 字
2021 年 6 月第 1 版　2021 年 6 月第 1 次印刷
ISBN 978 - 7 - 5218 - 2129 - 1　定价：78.00 元
（图书出现印装问题，本社负责调换。电话：**010 - 88191510**）
（版权所有　侵权必究　打击盗版　举报热线：**010 - 88191661**
QQ：2242791300　营销中心电话：**010 - 88191537**
电子邮箱：**dbts@esp. com. cn**）

前　言

　　解决农民贷款难问题，可以从解决农民贷款缺少合格抵押物入手。因此，从21世纪初开始，我国在多地进行了农村产权抵押融资的试点工作，林权抵押贷款、农村土地承包经营权抵押贷款以及农民住房财产权抵押贷款纷纷开展试点。人民银行和银监会等监管机构在2008年发文鼓励这种农村金融产品的创新试点，2010年的文件中决定在全国范围内推进这种农村金融产品创新工作。在金融监管机构和地方政府的推动下，各地试点工作顺利开展，试点中每一类抵押贷款都创造了不同的贷款模式，在解决农民贷款难问题方面发挥了很大作用。然而，仅有政策的支持是不够的，《中华人民共和国担保法》和《中华人民共和国物权法》中禁止耕地、宅基地抵押的条款阻碍了各地试点工作的顺利进行，签订的抵押合同得不到法律的认可。为进一步深化农村金融改革创新，加大对"三农"的金融支持力度，2015年8月10日，国务院印发了《关于开展农村承包土地的经营权和农民住房财产权抵押贷款试点的指导意见》，在全国范围内开展农地和农房"两权"抵押贷款的试点工作，并提请全国人大常委会授权，在试点县（市、区）行政区域分别暂时调整实施有关法律规定，也就是暂停了禁止耕地、宅基地抵押的条款。试点工作进行了3年，至2018年结束，取得了一定的成果，也仍然存在一些亟须解决的问题。因此，及时对国家级试点工作进行总结，包括对以前各地进行的试点进行总结，找出存在的问题，提出解决的对策，对解决农民因缺少抵押物造成的贷款难问题具有重要作用。相对于以上"两权"抵押贷款，林权抵押贷款受到的法律限制要少一些，但仍然存在着确权颁证少、价值难以评估等难点问题，影响了这一业务的开展，因而有必要研究解决对策以破解林农贷款难问题。

　　本书共分为九章。第一章"导论"。介绍了本书的研究背景与意义，国内外研究现状，以及本书的主要观点。第二章"农村产权抵押贷款的相关概念和法律法规"。首先介绍了农村产权的相关概念，其次分析了抵押担保与农村产权抵押贷款的概念和理论，最后对我国农村产权抵押的相关法律法规进行介绍。第三章"我国农村土地承包经营权抵押贷款典型模式"。对国家级试点之前各地试点的抵押贷款模式进行总结，主要包括：宁夏平罗县农村土地承包经营权直接抵押贷款模式，成都市"担保公司保证＋农村土地承包经营权反担保"贷款模式，宁夏同心县"协会及会员保证＋农村土地承包经营权反担保"贷款模式，山东枣庄市台儿庄区农地"结对融"模式等。第四章"农村土地承包经营权抵押贷款国家级试点情况"。首先对农村土地承包经营权确权登记颁证工作的试点和推进情况做了介绍，其次介绍了国家级试点工作的布置实施情况和主要做法，最后对3年来试点工作的主要成效进行介绍。第五章"农村土地承包经营权抵押贷款的业务流程"。主要从发放贷款的金融机构的角度，对借款人资格条件，贷款额度、期限和利率，贷款流程等内容进行介绍。第六章"农村土地承包经营权抵押贷款中面临的问题与发展对策"。分析了农村土地承包经营权抵押贷款中面临的困境，提出了发展农村土地承包经营权抵押贷款的对策建议。第七章"农民住房财产权抵押贷款创新"。首先介绍了之前各地农民住房抵押贷款试点情况和国家级农民住房财产权抵押贷款的试点情况，其次对推行农民住房财产权抵押贷款的障碍因素做了分析，最后提出了开展农民住房财产权抵押贷款的对策建议。第八章"林权抵押贷款创新"。首先介绍了我国农村林权抵押贷款的概况、主要模式以及该业务的基本做法，其次分析了我国林权抵押贷款中存在的主要问题，最后提出了发展林权抵押贷款的对策建议。第九章"农村产权抵押贷款调查"。对部分县市农村产权抵押贷款的开展情况做了实地调查，并针对存在的问题提出解决对策。

全书主要对农村土地承包经营权抵押贷款、农民住房财产权抵押贷款、林权抵押贷款进行研究。对于农业设施所有权抵押贷款，部分农业设施如日光温室、大棚等建在耕地之上，属于地上定着物，可与耕地一并抵押，因而在农村土地承包经营权抵押贷款当中有所述及。其他农业设施如畜禽圈舍、储藏窖、冷库、小型农田水利设施以及大型农机具抵押贷款，由于篇幅有限没有进行讨论，这也是本书的不足之处。

本书是在笔者主持的两个天津市哲学社会科学研究规划资助项目基础上完成的。第一个项目是"推动农村'四权'抵押融资方式创新研究"（项目编号：TJYY13－049）。该项目立项时间为2014年2月，2017年3月结项。参与该项目研究的有董乃全、郭昱、高晓燕、安翔四位老师，还有天津财经大学经济学院金融系硕士研究生宋玲、刘晴、宋夏薇、柴津、陈墨畅。第二个项目是"农村承包土地经营权抵押贷款国家级试点评价与推进对策研究"（项目编号：TJYJ18－006）。2018年6月立项，在研。参加者有高晓燕、张庆君、安翔、姜雪冰四位老师，还有天津财经大学金融学院硕士研究生初美慧、鄢园、孙红珊。以上老师和同学在项目研究过程中分别参加了调研、论文写作、研究报告撰写等工作，在此对他们的工作表示感谢！项目同时得到了天津财经大学的奖励和天津财经大学金融学院的配套资金。在此，向天津市哲学社会科学规划领导小组办公室、天津财经大学科研处、天津财经大学金融学院表示衷心感谢！在项目的调研和资料收集过程中，得到了人民银行天津分行、天津市农业农村委的大力支持和热情帮助，在此一并表示感谢！

　　本书最后一章调查报告的调查和撰写，第一节由王凯丽完成，第二节由闫月完成，第三节由王小燕完成，第四节由张莹、饶晓萌完成，第五节由玉爽、饶晓萌完成，第六节由王超完成，第七节由白怡安完成。在本书写作过程中，张莹、王小燕、王凯丽、玉爽、白怡安、王超、闫月、杜心宇同学参与了文字校对，对他们的辛勤工作表示感谢！天津财经大学金融学院副院长王学龙教授对本书的写作和出版给予了很大的支持和帮助，在此表示衷心的感谢！

杜金向

2020年10月

目　录

第一章 导　论

第一节　研究背景与意义

一、研究背景

近年来，我国农村金融改革取得了显著成就，金融机构网点已覆盖了绝大多数乡镇，金融服务已覆盖全部乡镇，农村金融基础设施日益完善，多层次、广覆盖、较完善的农村金融服务体系已初步形成。但农村金融仍然是金融发展的薄弱环节，农村信贷结构不平衡，局部供求矛盾突出。农户、新型农业经营主体贷款难问题仍然没有解决。而从 21 世纪初开始的农户小额信用贷款和农户联保贷款的实施效果在多数地区并不理想，违约率比较高，并且小额贷款不能满足新型农业经营主体的资金需求。

解决农业的资金问题需要从农业经营主体融资入手，拓宽融资渠道、创新融资方式是解决问题的必然选择。虽然近年来农村金融产品创新不断，但由于农业经营主体缺少抵押物，贷款难问题仍然存在。农民承包的土地和农民的住房是其最主要的财产，但法律禁止耕地、宅基地作为抵押财产，导致借款人拿不出有效的财产用于抵押。而银行业金融机构从贷款安全性的原则出发，更愿意发放有担保的贷款。因此，农村缺少抵押物的状况必须得到改善。党的十八届三中全会提出，赋予农民对承包地占有、使用、收益、流转及承包经营权抵押权能。2014 年中央一号文件强调，允许以承包土地的经营权向金融机构抵押融资。2015 年 8 月 10 日，国务院发布了《关于开展农村承包土地的经营权和农民住房财产权抵押贷款试点的指导意见》，选择试点县（市、区）开展两权抵押贷款试点工作。2015 年底，全国人大常委会《关于授权国务院在北京市大兴区等 232 个试点县（市、区）、天津市蓟县①等 59 个试点县（市、区）行政区域分别暂时调整实施有关法律规定的决定》通过，也就是说，耕地、宅基地作为抵押财产，在试点地区已经不再禁止，从而从法律上突破了农村承包土地的经营权和农民住房财产权抵押贷款的最大障碍。2016 年 3 月 15 日，中国人民银行等多部委联合发布了《农村承包土地的经营权抵押贷款试点暂行办法》和《农民住房财产权抵押贷款试点暂行办法》，具体规范两权抵押贷款的试点工作。2017 年，中央一号文件又强调了要深入推进承包土地的经营权和农民住房财产权抵押贷款试点，并要求探索开展大型农机具、农业生产设施抵押贷款业务。

相比于农村承包土地的经营权和农民住房财产权抵押贷款，我国的林权抵押贷款试点开展得比较早。2003 年 6 月，《中共中央国务院关于加快林业发展的决定》强调应进一步完善林业产权制度，对权属明确并已核发林权证的，要切实维护林权证的法律效力，规定森林、林木和林地使用权可依法抵押，为解决林农等经营主体资金短缺问题提供了政策依据。2004 年初，福建省永安市试水了全国首单林权抵押贷款，金额 100 万元。由于森林资源作为抵押物不受我国《中华人民共和国担保法》（以下简称《担保法》）以及后来出台的《中华人民共和国物权法》（以下简称《物权法》）的限制，所以林权抵押贷款试点的困境相对较少。之后，各地的林权抵押贷款试点普遍开展起来，并取得了一定的效果。国务院以及林业主管部门、金融监管机构等先后出台了许多推进林权抵押贷款开展的文件，支持林权抵押贷款业务的开展。

以上几类农村产权抵押贷款相关文件的出台，为面临融资难的农业经营主体提供了解决难题的途径。积极推进农村产权抵押贷款，是农村金融制度的重大创新，有利于增加农业融资能力、推进农业供给侧改革、增加农民收入，同时，还有利于促进农村生产要素的流通，促进农业产业化发展。

二、研究意义

党的十九大报告中"实施乡村振兴战略"部分提出"农业农村农民问题是关系国计民生的根本性问题，必须始终把解决好'三农'问题作为全党工作重中之重"。农村资金短缺，农民因缺少抵押物造成贷款难，是制约农业

---

① 2016 年 7 月 28 日，撤销蓟县，设立蓟州区。

和农村经济发展的突出问题。积极推进农村产权（农村土地承包经营权、农民住房财产权、林权、农业设施所有权、大型农机具所有权）抵押融资，是农村金融制度的重大创新，有利于增强农业融资能力，增加农民财产性收入，同时，还有利于促进农村生产和资本要素的流通，解决农业生产的规模化、集约化问题，促进农业产业化发展。因此，本书的研究内容具有重要的实际意义。

本书的理论意义在于可创新农村金融担保制度，完善我国的担保制度，为《担保法》《物权法》《中华人民共和国农村土地承包法》（以下简称《农村土地承包法》）的修订提供理论依据。

第二节　国内外研究综述

一、国外研究现状

（一）关于担保的作用

詹森和麦克林（Jensen and Meckling，1976）提出，债务契约会诱使股东选择风险更大的项目进行投资，因为借款的利息是固定的，如果某项投资有很高的收益，利息之上的收益将归股东；但当投资失败时，由于股东承担有限责任，债权人将承担其后果，因而损害了债权人利益。结果是债务贬值而股权升值，形成"资产替代效应"。贝斯特（Bester，1985）指出，由于担保交易成本的存在，在不完全信息条件下，担保是市场对不完全信息做出的一种反应，可以降低由不完全信息引起的道德风险问题。

（二）农村土地制度与抵押贷款关系的研究

德索托（De Soto，2000）认为，由于没有明晰的产权证明，农村土地并不能有效地转化为具有流动性的资本，这严重抑制了其融资能力，这一主张促成了拉丁美洲国家及其他国家致力于土地抵押能力提升的产权改革。戴宁格尔（Deininger，2003）指出，土地的确权能够使银行更愿意接受土地作为抵押品。戴宁格尔和宾斯旺格（Deininger and Binswanger，2001）认为，农地金融市场的良好发展依赖于完善的土地流转制度和农地产权有效转让，因而发展中国家普遍将农地确权作为降低农村融资约束的一项重要政策措施。

（三）农地抵押贷款方面

费德（Feder，1988）和洛佩兹（Lopez，1997）分别对泰国和洪都拉斯两国进行分析，发现农地抵押制度改革能够明显改善农村地区信贷供给不足现象，可以有效地提高农户信贷资金的可获得性。贝斯特（1987）认为，土地抵押品可以增加借款人的违约成本，减少其策略性违约行为。菲尔德和托雷罗（Field and Torero，2011）指出，当农户规模小、农地价值低以及处置农地抵押品的成本很大时，即使有明确的农地产权证明，金融机构也不愿意接受农地作为有效抵押品。

二、国内研究现状

（一）农村土地承包经营权抵押的研究

关于农村土地承包经营权抵押贷款的研究，主要集中在以下方面。

1. 土地承包经营权抵押贷款的必要性。大部分学者分析认为，在我国推行土地承包经营权抵押贷款很有必要。刘贵珍（2008）通过国际比较提出了我国推行农村土地承包经营权抵押贷款的必要性，建议对《物权法》和《担保法》进行修改，认为政府应当支持承接该贷款品种的金融机构开展相关业务。杨国平、蔡伟（2009）认为，在"土地保障职责逐步弱化""承包经营权限逐步延长""土地流转规模逐步扩大"的背景下，我国已初步具备了实行农村土地承包权抵押贷款的条件，同时，建议金融机构采用"农村土地经营权直接抵押贷款模式"等三种贷款模式。高锋、周雪梅、肖诗顺（2009）运用产权分析模型对农地抵押担保制度进行研究，其结论表明，农村土地承包经营权已经具备排他性和可分割性的特点，开展农村土地承包经营权抵押担保制度的可行性条件已经初步具备。高圣平、刘萍（2009）提出，农村担保物需要符合以下两个条件："须是具有独立交换价值且法律允许转让的资产""权属明晰且农村村民有权处分的资产"。农村土地承包经营权、林权、农业设施所有权和农民房屋所有权是符合这两个条件的。褚保金、陈畅（2010）总结农村资产"所有权"抵押化的一般途径：农村资产抵押贷款必然是伴随着农村资产的不断增值且到达某一阈值之后才能出现；农村资产抵押贷款要求农村资产保障功能不断下降；政府建立所有权表达机制至关重要，是农村资产抵押贷款必须满足的外部条件；政府建立风险补偿机制降低了农村资产抵押贷款潜在的法律风险和信用风险，对农村金融机构形成有效的激励机制。

2. 试点的效果。张子成（2016）以河北省的国家级试点县为研究对象，发现试点工作进展良好，主要表现在土地确权进展较快、风险基金部分到位、农地抵押贷款业务初步开办、产权中心全部建成、土地流转初具规模等方面。王朝明、朱睿博（2016）以成都为例说明了 2008 年以来的试点取得了一定的成绩，但始终未能实现实质性的突破，进展依旧缓慢，还没有调动起农民和金融机构参与的积极性。陈红民、李长楼（2015）总结了江苏省宿迁市试点的主要做法及成效，例如推动土地确权、搭建流转平台、有效防控风险等。高天放、张新立、连和平等（2017）以邱县为例，发现农地经营权抵押贷款主要投向了农业产业化龙头企业、农民专业合作社等新型农业经营主体，而具有广泛融资需求的个体农户，仍然没有实现有效突破。赵丙奇（2017）通过对浙江和黑龙江两省的实地调研数据进行实证分析，发现农地经营权抵押贷款能够有效缓解农户的融资需求，但也存在小规模农户缓解效果相对不明显的问题。郝志伟（2019）通过对河北省玉田县农村土地承包经营权抵押贷款情况的调查，发现试点工作在确权颁证、风险补偿、产权交易等方面取得了初步成效，但在贷款发放进度上还较为缓慢，试点 3 年尚未发放以土地经营权证作为抵押的贷款，只发放了由担保公司担保并以承包土地经营权抵押反担保的贷款。

3. 供求分析。兰庆高等（2013）分析认为，农村土地生存保障功能强等障碍降低了金融机构的意愿，然而此业务较好地契合了农民正规信贷需求，金融机构有步骤地放开已是大势所趋。刘贵珍（2008）调查得出，七成半农户对土地承包经营权抵押贷款反映积极。于丽红等（2014）得出农户特征与经营权抵押融资需求意愿呈显著正相关关系。

4. 制约因素研究。杨国平、蔡伟（2009）认为，制约土地承包经营权抵押贷款发展的障碍包括：土地评估机构缺乏，土地价值界定难；流转市场发育缓慢，抵押土地变现难；土地登记管理混乱，法律效用发挥难；风险保障机制缺失，贷款风险掌控难等。刘贵珍（2008）认为，我国推行农地抵押贷款的制约因素主要包括：《物权法》《担保法》规定农村土地使用权不能抵押；土地处置、贷款风险等因素制约土地承包经营权抵押贷款推广；缺少承接农地抵押贷款的金融机构。董明、张志强（2008）结合信用社推行土地承包经营权和宅基地使用权抵押贷款的实际情况发现，在推行这"两权"抵押贷款时，由于农户承包的土地、农户住房缺乏产权，再加上评估价值难以确定，这些都给贷款的推广带来不便。其他多数学者（黄慧春等，2014；张子成，2016）也认为，制约此业务开展的因素主要有土地确权颁证慢、土地价值评估困难、土地流转市场不健全、抵押土地变现难、风险保障机制不完善等。郝志伟（2019）发现，经过国家级试点后，仍然存在影响这一业务顺利开展的因素：农民贷款意愿较弱；农村土地抵押价值低，且贷款办理流程复杂；风险补偿比重低，金融机构积极性不高；农村产权交易平台有待完善；土地处置变现难度大等。

5. 实现模式研究。汪险生、郭忠兴（2016）比较了宁夏平罗县与同心县农地抵押贷款的运作过程，指出平罗模式是直接抵押式模式，其改革服务中心集价值评估、抵押登记、抵押物处置等多种功能为一体，是一个综合性管理机构。而同心模式是一种反担保式模式，要求必须由合作社向银行出具承诺书，申明合作社及社员自愿承担连带偿还责任，因而同心县采取的是一种复合型担保措施。刘昌南、张亚军（2016）认为，我国部分地区的试点出现了多种贷款模式，其中，比较有代表性的是直接抵押和"基金担保 + 土地经营权抵押"模式。林建伟、刘伟平（2015）以福建省为例，认为主要有直接抵押和间接抵押两种模式。其中，间接贷款模式是"反担保"模式，包括"公司 + 农户 + 土地承包经营权担保"模式、"农户联保 + 土地承包经营权担保"模式、专项担保基金担保模式等。黄慧春、徐霁月（2016）也将农村土地承包经营权抵押贷款分成"直接型"与"间接型"两种模式。其中，"直接型"模式将农地经营权作为唯一抵押物抵押给了金融机构，作为债权人的金融机构也是抵押权人，而借款人作为债务人也是抵押人。"间接型"模式又可以细分为三种类型：一是"第三方担保 + 农地经营权反担保"模式；二是"农地经营权抵押 + 第三方担保"模式；三是"农地经营权抵押 + 附加财产担保"模式。

6. 政策建议研究。王朝明、朱睿博（2016）认为，要让承包土地经营权抵押贷款真正成为解决农村贷款难问题的有效途径，关键是要创新农地抵押的市场条件，通过市场机制的正常运行来保证金融机构抵押债权能够顺利实现，让金融机构自愿参与到农村承包土地经营权贷款业务中来。李晨曦（2015）在结合黑龙江克山县土地承包经营权抵押贷款的实践中，提出完善农村土地法律框架、完善土地承包经营权登记和承包经营权证书制度、建立农村土地承包经营权价值评估专业机构、扩大抵押物范围、完善相关保障机制等建议。张辉、张晓云、高锦灿（2015）则从政府、监管部门、金融层面三方面阐述了推动农村土地承包经营权抵押贷款工作的政策建议。郝志伟（2019）提出了政府牵头增强各职能部门合力；完善农村社会保障体系，提高农民参与积极性；建立更加完善合理的风险补偿机制；健全农村产权交易平台等对策建议。

（二）农民住房财产权抵押贷款的研究

农民住房财产由宅基地和住房两部分构成。宅基地属于农民集体所有，农户没有所有权，只有使用权；农房是农民最主要的家庭财产，是依据相关法律规定，按"一户一宅"的原则，由所在农村集体经济组织无偿提供宅基地，农户自筹资金建造的，其所有权完全属于农户。农民住房财产权包括农民的房屋所有权和宅基地使用权两部分。虽然农房所有权属于私人，法律不限制其抵押、流转，但流转中需要遵循"房随地走，地随房走"的"房地一体"原则，而法律禁止宅基地使用权的抵押、流转，致使农房也就不能成为向金融机构融资的抵押物了。

一些学者对农民住房财产权抵押贷款的意愿及其影响因素进行了研究。陈霄（2010）以重庆市农村为样本的调查显示，"愿意"将宅基地用于抵押贷款的农户占93%，而表示"不愿意"和"无所谓"的各占3.5%。彭丽坤等（2014）通过对辽宁省331户农民住房财产权抵押贷款意愿的问卷调查，得出以下因素对农户参与农民住房财产权抵押贷款意愿有显著的正影响，包括农户的资金需求、户主的性别、受教育程度、身体状况、年净收入、风险偏好程度等。

对于制约农民住房财产权抵押贷款的因素，几乎所有学者都将法律制约作为首要障碍，现今在国家级试点中试点县（市、区）突破了这一最大障碍，但还有一些法律法规限制了业务的顺利开展。王文卓（2016）认为，受让人必须是房屋所在地的村民，严禁城镇居民在农村购置宅基地，这些规定都会影响农民住房财产权抵押贷款的推出。杜群和董斌（2018）则从抵押权实现的角度进行了分析，认为农民住房财产权抵押贷款在抵押权实现时存在着问题，我国相关法律规定的折价、拍卖和变卖三种抵押权实现方式均不适用商业银行；受让对象范围限定过窄；一些地区试点中允许外部成员成为受让人时，出现"房地分离"，即非集体成员成为农村房屋所有权人，而宅基地使用权的主体仍为抵押人，这就造成宅基地对本集体成员的保障功能无法发挥，受让人也不能安心购买农房。其他制约因素方面，何承斌（2014）指出，宅基地使用权具有很强的社会保障特性，很多农民对宅基地抵押流转持谨慎的态度。戴青兰（2014）认为，试验的农房抵押贷款金额小、风险大，金融机构持谨慎态度不愿发放。杨南平等（2014）认为，农房价值难以评估以及风险补偿机制缺失影响农村住房抵押贷款的推行。惠献波（2014）认为，由于宅基地生存保障功能强、抵押权实现难度大等原因，使得金融机构开展宅基地使用权抵押贷款业务的意愿低。王晓烨（2019）以国家级试点地区之一的福建省晋江市为例进行研究，发现存在确权颁证进度缓慢、流转市场不完善、抵押权变现困难等问题。刘欢、陈文（2018）指出，法律法规不完善、试点地区相关配套制度和保障机制不健全等问题影响了试点效果。许可等（2018）以国家级试点之一的武汉市江夏区为例进行研究，发现试点中存在过度依赖政府政策扶持、农房市场估值体系不完善、农房流转处置机制不健全等瓶颈。

政策建议方面，王文卓（2016）等认为，应该修改相关法律法规，在试点地区要尽快完善配套细则，扫除法律障碍。在其他措施方面，陈霄（2010）提出，为农民颁发统一的房地产证，为抵押提供必备条件。李文娟和杨曦（2015）提出，应通过扩大抵押物处置的受让人范围，搭建正规的流转平台，人口多的农户可以增加一处宅基地，以解决抵押物处置难问题。唐其宝和冷潇潇（2018）提出，应通过引入第三方农房价值评估机构、创新抵押权实现方式以及结合地域经济发展特点有区别地扩大受让人资格范围来突破当前的困境。阮建明、祝麟（2008）认为，农房抵押贷款需要先解决农房的产权认证问题、建立交易流转市场问题和农房的价值评估问题，提出以县为单位，成立专门的农房登记、评估、流转三个中心，作为管理机构，方便抵押物的登记和处置。李成强（2016）认为，农房抵押贷款的风险主要在于抵押物处置难，而流转渠道不畅是抵押物处置难的关键，可通过搭建产权流转平台、扩大抵押农房处置范围、拓宽抵押农房处置方式处置抵押物。惠献波（2018）提出了加大宣传力度、完善相关制度、积极提供差异化的信贷产品、完善农村社会保障制度等建议。

（三）林权抵押贷款的研究

相对于农村土地承包经营权抵押贷款和农民住房财产权抵押贷款，林权抵押贷款没有受到我国《担保法》和《物权法》禁止耕地、宅基地抵押的限制，因此，林权抵押贷款的试点更早一些，相关研究也要早一些。福建省林业厅（2006）对福建省2年多的林权抵押贷款进行回顾，介绍了该省实施林权抵押贷款的具体做法，包括探索多种贷款模式、建立省林业主管部门与金融监管机构以及金融机构长效合作机制、加强相关制度建设、提供林权管理服务；分析了林业融资改革取得的成效，并总结出领导重视、部门配合、开拓创新是此次改革顺利实施的几个关键点。长汀县人民政府（2017）介绍了该县通过创新服务机制、创新贷款模式、创新抵押实物、创新借贷双方双向选择、创新贷款程序、创新评估机制等措施推进林权抵押贷款工作的情况。

对于林权抵押贷款开展的障碍因素，刘振海、肖化军（2007）认为，主要有缺乏相应的实施细则，抵押登记不规范；相关配套措施缺乏，信贷管理难度较大；林权资产保障机制欠缺，风险难以控制；林权资产保障存有法律漏洞，林木抵押权实现难；政策宣传不够，农户对林权抵押管理办法认知度较低等制约因素。佘智禄等（2010）通过对浙江省安吉县林农的调研发现，由于抵押林地使用权的流转政策限制、权限划分不清、申请手续烦琐、抵押率低等原因，制约了有融资需求的林农申请现有林地使用权抵押贷款的意愿。韦欣、葛锦春（2011）指出，专业的评估机构对林权抵押物评估费用过高、缺乏完善的林权要素市场、缺乏针对林权抵押融资参与各方的风险保障机制等问题是当前农村林权抵押贷款融资面临的主要障碍。安立环（2012）认为，制约金融机构开办林权抵押贷款的难题在于缺乏有资质的评估机构，难以客观确定林权价值，还有就是森林保险推进缓慢，银行保全资产难。李慧琴（2017）以福建省三明市为例，分析了发展林权抵押贷款过程中所面临的评估力量薄弱、抵押物估值难、林业要素市场发展滞后、风险保障机制不健全等问题。

对于林权抵押贷款面临的风险，倪剑（2014）分析了2010年至2012年6月云南省林权抵押贷款的现状，选取了全省13家金融机构数据进行实证分析，发现不良贷款主要源于林产品市场价格波动大、自然灾害、投资失败和产权纠纷、盗伐及其他因素，表明林权抵押贷款主要面临信用风险，并提出了相应的解决方案和政策建议。丁月成、祝峰（2015）指出，林权抵押融资风险主要来自森林资源的自然属性风险、法律规章不健全的风险、配套服务不完善的风险和金融机构信贷自身管理方面产生的风险。孙红、张乐柱

（2016）指出，林权抵押融资在贷前无法进行清晰的产权界定，在贷后存在违约难以处置的风险，而且由于存在较高的看护成本，部分林农疏于看护管理，银行也无法监管，增加了贷款难以偿还的可能性，这些无疑都制约了林权抵押融资的发展。

在对策研究方面，关于开展林权抵押贷款的对策，刘振海、肖化军（2007）建议加大林权改革力度，为林权抵押贷款业务拓宽创造条件；加强相关政策宣传，提高社会公众认知度；加强部门协作，规范林权抵押贷款管理；加强业务创新，实行林户贷款联保制度；完善林木资产评估。田刚、刘亚男（2018）针对河北省林权抵押贷款现状，提出了灵活确定贷款期限、加强政府补贴参与力度、加强林业部门与金融机构的合作、完善林权配套体系建设、优化林权流转等对策建议。关于防范林权抵押贷款风险的对策，倪剑（2014）指出，抵押品是常见的第二还款来源，因而要加强对抵押品风险的有效管理，这样，当借款人无法按时还款时，就可以减少或避免金融机构的损失。具体可以通过完善抵押林权评估制度、加强抵押林权的贷后管理、健全林权信息共享和交易流转机制等手段进行管理。吴琦（2018）认为，要防范林权抵押贷款的风险，首先，从发放贷款的金融机构看，应从贷前调查、贷中审查、贷后检查等方面构建全周期风险防控体系；其次，发放贷款的金融机构应当与地方政府林业主管部门、金融监管机构合作，构建林权抵押贷款的风险分散和补偿机制，包括建立和完善林权流转交易平台、林权抵押担保机制、林业保险制度和林业信用体系，实现风险的转移和共担。

三、国内外研究评述

虽然国外农地制度与我国的不同，但其研究仍然能在土地确权、处置抵押物以及约束条件研究等方面对本书研究提供借鉴。

国内学者们从不同角度研究了农村产权抵押贷款问题，为本书研究提供了重要的参考。但这些研究还相对不足，如确权颁证的可操作性措施、抵押权实现的有效途径等。因此，有必要对各地区农村产权抵押贷款实践经验进行系统梳理和总结，对农村产权抵押贷款的绩效进行科学评价，对农村产权抵押贷款的程序进行系统设计，以适应试点后农村产权抵押贷款全面推进的需要。

第三节　主要观点

在银行存在抵押物崇拜的情况下，农户、新型农业经营主体的贷款难问题，实际上就是其没有合格抵押物的问题，最起码这是一个主要原因。相关法律禁止耕地、宅基地等作为抵押财产，导致借款人承包的土地和住房等不能抵押则是更深层次的原因。因此，创新农村抵押担保方式，解决借款人没有合格抵押物的问题，是解决农村贷款难问题的关键。

一、建议修订相关法律条款，突破抵押物不合法的限制

在金融监管部门和地方政府的推动下，多地进行了拓宽农村抵押担保物范围的试点，取得了不少成功经验，也得到了中央的肯定，但也存在着难以克服的问题。试点中银行实现抵押权时，法院仍然按照相关法律的规定，认定抵押合同无效，致使抵押权难以实现，影响了银行开展这类抵押贷款的积极性，也使农户和新型农业经营主体因没有有效抵押物依旧贷款难。国家级试点后，全国人大常委会决定在试点地区暂停执行相关法律条款，突破了耕地、宅基地等不能抵押的限制。试点结束后，虽然《担保法》和《物权法》还没有修订，但在2018年12月29日修订的《农村土地承包法》中，规定承包方可以用承包地的土地经营权向金融机构融资担保，也就是允许承包土地抵押了，农地抵押贷款的最大障碍被破除。按照新法优于旧法的原则，对于耕地的使用权能不能抵押的问题，应当按照修订后的《农村土地承包法》的规定，而不是按照《担保法》和《物权法》的规定，从而也消除了农村金融机构开展农村产权抵押贷款业务的顾虑。不过，宅基地不能作为抵押物的问题还是没有解决，因此，《担保法》和《物权法》还是要抓紧修订。

除了上述法律障碍之外，一些阻碍抵押物流转的法律法规也要修订，例如，各省份的《土地管理条例》中都禁止村民将宅基地上建设的住宅向城镇居民出售，同时禁止城镇居民购买农村宅基地。这些规定使得放贷银行在处置抵押物时难以找到受让人，所以要尽快解决，要通过宅基地的"三权分置"试点抓紧解决。

二、加快农村产权确权登记颁证，为农村产权抵押贷款创造前提条件

确权登记颁证是推动土地规范流转、促进土地适度规模经营、发展现代农业的客观需要，也是开展农村产权抵押贷款的前提。确权登记颁证后，产权明晰，有利于承包土地向种植大户、家庭农场和农民专业合作社等新型农业经营主体流转，也有利于成片耕地向金融机构抵押取得贷款。同样，农民住房财产权、林权也要抓紧确权登记颁证工作。

三、建立专业的第三方农村产权评估机构，制定科学的评估方法

由政府出资建立农村产权评估机构对抵押物进行价值评估，是比较好的评估办法。这样可以做到尽可能的科学、公正，评估结果更加合理。同时，要培养合格的专业评估人员，既要有专业知识，又要能够吃苦耐劳。此外，政府部门要出台农村产权抵押价格评估办法，对农村产权的评估条件、参考因素和评估方法形成统一规范的标准。当然，在抵押人认可的情况下，由银行自行评估也是可以的，这也需要抵押权人与抵押人双方协商确定，而不能由银行单方面确定，这样可以节省评估费用。

四、建立多层次的农村产权交易市场，使抵押权能够顺利实现

建立地市、县、乡镇、村四级农村产权市场网络，形成一个体系，使农村产权的流转信息能够在更大的范围内被人们知晓，使农村金融机构更加愿意发放农村产权抵押贷款，抵押权的实现才会变得容易。同时，完善的农村产权交易市场可以方便耕地等资源的流转，使一部分土地转移到种植大户、家庭农场和农民专业合作社的手中，形成适度的规模经营，规模化、设施化、现代化需要大额的资金，对银行贷款有了更大的需求，而农村银行业金融机构也愿意发放这种有大片土地作抵押的贷款，这必将促进农村产权抵押贷款的发放。农村产权交易市场应该允许各类农村产权交易，以实现功能的最大化。

五、创新抵押物流转方式，方便银行实现抵押权

农村产权在挂牌流转之前，要先在本村本乡镇进行流转信息的发布，先在本村公告，再在本乡镇公告，如果有愿意转入的，就可以流转给当地农民，用作耕作或居住都是比较方便的。在本乡镇还没有流转出去的话，就可以在地市级的农村产权交易市场挂牌流转了。同时，由政府出资成立政策性的农村产权收储中心，收储金融机构因行使抵押权而取得的且持有期限超过 1 年的耕地、农房、林地和农业设施，保证金融机构抵押权的最终实现。

六、发布相关配套措施，完善农村产权抵押制度

建立政策性农业担保公司，为农村产权抵押贷款提供保证担保，分散抵押贷款的风险。加快发展政策性农业保险，确保借款人收益的稳定，提高农村金融机构贷款的安全性。设立县级农村产权抵押贷款风险补偿基金，在金融机构发生贷款损失时予以适度补偿。健全农村社会保障制度，解决农民申请农村产权抵押贷款的后顾之忧。

第二章　农村产权抵押贷款的相关概念和法律法规

第一节　农村产权的相关概念

一、所有权以及集体所有权

（一）所有权的概念

所有权是指所有权人对自己的不动产或者动产，依法享有占有、使用、收益和处分的权利（《物权法》第三十九条）。《中华人民共和国民法通则》（以下简称《民法通则》）第七十一条采用"财产所有权"的概念，是指所有人依法对自己的财产享有占有、使用、收益和处分的权利。其中，占有，是指对物的事实支配状态，物包括不动产和动产。使用，是指按照物的性能，不损坏其物或变更其性质地加以利用，以满足其生产或生活上的需要。收益，是指收取物的孳息，包括天然孳息（如果树的果实）和法定孳息（如房屋的租金）。处分，是指决定物在法律上或事实上的命运。决定物在法律上的命运，叫作法律上的处分，是指处分所有物的某些权能，例如设立抵押权、质权等，所有权是拥有处分权的一种法律依据。决定物在事实上的命运，称为事实上的处分，是指在事实上改变所有物的性状，例如把作为所有物的食物吃掉。

占有、使用、收益和处分是所有权在正常状态下的内容及表现，所有权人依据自己之力，不需要借助他人的行为即可进行。

财产大体上可以分为不动产、动产和知识财产（也就是知识产权）三种，在抵押担保中只涉及前两种，因而这里只讨论前两种。不动产，即不能移动的财产，是指土地、房屋以及附着于土地、房屋上的不可分离的部分（如树木、水暖设备等）。动产，即可以移动的财产，是指能够移动而不损害其经济用途和经济价值的物，也可以说动产是指不动产以外的有形财产。物就数量来说，大多数属于动产，所以动产有很多种，如果从可以充当担保物品的角度看，动产可以分为飞机、船舶、汽车等动产；企业的机器设备、农业用具、牲畜等动产；企业的产品、材料等动产。

（二）集体所有权

《民法通则》第七十四条规定，劳动群众集体组织的财产属于劳动群众集体所有，包括：（1）法律规定为集体所有的土地和森林、山岭、草原、荒地、滩涂等；（2）集体经济组织的财产；（3）集体所有的建筑物、水库、农田水利设施和教育、科学、文化、卫生、体育等设施；（4）集体所有的其他财产。集体所有的土地依照法律属于村农民集体所有，由村农业生产合作社等农业集体经济组织或者村民委员会经营、管理。已经属于乡（镇）农民集体经济组织所有的，可以属于乡（镇）农民集体所有。集体所有的财产受法律保护，禁止任何组织或者个人侵占、哄抢、私分、破坏或者非法查封、扣押、冻结、没收。

可见，我们国家现阶段的集体所有，主要还是属于村农民集体所有，也有少部分财产属于整个乡镇农民集体所有。在人民公社时期，我国农村是三级所有、队为基础，其中的"三级所有"是指农村生产资料分别属于人民公社、生产大队、生产队三级集体所有。

《物权法》第五十八条规定，集体所有的不动产和动产包括：（1）法律规定属于集体所有的土地和森林、山岭、草原、荒地、滩涂；（2）集体所有的建筑物、生产设施、农田水利设施；（3）集体所有的教育、科学、文化、卫生、体育等设施；（4）集体所有的其他不动产和动产。第五十九条规定，农民集体所有的不动产和动产，属于本集体成员集体所有。下列事项应当依照法定程序经本集体成员决定：（1）土地承包方案以及将土地发包给本集体以外的单位或者个人承包；（2）个别土地承包经营权人之间承包地的调整；（3）土地补偿费等费用的使用、分配办法；（4）集体出资的企业的所有权变动等事项；（5）法律规定的其他事项。

二、农村双层经营体制

农村双层经营体制，是指家庭分散经营和集体统一经营相结合的一种经营模式。农村集体经济组织实行家庭承包经营为基础、统分结合的双层经营体制。这是实行家庭联产承包责任制之后，面对农民承包土地分散经营还是不是社会主义的质疑，而提出的一种经营体制改革的理论。强调农村土地，主要指耕地，其所有权仍然是集体所有，社会主义公有制性质没有改变。

从我国农村土地制度的演变来看，中华人民共和国成立初期，通过农村土地改革，农民分到了自己的土地，这个时候实行的是农民家庭土地私有制。后来，由于农民缺少牲畜、农具等生产资料，生产力水平低下，难以有效地组织生产，抵抗风险的能力也低，影响了农业发展，部分农民因贫困再次失去了自己的土地。为了实现农民的共同富裕，中央号召农民组织起来，开展了农业合作化运动，在农村实行社会主义公有制。合作化运动最初成立互助组，后来成立了初级社，再后来成立了高级社，最后在高潮时期成立了人民公社。这种人民公社大集体的所有制，规模太大，在规模上相当于现在的一个乡镇，这么多的社员，土地集体所有，组织生产难度很大，收获的粮食放在一起，集体开办大食堂。在这种制度下干多干少一个样，收获多了会被抽调走，严重影响了农民的生产积极性，造成农业减产。为了解决这种拔高的公有制带来的弊端，中央对人民公社制度进行了调整，实行了"三级所有，队为基础"的制度。"三级所有"是指农村生产资料分别属于人民公社、生产大队、生产队三级集体所有，"队为基础"是指在三级所有制中，生产队的所有制是基本的。以生产队为基本核算单位，生产队也称生产小队，简称小队，是最基本的生产单位，对其所有的耕地、牲畜、农机具、山林、水面、草原及生产安排拥有自主权，不过这种所有权和自主权是相对的，当时生产大队调整生产小队牲畜的情况是存在的，甚至调整耕地情况也是存在的，只是这种调整并不经常发生，一般相隔几年或者十几年调整一次。当然也有少数地区以生产大队或人民公社为基本核算单位。从所有制看，耕地、牲畜、传统的农机具等基本上都是生产队全体成员所有，拖拉机等现代化的农业生产资料则由生产大队全体成员所有，归人民公社全体成员所有的财产例如当时社队企业中的社办企业，当然镰刀锄头之类的小型农具则由农民自备属于私有。"三级所有，队为基础"的制度模式当时被认为是最好的所有制形式，实行了20

年左右的时间，这是该阶段人民公社的根本制度，并且当时认为在今后的一段时间里这一制度还要进一步发展完善。这一时期，农村土地归全体成员集体所有，是集体所有制，每个生产小队的土地归全体社员所有，社员一起劳动，实行按劳分配，或按"工分＋人口"分配，是一种集体集中统一经营的体制。但是，当时并没有经营体制之说，强调的只是社会主义集体所有制。

家庭联产承包责任制之后，最初有几种不同的承包形式，经过演变，最后基本上都是把土地承包给农户，大家自己种植了，俗称"大包干"。因此，有人认为这是分田单干，不是搞公有制了，是私有制。对此，理论上的解释是，所有制没有改变，还是劳动者集体所有制，只是一种新型的经营体制。这一体制是在打破了原来的集体所有、集体集中统一经营的体制之后而建立的，实行集体统一经营和农户家庭承包经营相结合的一种合作经营方式，即集体统一经营是一个层次，农户家庭承包经营是一个层次，这就是"双层"，当然，其以农户家庭经营为主。

从双层经营体制的特征看，首先，它是以土地集体所有制为基础的，土地的所有制性质仍然是劳动农民集体所有制。推行以家庭承包经营为基础的农村双层经营体制，完全保留了土地为劳动农民集体所有的性质，这表明它并没有脱离社会主义方向。其次，它以土地"两权"分离为前提。土地的使用权从所有权中分离出来，这是产生家庭经营这一基础层次的前提。在两权分离之后，可以充分发挥家庭个人经营的积极性，克服了计划经济下集体高度统一经营的弊端。

总之，在农村双层经营体制下，出现了农村的土地集体所有权和农户的承包经营权的分置，此时的承包权和经营权是一体的，承包土地的农户，同时具有了经营权，或者说也就拥有了经营权，所以叫农户承包经营权。

三、土地承包经营权和宅基地使用权

（一）用益物权

用益物权是指以支配标的物的使用价值为内容的物权，或者说，用益物权人对他人所有的不动产或者动产，依法享有占有、使用和收益的权利（《物权法》第一百一十七条）。法律规定属于集体所有的自然资源，单位、个人依法可以占有、使用和收益。可见，用益物权派生于所有权，其内容包括占有、使用和收益。土地承包经营权和宅基地使用权都属于用益物权。

（二）土地承包经营权

1. 土地承包经营权的概念。土地承包经营权，是指农户等承包人依法对其承包经营的耕地、林地、草地等享有占有、使用和收益的权利，有权从事种植业、林业、畜牧业等农业生产（《物权法》第一百二十五条）。

2. 农村土地承包采取的方式。《农村土地承包法》第三条规定，国家实行农村土地承包经营制度。农村土地承包采取农村集体经济组织内部的家庭承包方式，不宜采取家庭承包方式的荒山、荒沟、荒丘、荒滩等农村土地，可以采取招标、拍卖、公开协商等方式承包。可见，我国农村土地承包方式主要有两种：一是农村集体经济组织内部的家庭承包；二是通过招标、拍卖、公开协商等方式的承包。其中，第一种方式是占主导地位的承包方式，目前研究中所说的土地承包经营权大多指这一种；第二种承包方式是针对荒山、荒沟、荒丘、荒滩等农村土地的，这些土地不宜采取家庭承包方式，"四荒地"依法用于农业生产经营的，采用第二种承包方式。在我国《担保法》和《物权法》中，禁止抵押的是第一种方式承包的农村土地，而"四荒"土地经发包方同意可以抵押。

3. 农村土地承包经营权的内容。农村土地承包经营权是农民的一项非常重要的权利，包含着诸多权利内容。根据相关法律的规定，承包经营权应包括以下内容。一是承包权，指农户在其承包期限内依法对集体所有的土地享有占有和使用的权利。这是承包人因从事种植业、林业、畜牧业、渔业生产或其他生产经营项目而承包使用集体所有的耕地或森林、山岭、草原、荒地、滩涂、水面的权利。二是经营权，指在国家法律、行政法规允许的范围内自主，在不改变承包土地用途的前提下，给予承包方经营的自主权。在生产经营的过程中，承包人具有自行决定农业生产项目的类型、怎样生产以及如何销售的权利。在农村土地承包经营制度的早期，承包权和经营权都是属于承包农户的，近年来允许农村土地流转以后，流转的土地上才出现了承包权和经营权的分离。三是收益权，指通过自主在承包土地上进行经营活动后占有经营所得利益的权利。这是土地承包经营权的目的及功能之一，早期承包农户的经营成果要上缴农业税，同时上缴集体提留给发包方，现在这些都不用上缴了，农民在承包土地上种植或者养殖，产生的收益都归承包人拥有。四是流转权，指承包方可以将承包的土地依法采取转让、出租、互换、转包、入股等方式，将其拥有的农村土地承包经营权流转给其他农户或经济组织，由其他农户或经济组织行使农村土地承包经营权，或行使单独的经营权。五是抵押权，指在农村集体土地所有权、承包权、经营权"三权分离"的情况下，允许承包方用承包的土地或新型农业经营主体用流转来的土地的经营权向金融机构抵押取得贷款的权利。六是补偿权，指家庭承包的农村土地在被依法征用、占用时，承包方依法享有获得相应补偿的权利。对于流转来的土地，新型农业经营主体的农业设施、种植养殖产品，也有权利获得补偿，而农村土地的补偿归原来的承包方。七是继承权，指承包人应得的承包收益，依照《继承法》的规定继承（《农村土地承包法》第三十二条第一款）。我国《继承法》第四条规定，个人承包应得的个人收益，依照该法规定继承。个人承包，依照法律允许由继承人继续承包的，按照承包合同办理。这里主要关注的是继承人能不能继续承包的问题。林地承包的承包人死亡，其继承人可以在承包期内继续承包（《农村土地承包法》第三十二条第二款）。虽然没有规定耕地、草地的承包经营权可以继承，但实践中，在耕地 30 年、草地 30~50 年的承包期内，承包人死亡的，其承包的土地并不会被发包方收回，仍然由其继承人经营，因为这个时候并不进行承包土地的调整。

（三）宅基地使用权

宅基地使用权，是指宅基地使用权人（实际上就是农户）依法对集体所有的土地享有占有和使用的权利，有权依法利用该土地建造住宅及其附属设施（《物权法》第一百五十二条）。《物权法》第一百五十三条规定，宅基地使用权的取得、行使和转让，适用土地管理法等法律和国家有关规定。

取得宅基地使用权，须具有一定的资格条件，并且要经过一定的程序。一般而言，只有本集体经济组织成员，或者说本村村民，达到一定的条件才可以申请。《中华人民共和国土地管理法》（以下简称《土地管理法》）第六十二条规定，农村村民一户只能拥有一处宅基地，其宅基地的面积不得超过省、自治区、直辖市规定的标准。农村村民建住宅应当符合乡（镇）土地利用总体规划，并尽量使用原有的宅基地和村内空闲地。农村村民住宅用地，经乡（镇）人民政府审核，由县级人民政府批准；其中，涉及占用农用地的，依照该法第四十四条的规定办理审批手续。农村村民出卖、出租住房后，再申请宅基地的，不予批准。

国务院于 1993 年 6 月 29 日发布并于 1993 年 11 月 1 日起施行的《村庄和集镇规划建设管理条例》第十八条第一款规定，农村村民在村庄、集镇规划区内建住宅的，应当先向村集体经济组织或者村民委员会提出建房申请，经村民会议讨论通过后，按照下列审批程序办理：（1）需要使用耕地的，经乡级人民政府审核、县级人民政府建设行政主管部门审查同意并出具选址意见书后，方可依照《土地管理法》向县级人民政府土地管理部门申请用地，经县级人民政府批准后，由县级人民政府土地管理部门划拨土地；（2）使用原有宅基地、村内空闲地和其他土地的，由乡级人民政府根据村庄、集镇规划和土地利用规划批准。

四、三权分置

三权分置，概括地讲，就是指农村的土地集体所有权、农户的承包权、土地的经营权这"三权"分置并行。

在以往双层经营体制下，所有权是集体的，农户具有承包经营权。如今，原来的承包经营权一分为二了，承包权还是归农户，经营权可以是农户自己的，也可以流转出去，由承包农户以外的种植大户、家庭农场、农民专业合作社、龙头企业等进行经营。农村土地集体所有权是土地承包权的前提，农户享有承包经营权是集体所有的具体实现形式，在土地流转中，农户承包经营权派生出土地经营权。

根据中共中央办公厅、国务院办公厅 2016 年 10 月 30 日印发的《关于完善农村土地所有权承包权经营权分置办法的意见》，"三权分置"的格局包括以下内容。

（一）农村土地集体所有权

农村土地归全体农民集体所有，是农村基本经营制度的根本，必须得到充分的体现和保障，不能虚置。土地集体所有权人对集体土地依法享有占有、使用、收益和处分的权利。农民集体是土地集体所有权的权利主体，在完善"三权分置"办法过程中，要充分维护农民集体对承包地发包、调整、监督、收回等各项权能，发挥土地集体所有的优势和作用。农民集体有权依法发包集体土地，任何组织和个人不得非法干预；有权因自然灾害严重毁损等特殊情形依法调整承包地；有权对承包农户和经营主体使用承包地进行监督，并采取措施防止和纠正长期抛荒、毁损土地、非法改变土地用途等行为。承包农户转让土地承包权的，应在本集体经济组织内进行，并经农民集体同意；流转土地经营权的，须向农民集体书面备案。集体土地被征收的，农民集体有权就征地补偿安置方案等提出意见并依法获得补偿。通过建立健全集体经济组织民主议事机制，切实保障集体成员的知情权、决策权、监督权，确保农民集体有效行使集体土地所有权，防止少数人私相授受、谋取私利。

（二）农户的承包权

农户享有土地承包权是农村基本经营制度的基础，因而要稳定现有土地承包关系并保持长久不变。土地承包权人对承包土地依法享有占有、使用和收益的权利。农村集体土地由作为本集体经济组织成员的农民家庭承包，不论经营权如何流转，集体土地承包权都属于农民家庭。任何组织和个人都不能取代农民家庭的土地承包地位，都不能非法剥夺和限制农户的土地承包权。在完善"三权分置"办法的过程中，要充分维护承包农户使用、流转、抵押、退出承包地等各项权能。承包农户有权占有、使用承包地，依法依规建设必要的农业生产、附属、配套设施，自主组织生产经营和处置产品并获得收益；有权通过转让、互换、出租（转包）、入股或其他方式流转承包地并获得收益，任何组织和个人不得强迫或限制其流转土地；有权依法依规就承包土地经营权设定抵押、自愿有偿退出承包地，具备条件的可以因保护承包地获得相关补贴。承包土地被征收的，承包农户有权依法获得相应补偿，符合条件的有权获得社会保障费用等。不得违法调整农户承包地，不得以退出土地承包权作为农民进城落户的条件。

（三）土地的经营权

如前所述，农村改革之初，在双层经营体制下，所有权是集体的，农户具有承包经营权。也就是说，承包土地的农户本身就有经营权，承包权与经营权是一体的，当然也没有分置的必要。随着农村的不断变革，出现了种植大户、家庭农场、农民专业合作社等新型农业经营主体，它们的土地大多数是流转而来的，在经营过程中需要有一定的经营权，否则难以解决生产经营过程中出现的一些难题。因此，赋予经营主体更有保障的土地经营权，是完善农村基本经营制度的关键。土地经营权人对流转土地依法享有在一定期限内占有、耕作并取得相应收益的权利。在依法保护集体所有权和农户承包权的前提下，要平等地保护经营主体依流转合同取得的土地经营权，保障其有稳定的经营预期。在完善"三权分置"办法的过程中，要依法维护经营主体从事农业生产所需的各项权利，使土地资源得到更有效合理的利用。经营主体有权使用流转土地自主从事农业生产经营并获得相应收益，经承包农户同意，可依法依规改良土壤、提升地力，建设农业生产、附属、配套设施，并依照流转合同约定获得合理补偿；有权在流转合同到期后按照同等条件优先续租承包土地。经营主体再流转土地经营权或依法依规设定抵押，须经承包农户或其委托代理人书面同意，并向农民集体书面备案。流转土地被征收的，地上附着物及青苗补偿费应按照流转合同约定确定其归属。承包农户流转出土地经营权的，不应妨碍经营主体行使合法权利。要加强对土地经营权的保护，引导土地经营权流向种田能手和新型经营主体；支持新型经营主体提升地力、改善农业生产条件、依法依规开展土地经营权抵押融资；鼓励采用土地股份合作、土地托管、代耕代种等多种经营方式，探索更多放活土地经营权的有效途径。

以坚持土地集体所有权、稳定农户承包权、放活土地经营权为原则的"三权分置"改革，是继家庭联产承包责任制之后，我国农村改革的又一重大制度创新，让当时全国 4.6 亿亩农村流转的土地迸发出新的活力，使承包户放心流转，经营者安心投入，亿万农民受益。截至 2016 年 6 月，全国 2.3 亿农户中，就有超过了 30% 的农户流转土地。270 多万农业合作社、家庭农场等新型经营主体，依靠流转土地进行规模化经营，成为真正的生产经营者。承包权主体与经营权主体分离，双方权属清晰，经营者可以放心经营，对土地进行长期投资，一些原承包农户，则可以进城打工，不用再分心种地，实现双赢。①

第二节 抵押担保与农村产权抵押贷款

一、担保与金融担保

(一) 担保的概念与作用

1. 担保的概念。担保是指担保人与债权债务关系中的债权人根据相互约定或者法律规定，在债务人不履行债务的情况下，担保人承担担保责任，以

---

① 中央电视台. "三权分置"制度改革：让全国 4.6 亿亩土地迸发新活力 [EB/OL]. http: // tv. cctv. com/，2016 – 11 – 27.

保证债权人的债权得以实现的一种法律制度。担保通常由当事人双方订立担保合同设定，即由担保人与债权人以担保合同进行约定。

担保涉及三方当事人，即债权债务关系中的债权人、债务人和担保人。债权人又称担保权人，也称担保相对人；债务人是被担保人；担保人，即向债权人作出担保的人，既可以是债务人本人，也可以是债务人以外的第三人。

2. 担保的作用。担保的作用是保障债权的实现。首先，担保能促进债权正常实现，这是担保制度最基本的作用。在订立合同时，由债务人提供的担保可以迫使债务人及时清偿债务，否则其担保财产就会被处分用来还债，而这种处分往往是打折出售，会造成担保人损失。其次，担保为债权人提供了有效的债权救济途径。当债务人不履行债务时，债权人可以直接向承担担保责任的第三人请求代为履行或者承担连带责任，或者对特定担保财产进行处分，以实现优先受偿。从以上两点可以看出，在社会经济活动中，担保的存在促进了商品的流通和资金的融通，可以保障社会经济的稳定发展。

（二）担保方式与金融担保

1. 担保的方式。我国《担保法》第二条明确了五种担保方式：保证、抵押、质押、留置和定金。在这五种担保方式中，保证、抵押、质押和定金可由合同当事人自由设定，依当事人同意而发生，故称为约定担保；留置则是直接依据法律规定而发生，不得由当事人自由设定，故称为法定担保。但是，《担保法》第八十四条规定："当事人可以在合同中约定不得留置的物。"因此，当事人虽不得任意设定留置权，却能以约定的方式排除留置权，即约定哪些物品不得留置。

2. 金融担保。金融行业属于高风险行业，负债率高，金融安全关系到整个国民经济的稳健运行。商业银行的业务应以安全性作为首要的经营原则，为了保障贷款的安全，实行担保就是必需的了。《中华人民共和国商业银行法》（以下简称《商业银行法》）第七条规定，商业银行开展信贷业务，应当严格审查借款人的资信，实行担保，保障按期收回贷款。第三十六条第一款规定，商业银行贷款，借款人应当提供担保。商业银行应当对保证人的偿还能力，抵押物、质物的权属和价值以及实现抵押权、质权的可行性进行严格审查。中国人民银行发布的《贷款通则》第十条第一款中，也同样规定除委托贷款以外，贷款人发放贷款，借款人应当提供担保。贷款人应当对保证人的偿还能力，抵押物、质物的权属和价值，以及实现抵押权、质权的可行性，进行严格审查。从以上金融法律和行政规章中可以看出，担保法中虽然规定了五种担保方式，但适用于金融的担保方式只有三种，即保证、抵押和质押。

保证是指主合同当事人以外的第三人向主债权人承诺，当债务人不履行债务时，由其按照约定履行债务或者承担责任的一种担保方式。保证属于人的担保，其中，以自己的资信向债权人作保证的第三人，称为保证人。抵押是一种物的担保方式，是债务人或第三人不转移对某一特定财产的占有，而依照一定的方式将该财产作为债权的担保。债务人不履行债务时，债权人有权依法将该财产折价收归己有或者以拍卖、变卖该财产的价款优先受偿。其中，提供财产的一方当事人称为抵押人，可以是债务人自己也可以是债务人以外的第三人；主合同的债权人称为抵押权人；担保的财产称为抵押物。质押是指债务人或者第三人将其动产或权利作为债的担保，当债务人不履行债务时，债权人有就其占有财产的交换价值优先受偿的权利。在质押担保关系中，提供质物的可以是主合同中的债务人，也可以是主合同当事人以外的第三人，被称为出质人，接受质物的被称为质权人，也就是债权人。质押是为担保债而在担保物之上设定的质权，该物由质权人占有，质权人可直接支配标的物，并排除他人的干涉，因此，质权也是担保物权。

在三种金融担保方式中，抵押担保是商业银行最喜欢的担保方式，抵押贷款也是商业银行最主要的贷款种类，因此，也有人认为商业银行有对抵押物的崇拜。其主要原因是，相对于保证担保，抵押担保是物的担保，物的担保可以通过处置抵押物而获得优先受偿，比人的担保更加稳妥可靠；而与质押担保相比，抵押物包括不动产和动产，质物可以是动产也可以是权利，其中，不动产往往价值比较大，在商业银行发放大额的贷款时，更适合于作为担保物品。

二、抵押的概念和抵押权的特点

（一）抵押的概念

抵押是一种物的担保方式，是指债务人或第三人不转移对某一特定财产的占有，将该财产作为债权的担保。当债务人不履行债务时，债权人有权依法将该财产折价或者以拍卖、变卖该财产的价款优先受偿（《担保法》第三十三条第一款）。提供财产的债务人或者第三人为抵押人，债权人为抵押权人，提供担保的财产为抵押物。

（二）抵押权的特点

抵押权是指债务人或者第三人不转移财产的占有，将该财产作为债权的担保，在债务人未履行债务时，债权人依照法律规定的程序就该财产优先受偿的权利。《物权法》第一百七十九条第一款规定，为担保债务的履行，债务人或者第三人不转移财产的占有，将该财产抵押给债权人的，债务人不履行到期债务或者发生当事人约定的实现抵押权的情形，债权人有权就该财产优先受偿。抵押权具有以下特点。

1. 抵押权是一种担保物权。抵押权，是债权人支配债务人或第三人提供的抵押物的交换价值，使其债权优先于普通债权获得清偿的权利。它是抵押权人直接对物享有的权利，可以对抗物的所有人及第三人，对于保障债权人的利益来说，物的担保方法比人的担保更加稳妥可靠。物权，是指权利人依法对特定的物享有直接支配和排他的权利，包括所有权、用益物权和担保物权。而担保物权，是以债务人或第三人的特定财产作为清偿债务的标的，在债务人不履行到期债务时，债权人依法享有就担保财产优先受偿的权利（《物权法》第一百七十条）。抵押权属于担保物权的一种。

2. 抵押权不转移标的物占有。抵押权的成立和存续均不以对标的物占有为要件，抵押权的行使也无须占有抵押物。不转移占有是抵押权与质权的重要区别，设定抵押权后，抵押物继续由其所有人或经营者占有、使用和收益，这样规定的好处是，既可以增强债务人清偿债务的能力，又可以避免由于抵押权人直接占有抵押物，造成使用、收益和维护、保管的种种不便。

3. 抵押权是就抵押物的变价优先受偿的权利。优先受偿是指债务人不履行债务时，债权人有权依照法律规定以抵押财产折价或者以拍卖、变卖该财产的价款优先受偿。抵押权的优先受偿权是抵押权作为担保物权的重要特征。这里的优先受偿是指在债务人不履行债务时，将抵押物变价，使抵押权人就抵押物变价后的价值而优先于其他债权人受偿。但是，优先受偿不能是在债务人不履行债务时直接转移抵押物的所有权给债权人，《担保法》第四十条规定，订立抵押合同时，抵押权人和抵押人在合同中不得约定在债务履行期届满抵押权人未受清偿时，抵押物的所有权转移为债权人所有。

三、抵押物

（一）抵押物

抵押物即抵押权的标的，也叫抵押标的物，是指债务人或者第三人为债权人提供抵押担保的财产。抵押物一般应为特定物，这是债权人主张抵押权时行使支配处分权利的对象，即通过处分抵押物而优先受偿。《物权法》所称物，包括不动产和动产，法律规定权利作为物权客体的，依照其规定。但在抵押担保中，抵押物只包括不动产和动产。

（二）可以抵押的财产

1. 《担保法》的规定。《担保法》第三十四条规定，下列财产可以抵押：（1）抵押人所有的房屋和其他地上定着物。抵押人对其依法享有所有权的房屋可设定抵押权，房屋所有权人可以将房屋用于抵押。抵押人所有的其他地上定着物，是指附着于土地上的除房屋之外的其他不动产，如抵押人所有的树木、抵押人所有的地上建筑物（如桥梁、隧道等）。房屋及其他地上定着物的一部分或者几部分，如果在法律上具有独立性，在交易上存在独立的交换价值，也可单独为抵押物设定抵押权。（2）抵押人所有的机器、交通运输工具和其他财产。这是关于抵押人所有的动产抵押的规定，而动产是指能够移动而不损害其经济用途和经济价值的物。抵押人可以将机器、交通工具包括航空器、船舶和车辆等用于抵押。抵押人所有的动产设定抵押权后，不转移财产的占有。（3）抵押人依法有权处分的国有的土地使用权、房屋和其他地上定着物。根据我国法律的规定，依法有权处分国有的土地使用权、房屋和其他地上定着物的抵押人是指全民所有制单位，它们有权对国家授权使用的和经营管理的国有财产设定抵押。（4）抵押人依法有权处分的国有的机器、交通运输工具和其他财产。这是关于国有动产设定抵押的规定，抵押人主要是指国有单位，特别是国有企业。（5）抵押人依法承包并经发包方同意抵押的荒山、荒沟、荒丘、荒滩等荒地的土地使用权。这些土地使用权既包括国有的土地使用权，又包括集体所有的土地使用权。（6）依法可以抵押的其他财产。这是一项概括性的法律规定。抵押人可以将前款所列财产一并抵押。

2. 《物权法》的规定。《物权法》第一百八十条规定，债务人或者第三人有权处分的下列财产可以抵押：（1）建筑物和其他土地附着物；（2）建设用地使用权；（3）以招标、拍卖、公开协商等方式取得的荒地等土地承包经营权；（4）生产设备、原材料、半成品、产品；（5）正在建造的建筑物、船舶、航空器；（6）交通运输工具；（7）法律、行政法规未禁止抵押的其他财产。抵押人可以将上述所列财产一并抵押。此外，经当事人书面协议，现有的以及将有的生产设备、原材料、半成品、产品等动产也可以抵押（《物权法》第一百八十一条）。同时，第一百八十二条规定，以建筑物抵押的，该建筑物占用范围内的建设用地使用权一并抵押。以建设用地使用权抵押的，该土地上的建筑物一并抵押。抵押人未依照前款规定一并抵押的，未抵押的财产视为一并抵押。

（三）禁止抵押的财产

1. 《担保法》的规定。《担保法》第三十七条规定，下列财产不得抵押：（1）土地所有权。这里所说的土地所有权包括国有土地的所有权和集体所有的土地的所有权。根据我国《中华人民共和国宪法》和《民法通则》的规定，我国的土地归国家和集体所有，只有土地的使用权可以依法转让，由于土地所有权不能依法转让，也就不能作为抵押物品。（2）耕地、宅基地、自留地、自留山等集体所有的土地使用权。但《担保法》规定，依法承包并经发包方同意抵押的"四荒"土地使用权可以抵押，以乡镇企业的厂房等建筑物抵押的，其占用范围内的土地使用权同时抵押。但乡镇企业的土地使用权不得单独抵押。（3）学校、幼儿园、医院等以公益为目的的事业单位、社会团体的教育设施、医疗卫生设施和其他社会公益设施。这里禁止的只有教育设施和医疗卫生设施，如教学楼、实验室、教学用计算机、实验设备、医院门诊大楼、住院部、电子计算机断层扫描（CT）机等。这些单位以其教育设施、医疗卫生设施和其他社会公益设施以外的财产为自身债务设定抵押的，人民法院可以认定抵押有效。（4）所有权、使用权不明或者有争议的财产。如果财产的所有权属或者使用权属是不明确或者有争议的，不仅会侵犯真正的财产所有权人或者使用权人的合法权利，而且会引起矛盾和争议，使得抵押权人不能行使抵押权自由处分抵押物，不能真正达到抵押的目的。（5）依法被查封、扣押、监管的财产。由于该项财产的合法性尚处于不确定状态，国家法律不能予以确认和保护，因此，也就不能作为抵押的财产。（6）依法不得抵押的其他财产。这是一项概括性的法律规定。除《担保法》规定了前五项不得抵押的财产外，有的法律、行政法规还规定了其他不得抵押的财产。

2.《物权法》的规定。《物权法》第一百八十四条规定，下列财产不得抵押：（1）土地所有权；（2）耕地、宅基地、自留地、自留山等集体所有的土地使用权，但法律规定可以抵押的除外；（3）学校、幼儿园、医院等以公益为目的的事业单位、社会团体的教育设施、医疗卫生设施和其他社会公益设施；（4）所有权、使用权不明或者有争议的财产；（5）依法被查封、扣押、监管的财产；（6）法律、行政法规规定不得抵押的其他财产。

《担保法》和《物权法》都把耕地、宅基地、自留地、自留山等集体所有的土地使用权列入了不能抵押的财产，而"四荒"土地经发包方同意可以抵押。由于耕地的使用权、宅基地的使用权不能抵押，所以农村土地承包经营权抵押贷款和农民住房财产权抵押贷款也就都没有法律依据。也就是说，《物权法》相比《担保法》在这一点上并没有突破。

四、抵押权的设定

（一）抵押合同

1. 抵押合同的概念。抵押合同是指债权人与债务人或者第三人之间为担保特定债权的实现，就特定财产约定债务人不履行义务时，债权人就该财产进行折价或者拍卖、变卖，并从其价款中优先受偿的书面协议。

抵押权的设定，需要债权人与债务人或第三人签订抵押合同。其中，债权人是抵押权人；债务人以自己财产抵押的，该债务人就是抵押人；第三人以其财产提供抵押的，该第三人是抵押人。

2. 抵押合同的形式。《担保法》第三十八条规定："抵押人和抵押权人应当以书面形式订立抵押合同。"《物权法》第一百八十五条："设立抵押权，当事人应当采取书面形式订立抵押合同。"因此，抵押合同必须以书面形式订立。

3. 抵押合同的内容。《担保法》第三十九条规定，抵押合同应当包括以下内容：（1）被担保的主债权种类、数额；（2）债务人履行债务的期限；（3）抵押物的名称、数量、质量、状况、所在地、所有权权属或者使用权权属；（4）抵押担保的范围；（5）当事人认为需要约定的其他事项。

上述几项内容，前四项是抵押权设立时抵押合同应具备的条款。但是，在实践中，抵押权设立时，当事人在抵押合同中如不能很完备地约定好上述各项内容，事后可以对抵押合同进行补正。此外，《担保法》第四十条规定，在订立抵押合同时，抵押权人和抵押人在合同中约定在债务履行期届满抵押权人未受清偿时，抵押物的所有权转移为债权人所有的内容无效。当然，该内容的无效不影响抵押合同的其他部分内容的效力。

《物权法》第一百八十五条第二款只保留了四项内容：（1）被担保债权的种类和数额；（2）债务人履行债务的期限；（3）抵押财产的名称、数量、质量、状况、所在地、所有权归属或者使用权归属；（4）担保的范围。这四项内容与《担保法》中的前四项内容基本一致，如果有了这四项内容，抵押合同的内容就已经很完备了。

（二）抵押物登记

所谓抵押物登记，是指抵押物的登记机关根据当事人的申请，依照法定程序将抵押物上设定的抵押权及抵押权变更终止等记载于抵押物登记簿上的行为。在抵押权的设立中，由于不要求转移抵押物，因而不论是以不动产还是以动产来作抵押物，都不能以交付方式作为公示，只能采取登记形式获得公信力，以强化抵押的担保功能，维护交易安全，保护当事人的利益。

1. 法定登记的抵押物以及登记的部门。《担保法》第四十一条、第四十二条明确规定了有些抵押物必须由专责机关办理抵押物登记，此类抵押物称为法定登记的抵押物，抵押合同自登记之日起生效。法律具体规定如下：（1）以无地上定着物的土地使用权抵押的，需到核发土地使用权证书的土地管理部门办理登记。根据《土地管理法》的规定，核发土地使用权证书，由县级以上人民政府的土地管理部门负责。（2）以城市房地产或者乡镇、村企业的厂房等建筑物抵押的，需到县级以上地方人民政府规定的部门办理登记。这里所称的城市房地产，包括国有土地上的房屋，也包括房屋占用范围内的国有土地使用权。（3）以林木抵押的，需到县级以上林木主管部门办理登记。（4）以航空器、船舶、车辆抵押的，需到运输工具的登记部门办理登记。运输工具的登记部门是指颁发驾驶证照的管理部门，如颁发航空器证照的航空航天部门、颁发汽车驾驶证照的公安交通部门。（5）以企业的设备和其他动产抵押，需到财产所在地的工商行政管理部门办理登记。

《物权法》第一百八十条第一款第一项至第三项规定的财产或者第五项规定的正在建造的建筑物抵押的，应当办理抵押登记。抵押权自登记时设立。可以看出，其法定登记的抵押物比《担保法》中要少一些。

2. 自愿登记的抵押物以及登记的部门。法定登记的抵押物以外的财产作为抵押物的，称为自愿登记的抵押物。《担保法》第四十三条规定，当事人可以自愿决定是否办理抵押物登记，其登记部门为抵押人所在地的公证部门。抵押合同自签订之日起生效。当事人未办理抵押物登记的，不得对抗第三人。

《物权法》规定，以第一百八十条第一款第四项、第六项规定的财产或者第五项规定的正在建造的船舶、航空器抵押的，抵押权自抵押合同生效时设立；未经登记，不得对抗善意第三人。可以看出，其自愿登记的抵押物比《担保法》中要多，而且规定的更加具体，其中有些是原来《担保法》中法定登记的抵押物。此外，《物权法》第一百八十九条规定，企业、个体工商户、农业生产经营者以现有的以及将有的生产设备、原材料、半成品、产品等动产抵押的，应当向抵押人住所地的工商行政管理部门办理登记。抵押权自抵押合同生效时设立；未经登记，不得对抗善意第三人。这里强调了抵押登记的重要性。这种抵押权属于浮动抵押权，抵押大多属于存货的抵押，存货在抵押期间可循环流动，也就是说，抵押人可以不断地采购原材料、销售产品，存货的价值处于不断地变动之中，因此，《物权法》第一百八十九条第二款规定这种抵押不得对抗正常经营活动中已支付合理价款并取得抵押财产的买受人。

对于这两部法律规定不一致的地方，在执行中采用哪部法律规定呢？对此，《物权法》第一百七十八条规定，《担保法》与该法规定不一致的，适用该法。也就是以《物权法》为准，因为《物权法》颁布的时间晚于《担保法》。

五、抵押的效力

（一）概念

抵押的效力，是指抵押担保对所担保的债权、对抵押担保的标的物、对抵押权人与抵押人的法律效力。

（二）抵押担保的范围

抵押担保的范围就是抵押担保对所担保债权的效力，《担保法》第四十六条规定："抵押担保的范围包括主债权及利息、违约金、损害赔偿金和实现抵押权的费用。抵押合同另有约定的，按照约定。"由此可见，抵押担保的范围应当依照抵押合同所约定的范围来确定。如果当事人在抵押合同中没有特别约定，则抵押担保的范围应包括主债权、利息、违约金和赔偿金、实现抵押权的费用。如果抵押人想在抵押合同中约定抵押担保的范围，这个约定的范围一定要小于以上法定担保范围，这样才有意义。

（三）抵押担保对抵押物的效力

抵押担保的效力一般及于抵押物及其从物和从权利。这是抵押权人实现抵押权时有权依法予以变价的抵押财产的范围。

债务履行期届满，债务人不履行债务致使抵押物被人民法院依法扣押的，自扣押之日起抵押权人有权收取抵押物分离的天然孳息及抵押人就抵押物可以收取的法定孳息。抵押权人未将扣押抵押物的事实通知应当清偿法定孳息的义务人的，抵押权的效力不及于该孳息。在抵押物灭失、毁损或者被征用的情况下，抵押权人可以就该抵押物的保险金、赔偿金或者补偿金优先受偿。被担保债权的履行期未届满的，也可以提存该保险金、赔偿金或者补偿金等。

（四）抵押权人的权利义务

1. 抵押权人的权利。抵押权人的权利属于抵押的效力，抵押权人应享有如下权利。

（1）支配抵押物并排除他人侵害的权利。在抵押期间，尽管抵押权人并未实际占有抵押物，但抵押权人对抵押物仍享有支配权。如果抵押物受到抵押人或第三人的侵害，抵押权人有权要求停止侵害、恢复原状、赔偿损失。如果因抵押人的行为使抵押物价值减少，抵押权人有权要求抵押人恢复抵押物的价值，或者另提供与减少的价值相当的担保。

（2）孳息收取权。抵押物的孳息，是指由抵押物而产生的收益。孳息分为天然孳息和法定孳息。天然孳息，是指物依自然规律产生的收益；法定孳息，是指依法律关系产生的收益。在抵押期间，抵押物孳息一般由抵押人收取，但在债务履行期届满，债务人不履行债务而使抵押物被人民法院依法扣留的，自扣押之日起抵押权人有权收取由抵押物分离的天然孳息（如树上的果实）和法定孳息（如租金），并按照下列顺序进行清偿：先支付收取孳息的费用，再清偿主债权的利息，最后清偿主债权。抵押权人未将扣押抵押物的事实通知应当清偿法定孳息的义务人，抵押权的效力不及于该孳息。

（3）优先受偿权。优先受偿权主要针对普通债权而言，一般有两种情况。

一种情况是，如果在同一项抵押物上既设定了抵押权同时又存在其他需要清偿的普通债权，当债务人不履行债务时，抵押权人有权以抵押财产折价或者以拍卖、变卖抵押物的价款优先于普通债权人受偿，普通债权人只能在抵押权人优先受偿后以剩余的部分受偿。从这一点上最能看出抵押担保对于债权人的好处。

另一种情况是，在同一项抵押物上，并存数个抵押权或者数个物权（其中包括一项抵押权），这就产生了优先受偿的位序问题，也就是受偿时谁在先谁在后的问题。对此，法律明确规定如下：一是并存数个抵押权的受偿位序问题。《担保法》第五十四条规定："同一财产向两个以上债权人抵押的，拍卖、变卖抵押物所得的价款按照以下规定清偿：①抵押合同以登记生效的，按照抵押物登记的先后顺序清偿，顺序相同的，按照债权比例清偿。②抵押合同自签订之日起生效的，该抵押物已登记的，按照本条第①项规定清偿；未登记的，按照合同生效时间的先后顺序清偿，顺序相同的，按照债权比例清偿。抵押物已登记的先于未登记的受偿。"而《物权法》第一百九十九条规定："同一财产向两个以上债权人抵押的，拍卖、变卖抵押财产所得的价款依照下列规定清偿：①抵押权已登记的，按照登记的先后顺序清偿；顺序相同的，按照债权比例清偿。②抵押权已登记的先于未登记的受偿。③抵押权未登记的，按照债权比例清偿。"从第③项可以看出，《物权法》对未登记的抵押财产，不再按照合同生效时间的先后顺序清偿，实际上是在鼓励抵押财产进行登记，如果不登记，优先权就不能保障。二是数个物权并存的优先受偿问题。当同一财产法定登记的抵押权与质权并存时，抵押权人优先于质权人受偿。当同一财产抵押权与留置权并存时，留置权人优先于抵押权人受偿（《担保法》司法解释第七十九条）。

2. 抵押权人的义务。抵押权人的义务是在实现抵押权时应严格依据法定和约定的方式及程序，不得损害抵押人和其他人的利益。

（五）抵押人的权利义务

1. 抵押人的权利。抵押的效力，也包括抵押人的权利，具体如下。

（1）抵押人对抵押物的占有权。抵押设定以后，除法律和合同另有约定以外，抵押人有权占有抵押物，并有权取得抵押物的孳息，无须转移抵押物。

（2）抵押人对抵押物的处分权。抵押设定以后，抵押人有权将抵押物转让给他人，但是应当通知抵押权人并告知受让人转让物已经抵押的情况。转让抵押物的价款应当符合抵押物实际价值，且因转让所获得的价款应首先用来偿清所担保的债权。抵押人未通知抵押权人或者未告知受让人的，如果抵押物已经登记的，抵押权人仍可以行使抵押权；取得抵押物所有权的受让人，可以代替债务人清偿其全部债务，使抵押权消灭。受让人清偿债务后可以向抵押人追偿。如果抵押物依法被继承或者赠予，则抵押权不受影响。对于抵押物的转让，《物权法》第一百九十一条第二款规定："抵押期间，抵押人未经抵押权人同意，不得转让抵押财产，但受让人代为清偿债务消灭抵押权的除外。"可见，在《物权法》中由担保法规定的应当通知抵押权人修改成了需要由抵押权人同意，《物权法》对债权人的保护力度加大了。

（3）抵押人对抵押物设定多项抵押的权利。抵押人可以就同一抵押物设定多个抵押权。《担保法》第三十五条第二款规定："财产抵押后，该财产的价值大于所担保债权的余额部分，可以再次抵押，但不得超出其余额部分。"在同一抵押物之上有数个抵押权的情况下，各个抵押权人应按照先后顺序行使抵押权。

（4）抵押人对抵押物的出租权。抵押权设定以后，抵押人有权将抵押物出租给他人使用，但租赁合同对受让人不具有约束力。因此，假如抵押人将已抵押的财产出租，而抵押人又未书面告知承租人该财产已抵押的，抵押人对出租抵押物造成承租人的损失承担赔偿责任；如果抵押人已书面告知承租人该财产已抵押的，因债权人行使抵押权造成承租人损失的，由承租人自己承担。

如果抵押人将已出租的财产抵押，则应当书面告知承租人，抵押权实现后，租赁合同在有效期内对抵押物的受让人继续有效。

2. 抵押人的义务。抵押人的主要义务是妥善保管好抵押物。在抵押期间，由于抵押人继续占有抵押物，因而抵押人应当负有保管抵押物的义务，并应采取各种必要的措施以防止抵押物的毁损灭失和价值减少。因抵押人的行为造成抵押物价值减少时，抵押人有义务恢复抵押物的价值，或者提供与减少的价值相同的担保。

六、抵押权的实现

（一）抵押权实现的概念

抵押权的实现是指抵押物所担保的债权已到清偿期而债务人未履行债务时，抵押权人可以通过行使抵押权，对抵押物的价值优先受偿。

（二）抵押权实现的条件

《物权法》第一百九十五条第一款规定了抵押权实现的两种条件：一种是债务人不履行到期债务；另一种是发生当事人约定的实现抵押权的情形。满足其中任何一种条件，抵押权人就可以与抵押人协议以抵押财产折价或者以拍卖、变卖该抵押财产所得的价款优先受偿。

1. 债务人不履行到期债务。这种条件包含以下三项要素：（1）债务人的债务已到清偿期。主债务的履行期限是决定主债务人有无履行责任的时间标准。在清偿期未到前，债权人不能请求债务人履行债务，抵押权人当然也不能行使抵押权。（2）债务人未履行到期债务。债务人未履行债务包括债务人完全没有履行，也可以是部分没有履行。只要债权人没有得到清偿，即可行使抵押权。（3）抵押权合法有效。抵押权的实现是以抵押权合法有效地存在为前提的，如果抵押所担保的主合同被宣告无效或撤销，则抵押合同也应相应被宣告无效或者被撤销，抵押权自然不能有效成立，抵押权人也不得行使抵押权。

2. 发生了当事人约定的实现抵押权的情形。这种条件是指债务人不履行债务以外的，当事人特别约定的实现抵押权的情形。这是《物权法》完善抵押权制度的一项新的规定。以浮动抵押为例，在抵押期间，抵押人在正常经营范围内可以自由处分其动产，债务人到期不履行债务的，抵押权人是以实现抵押权时的动产优先受偿。如果只允许抵押权人在债务人到期不履行债务时才能实现抵押权，可能会由于抵押人在经营过程中的非正常经营行为或者恶意的行为，甚至是正常经营行为，造成抵押权实现时抵押财产大量减少，无法对抵押权人债权起到保护作用，从而损害抵押权人的利益。允许抵押权人与抵押人约定提前实现抵押权的情形，例如，规定当抵押的动产价值下降到某一个金额时，抵押权人就可以提前行使抵押权，通过这种条款在抵押合同中对抵押人进行约束，抑制抵押人的某些行为，以保证自己的债权得到清偿。这是保护抵押权人的合法权益的重要措施。

其他的情形，例如，抵押合同约定，抵押人不按期提供经过审计的财务报表，抵押人的股东发生变更、高管出现变动，抵押权人即可行使抵押权。

（三）抵押权实现的方式

根据《担保法》第五十三条和《物权法》第一百九十五条的规定，抵押权实现的方式主要有三种：折价、拍卖和变卖。

1. 折价。所谓折价，是指抵押权人与抵押人达成协议，将抵押物折价用于清偿债务，并使抵押权人取得抵押物的所有权。以抵押物折价必须由双方订立折价合同，参照市场价格确定一定的价款，而不能由抵押权人单方面决定抵押物的价格。

但需要注意的是，如果在抵押权实现以前，尤其是在订立抵押合同时，抵押权人和抵押人便在合同中约定，债务履行期届满，抵押权人未受清偿时，抵押物的所有权转移归债权人所有，此种约定无效。这样的合同在法律上称为绝押合同，也叫流质契约，这种条款称为典当条款。典当条款在各国法律上都是无效的，目的是保障抵押人的合法权益，防止抵押人在迫不得已的情况下签订不平等的抵押合同。当然，典当条款的无效不影响抵押合同的其他部分内容的效力。

2. 拍卖。所谓拍卖，是指以公开竞价的方式出卖。拍卖的方式通常是指在规定的时间、特定的场合，在拍卖人的主持下，竞买人进行竞价购买，由出价最高者购买抵押物。在我国，拍卖通常都是由抵押权人提出申请，由法院执行抵押物的拍卖。《物权法》第一百九十五条第二款规定，抵押权人与抵押人未就抵押权实现方式达成协议的，抵押权人可以请求人民法院拍卖、变卖抵押财产。

3. 变卖。所谓变卖，是指以一般的买卖形式出卖抵押物，以其变价清偿抵押债权的方式。从广义上讲，拍卖也属于变卖的方式，但此处所说的变卖主要是指由抵押权人通过一般的出卖或者以招标转让等方式而实现的变价。

（四）主债权的清偿

当债权人的主债权没有得到全部清偿时，债权人可以就抵押物的全部行使其抵押权。抵押物被分割或者部分转让的，抵押权人可以就分割或者转让后的抵押物行使抵押权。如果是主债权被分割或者部分转让的，各债权人可以就其享有的债权份额行使抵押权。如果是主债务被分割或者部分转让的，抵押人仍以其抵押物担保数个债务人履行债务。但是，如果抵押是第三人提供抵押的，债权人许可债务人转让债务而未经抵押人书面同意的，抵押人对未经其同意转让的债务，不再承担担保责任。

抵押财产折价或者拍卖、变卖后，其价款超过债权数额的部分归抵押人所有，不足部分由债务人清偿（《物权法》第一百九十八条、《担保法》第五十三条第二款)。

在遇到抵押物灭失、毁损或者被征用的特殊情况时,抵押权人可以就该抵押物的保险金、赔偿金或者补偿金优先受偿。此时抵押权所担保的债权未届清偿期的,抵押权人可以请求人民法院对保险金、赔偿金或补偿金等采取保全措施。

七、最高额抵押

(一) 最高额抵押的概念

《担保法》第五十九条规定:"最高额抵押是指抵押人与抵押权人协议,在最高债权额限度内,以抵押物对一定期间连续发生的债权作担保。"《物权法》第二百零三条第一款规定:"为担保债务的履行,债务人或者第三人对一定期间内将要连续发生的债权提供担保财产的,债务人不履行到期债务或者发生当事人约定的实现抵押权的情形,抵押权人有权在最高债权额限度内就该担保财产优先受偿。"

例如,甲企业和乙银行于 2019 年 12 月 5 日签订了一份循环贷款合同,约定自 2020 年 1 月 1 日至 2021 年 12 月底的 2 年内,银行给企业提供最高额度 1000 万元的可循环使用的贷款,在此期间所发生的借款均以甲企业拥有的某处楼房作抵押。由于该楼房当时估价为 1600 万元,银行要求一定的抵押率,如银行规定的房地产的抵押率不超过 70%,因此,双方约定担保借款最高限额为 1000 万元,抵押率符合银行的规定。若债务总额超过 1000 万元,乙银行要求增加担保的,甲企业应以其他财产对增加的债务进行担保,这一抵押担保中 1000 万元就是最高抵押额。

最高额抵押是对一定期间连续发生的债权的担保,因而其仅适用于两类合同的担保,即"借款合同"和"就某项商品在一定期间内连续发生交易而签订的合同"。其中,对"借款合同"的担保属于金融担保。

(二) 最高额抵押的特征

1. 最高额抵押是为将来发生的债权作担保。在一般抵押中,必须是先有债权然后才能设定抵押权。抵押权的设定是以债权的存在为前提的,债权不存在,抵押权也不存在,这就是抵押权在发生上的从属性。然而,最高额抵押权的设定,却不以债权的已经存在为前提,而是对将来发生的债作担保,所以，在这方面最高额抵押不具有抵押权在发生上的从属性。这也被称为最高额抵押的独立性。不过，《物权法》第二百零三条第二款规定，最高额抵押权设立前已经存在的债权，经当事人同意，可以转入最高额抵押担保的债权范围。

2. 担保债权的不特定性。一般抵押所担保的债权都是特定的，这不仅表现在债权类型是特定的，而且债权的数额也是特定的。但最高额抵押所担保的未来债权则是不特定的，即将来的债权何时发生、债权实际额是多少，在最高额抵押限度内均不确定。最高额抵押只有到了债权确定期间，才能最终确定担保的实际债权数额。

3. 担保的债权具有最高限额。对于一般抵押而言，由于设定抵押时担保的债权已经确定，因而不存在限额问题。而最高额抵押则不同，由于在抵押设定时担保债权不确定，而抵押物又是特定的，其价值是确定的，不能以价值有限的抵押物担保将来发生的无数的债务，否则将会给债权人造成极大的损害。正是由于这一原因，需要对抵押物所担保的未来债权设定最高限额。

4. 对一定期限内连续发生的债权作担保。一般抵押权是对已经存在的债权作担保，通常这些债权都为一个独立的债权。而对最高额抵押而言，它是对一定期限内连续发生的债权作担保，适用于连续发生的债权法律关系，而不适用一个独立债权的情况。一般抵押权应随着主债权的转移而发生转移，但最高额抵押权由于在债权确定期间未到来前主债权额未确定，所以是不能转移的。当然，通过决算确定主债权数额后，主债权是可以转让的。最高人民法院在《关于审理涉及金融资产管理公司收购、管理、处置国有银行不良贷款形成的资产的案件适用法律若干问题的规定》第八条中规定："人民法院对最高额抵押所担保的不特定债权特定后，原债权银行转让主债权的，可以认定转让债权的行为有效。"

5. 必须做明确的特别约定。由于最高额抵押是一种特殊的抵押，因而当事人在抵押合同中应对此做特别的约定。如果当事人在抵押合同中仅规定了抵押，未特别规定最高额抵押，只能认为其设定的是一般抵押。

（三）最高额抵押权的实现

对一般抵押来说，在债务履行期到来以后，债务人未清偿债务，则抵押权人有权实现抵押权。但对最高额抵押而言，要实现抵押权，必须具备两个条件：一是抵押权担保的债权数额已确定；二是债权已到履行期。所以，当事人在抵押合同中除应规定债权确定期间以外，还应当规定债务的履行期限。只有在债权确定期间到来后，通过决算确定出债的实际数额，同时债务也已经到清偿期时，如果债务人没有清偿债务，抵押权人才能行使其抵押权。

对于抵押权人的债权确定，《物权法》第二百零六条规定，有下列情形之一的即可确定：（1）约定的债权确定期间届满；（2）没有约定债权确定期间或者约定不明确，抵押权人或者抵押人自最高额抵押权设立之日起满2年后请求确定债权；（3）新的债权不可能发生；（4）抵押财产被查封、扣押；（5）债务人、抵押人被宣告破产或者被撤销；（6）法律规定债权确定的其他情形。

最高额抵押权所担保的不特定债权，在特定后，债权已届清偿期的，最高额抵押权人可以根据普通抵押权的规定行使其抵押权。抵押权人实现最高额抵押权时，如果实际发生的债权余额高于最高限额的，以最高限额为限，超过部分不具有优先受偿的效力；如果实际发生的债权余额低于最高限额的，以实际发生的债权余额为限对抵押物优先受偿。

八、抵押贷款和农村产权抵押贷款

（一）抵押贷款

抵押贷款，是指按《担保法》规定的抵押方式以借款人或第三人的财产作为抵押物发放的贷款（《贷款通则》第九条）。

抵押贷款属于担保贷款的一种，在贷款分类中，担保贷款是指保证贷款、抵押贷款、质押贷款（《贷款通则》第九条）。而保证、抵押和质押是我国《担保法》五种担保方式中的三种，属于与金融有关的三种。

（二）农村产权抵押贷款

农村产权抵押贷款，是指农业经营主体以农村承包土地的经营权、农民住房财产权、林权、农业设施所有权等作为抵押物，由银行业金融机构向其发放的贷款。

农村承包土地的经营权抵押贷款，是指以承包土地的经营权作抵押、由银行业金融机构（即贷款人）向符合条件的承包方农户或新型农业经营主体（即借款人）发放的、在约定期限内还本付息的贷款。

农民住房财产权抵押贷款，是指在不改变宅基地所有权性质的前提下，以农民住房所有权及所占宅基地使用权作为抵押、由银行业金融机构（即贷款人）向符合条件的农民住房所有人（即借款人）发放的、在约定期限内还本付息的贷款。

林权抵押贷款，是指以森林、林木的所有权、林地的使用权作为抵押物，由银行业金融机构向符合条件的申请人发放的贷款。

农业设施所有权抵押贷款，是指农业经营主体以其所有并已确权登记的农业设施作为抵押物，由银行业金融机构向符合条件的申请人发放的贷款。农业设施主要包括畜禽圈舍、养殖温棚、日光温室、储藏窖、冷库以及小型农田水利等农业生产基础设施。其中，部分农业设施像日光温室、大棚等建在耕地之上，属于地上定着物，可与耕地一并抵押，或者说，在办理农村承包土地的经营权抵押贷款时，地上的农业设施可以一并抵押。

第三节　农村产权抵押的相关法律法规

一、相关法律对农村承包土地的经营权和农民住房财产权抵押的限制

《担保法》第三十七条规定，耕地、宅基地、自留地、自留山等集体所有的土地使用权不得抵押，但第三十四条第（五）项规定抵押人依法承包并经发包方同意抵押的荒山、荒沟、荒丘、荒滩等荒地的土地使用权可以抵押。这一规定就把农民家庭承包取得的土地承包经营权排除在了可抵押的财产范围之外。由于宅基地不得抵押，相应的农房也无法流转，农民住房财产权也就不能抵押了。该法自1995年10月1日起施行。

自2003年3月1日起施行的《农村土地承包法》第三十二条规定，通过家庭承包取得的土地承包经营权可以依法采取转包、出租、互换、转让或者其他方式流转。其中的转让流转方式，在第四十一条做了专门的解释，是指承包方有稳定的非农职业或者有稳定的收入来源的，经发包方同意，可以将全部或者部分土地承包经营权转让给其他从事农业生产经营的农户，由该农户同发包方确立新的承包关系，原承包方与发包方在该土地上的承包关系即行终止，由此可见，转让也只是在村集体经济组织内部进行，并不能转让给村外的人。由于抵押贷款在处置抵押物时会涉及土地流转，以上流转方式中

没有一种方式适合通过家庭承包取得的土地承包经营权抵押贷款不能偿还时对抵押物的处置，因此，通过家庭承包方式取得的土地经营权是不可以抵押的。当然，第四十九条规定，通过招标、拍卖、公开协商等方式承包农村土地，经依法登记取得土地承包经营权证或者林权证等证书的，其土地承包经营权可以依法采取转让、出租、入股、抵押或者其他方式流转。

《物权法》第一百八十四条（二）规定，耕地、宅基地、自留地、自留山等集体所有的土地使用权不得抵押，但法律规定可以抵押的除外。也就是说，第一百八十条（三）规定了以招标、拍卖、公开协商等方式取得的荒地等土地承包经营权可以抵押，耕地、宅基地等农村土地仍然不能抵押。该法自 2007 年 10 月 1 日起施行，相对于 12 年前的《担保法》，关于农村土地抵押部分的规定《物权法》没有突破点。

二、中央一号文件鼓励抵押担保方式创新的规定

2008 年中央一号文件"加快农村金融体制改革和创新"部分提出，"推进农村担保方式创新，扩大有效抵押品范围，探索建立政府支持、企业和银行多方参与的农村信贷担保机制。"文件虽然没有明确耕地、宅基地可以抵押，但为各地开展的农村担保方式创新提供了政策支持。

2009 年中央一号文件"增强农村金融服务能力"部分提出，"依法开展权属清晰、风险可控的大型农用生产设备、林权、四荒地使用权等抵押贷款和应收账款、仓单、可转让股权、专利权、商标专用权等权利质押贷款。"这对正在试点的林权抵押贷款，以及法律没有限制的大型农用生产设备、四荒地使用权等抵押贷款予以鼓励。

2010 年中央一号文件"提高农村金融服务质量和水平"部分提出，"针对农业农村特点，创新金融产品和服务方式，搞好农村信用环境建设，加强和改进农村金融监管。"这对开展担保方式创新给予了支持。

2013 年中央一号文件"改善农村金融服务"部分提出，"加强涉农信贷与保险协作配合，创新符合农村特点的抵（质）押担保方式和融资工具，建立多层次、多形式的农业信用担保体系。扩大林权抵押贷款规模，完善林业贷款贴息政策。"鼓励符合农村特点的抵押质押担保方式的创新，要求进一步扩大林权抵押贷款规模，并给予贷款贴息的支持。

2014 年中央一号文件第四部分为"深化农村土地制度改革"，从四个方

面详细阐述了相关农村土地改革政策。其中，第17条"完善农村土地承包政策"提出，"稳定农村土地承包关系并保持长久不变，在坚持和完善最严格的耕地保护制度前提下，赋予农民对承包地占有、使用、收益、流转及承包经营权抵押、担保权能。在落实农村土地集体所有权的基础上，稳定农户承包权、放活土地经营权，允许承包土地的经营权向金融机构抵押融资。有关部门要抓紧研究提出规范的实施办法，建立配套的抵押资产处置机制，推动修订相关法律法规。"同时提出，"切实加强组织领导，抓紧抓实农村土地承包经营权确权登记颁证工作，充分依靠农民群众自主协商解决工作中遇到的矛盾和问题，可以确权确地，也可以确权确股不确地，确权登记颁证工作经费纳入地方财政预算，中央财政给予补助。"全面细致地区分了承包权和经营权，首次明确提出允许承包土地的经营权向金融机构抵押融资，并要求建立相关配套措施，同时提出推动相关法律法规的修订。第19条"完善农村宅基地管理制度"提出，"改革农村宅基地制度，完善农村宅基地分配政策，在保障农户宅基地用益物权前提下，选择若干试点，慎重稳妥推进农民住房财产权抵押、担保、转让。有关部门要抓紧提出具体试点方案，各地不得自行其是、抢跑越线。加快包括农村宅基地在内的农村地籍调查和农村集体建设用地使用权确权登记颁证工作。"该条对农民住房财产权抵押贷款提出选择若干试点，慎重稳妥推进，这也是首次明确提出。

2015年中央一号文件第22条"推进农村集体产权制度改革"提出，"对土地等资源性资产，重点是抓紧抓实土地承包经营权确权登记颁证工作，扩大整省推进试点范围，总体上要确地到户，从严掌握确权确股不确地的范围。充分发挥县乡农村土地承包经营权、林权流转服务平台作用，引导农村产权流转交易市场健康发展。"第24条"推进农村金融体制改革"部分提出，"做好承包土地的经营权和农民住房财产权抵押担保贷款试点工作"，强调了农村土地承包经营权的确权登记颁证工作，这是抵押贷款的前提和基础，同时也对农村产权流转服务平台的发展、农民承包土地的经营权和农民住房财产权抵押担保贷款试点工作提出了要求。

2016年中央一号文件第24条"推动金融资源更多向农村倾斜"提出，"在风险可控前提下，稳妥有序推进农村承包土地的经营权和农民住房财产权抵押贷款试点。积极发展林权抵押贷款。"第26条"深化农村集体产权制度改革"规定，"稳定农村土地承包关系，落实集体所有权，稳定农户承包权，放活土地经营权，完善'三权分置'办法，明确农村土地承包关系长久不变的具体规定。继续扩大农村承包地确权登记颁证整省推进试点。依法推进土地经营权有序流转，鼓励和引导农户自愿互换承包地块实现连片耕种。加快推进房地一体的农村集体建设用地和宅基地使用权确权登记颁证，所需工作经费纳入地方财政预算。推进农村土地征收、集体经营性建设用地入市、宅基地制度改革试点。完善宅基地权益保障和取得方式，探索农民住房保障新机制。完善集体林权制度，引导林权规范有序流转，鼓励发展家庭林场、股份合作林场。"文件提出了稳妥有序推进两权抵押贷款的试点，积极发展林权抵押贷款；提出了农村土地集体所有权、农户承包权以及土地经营权"三权分置"的概念，鼓励土地经营权的有序流转，为抵押贷款的开展创造了有利条件。

2017 年中央一号文件第 29 条"加快农村金融创新"提出，"深入推进承包土地的经营权和农民住房财产权抵押贷款试点，探索开展大型农机具、农业生产设施抵押贷款业务。"并要求"加快农村各类资源资产权属认定，推动部门确权信息与银行业金融机构联网共享"等配套措施。第 30 条"深化农村集体产权制度改革"进一步提出要"落实农村土地集体所有权、农户承包权、土地经营权'三权分置'办法。加快推进农村承包地确权登记颁证，扩大整省试点范围"以及"全面加快'房地一体'的农村宅基地和集体建设用地确权登记颁证工作"。

2018 年中央一号文件第九部分（一）"巩固和完善农村基本经营制度"提出，"全面完成土地承包经营权确权登记颁证工作，实现承包土地信息联通共享。完善农村承包地'三权分置'制度，在依法保护集体土地所有权和农户承包权前提下，平等保护土地经营权。农村承包土地经营权可以依法向金融机构融资担保、入股从事农业产业化经营。"文件重点强调了对土地经营权的保护，土地经营权可以向金融机构抵押，从而为依靠流转土地进行经营的新型农业经营主体找到了融资的新途径。

2019 年中央一号文件第五部分（二）"深化农村土地制度改革"提出，"完善落实集体所有权、稳定农户承包权、放活土地经营权的法律法规和政策体系。在基本完成承包地确权登记颁证工作基础上，开展'回头看'，做好收尾工作，妥善化解遗留问题，将土地承包经营权证书发放至农户手中。健全土地流转规范管理制度，发展多种形式农业适度规模经营，允许承包土地的经营权担保融资。"文件进一步强调了土地经营权的抵押担保融资功能，对新型农业经营主体的适度规模经营创造了资金补充途径。同时，文件还强调"加快推进宅基地使用权确权登记颁证工作，力争 2020 年基本完成"。

2020 年中央一号文件第二十三条"优先保障'三农'投入"提出，"推动温室大棚、养殖圈舍、大型农机、土地经营权依法合规抵押融资。"可以看出，在之前农村土地承包经营权抵押贷款试点的基础上，该文件强调了推动用其他农村产权作为抵押物进行融资。而第二十七条"抓好农村重点改革任务"提出，"扎实推进宅基地使用权确权登记颁证。以探索宅基地所有权、资格权、使用权'三权分置'为重点，进一步深化农村宅基地制度改革试点。"宅基地的"三权分置"试点，将会使原来没有资格的人取得宅基地的使用权，宅基地的流转障碍将被打破，为农民住房财产权抵押贷款的开展打下基础。

三、金融监管机构鼓励抵押担保方式创新的规定

2008 年 10 月 15 日，中国人民银行和中国银监会联合发布《关于加快农村金融产品和服务方式创新的意见》，决定在中部六省和东北三省选择粮食主产区或县域经济发展有扎实基础的部分县、市开展农村金融产品和服务方式创新试点。试点内容之（二）"创新贷款担保方式，扩大有效担保品范围"提出，"鼓励金融机构根据试点地区农业发展情况和农村经济特点，依照相关法律，进一步扩大农户和农村企业申请贷款可用于担保的财产范围，积极规范和完善涉农担保贷款业务操作流程，建立健全涉农贷款担保财产的评估、管理、处置机制。按照因地制宜、灵活多样的原则，探索发展大型农用生产设备、林权、水域滩涂使用权等抵押贷款，规范发展应收账款、股权、仓单、存单等权利质押贷款。原则上，凡不违反现行法律规定、财产权益归属清晰、风险能够有效控制、可用于贷款担保的各类动产和不动产，都可以试点用于贷款担保。"由此，提出了探索试点多种动产和不动产的抵押贷款，虽然是要求在不违反现行法律规定的前提下试点各类动产和不动产用于抵押贷款，但耕地等不动产的抵押贷款试点也在多地开展起来。

2009 年 5 月 25 日，中国人民银行、财政部、银监会、保监会、林业局联合发布了《关于做好集体林权制度改革与林业发展金融服务工作的指导意见》，明确要求，在已实行集体林权制度改革的地区，各银行业金融机构要积极开办林权抵押贷款业务、林农小额信用贷款和林农联保贷款等业务。银行业金融机构应根据林业的经济特征、林权证期限、资金用途及风险状况等，

合理确定林业贷款的期限，林业贷款期限最长可为10年。对于符合贷款条件的林权抵押贷款，其利率一般应低于信用贷款利率。各级财政要加大贴息力度，充分发挥地方财政资金的杠杆作用，逐步扩大林业贷款贴息资金规模。

2010年5月19日，为贯彻落实党的十七届三中全会、中央农村工作会议和《中共中央国务院关于加大统筹城乡发展力度进一步夯实农业农村发展基础的若干意见》文件精神，抓紧落实2010年《政府工作报告》中提出的切实改善农村金融服务的有关任务，中国人民银行、银监会、证监会、保监会联合发布了《关于全面推进农村金融产品和服务方式创新的指导意见》，决定在全国范围内推进农村金融产品和服务方式创新工作。第（四）条"探索开展农村土地承包经营权和宅基地使用权抵押贷款业务"提出，"在城镇化和农业产业化程度高的地区，金融部门要积极支持和配合当地党委和政府组织推动的农村土地承包经营权流转和农房用地制度改革，按照依法自愿有偿原则，在不改变土地集体所有性质、不改变土地用途和不损害农民土地承包权益的前提下，探索开展相应的抵押贷款试点，丰富'三农'贷款增信的有效方式和手段。"第（五）条"积极推动和做好集体林权制度改革与林业发展金融服务工作"提出，"在加快完善集体林权制度改革配套制度建设的基础上，全面推进林权抵押贷款业务，探索多种贷款偿还方式，加快涉林信贷产品的开发研究。"第（七）条"有效扩大抵押担保范围，加强涉农信贷风险管理"提出，"鼓励涉农银行业金融机构根据当地的'三农'金融需求，在国家现行法律允许、财产权益归属清晰、风险有效管理控制的前提下，完善涉农担保贷款业务操作流程，健全涉农贷款担保财产的评估、管理、处置制度，不断创新基于多种信息获取方式上的贷款技术，积极探索建立有效的信用风险分散转移机制，因地制宜、灵活多样创新信用模式和扩大贷款抵押担保物范围。"

四、国务院关于开展农村承包土地的经营权和农民住房财产权抵押贷款试点的指导意见

为进一步深化农村金融改革创新，加大对"三农"的金融支持力度，引导农村土地经营权有序流转，慎重稳妥推进农民住房财产权抵押、担保、转让试点，做好农村承包土地（指耕地）的经营权和农民住房财产权（以下统称"两权"）抵押贷款试点工作，2015年8月10日，国务院发布了《关于开展农村承包土地的经营权和农民住房财产权抵押贷款试点的指导意见》（以下简称《意见》），明确指出，开展"两权"抵押贷款试点坚持依法有序、自主自愿、稳妥推进、风险可控的原则，按照所有权、承包权、经营权三权分置和经营权流转有关要求，以落实农村土地的用益物权、赋予农民更多财产权利为出发点，深化农村金融改革创新，稳妥有序开展"两权"抵押贷款业务，有效盘活农村资源、资金、资产，增加农业生产中长期和规模化经营的资金投入，为稳步推进农村土地制度改革提供经验和模式，促进农民增收致富和农业现代化加快发展。

《意见》提出了试点的五项主要内容：一是赋予"两权"抵押融资功能。维护好、实现好、发展好农民土地权益，落实"两权"抵押融资功能，明确贷款对象、贷款用途、产品设计、抵押价值评估、抵押物处置等业务要点，盘活农民土地用益物权的财产属性。二是推进农村金融产品和服务方式创新。结合"两权"的权能属性，在贷款利率、期限、额度、担保、风险控制等方面加大创新支持力度。三是建立抵押物处置机制。允许金融机构在保证农户承包权和基本住房权利前提下，依法采取多种方式处置抵押物，完善抵押物处置措施。四是完善配套措施。试点地区要加快推进农村土地承包经营权、宅基地使用权和农民住房所有权确权登记颁证，建立完善农村土地产权交易平台，建立"两权"抵押、流转、评估的专业化服务机制。五是加大扶持和协调配合力度。在货币政策、监管政策、财政政策、保险保障等方面，加大扶持和协调配合力度。

为加强组织实施，《意见》要求，人民银行会同中央农办等单位成立农村承包土地的经营权抵押贷款试点工作指导小组和农民住房财产权抵押贷款试点工作指导小组，通盘考虑选择试点地区、取得全国人大常委会法律授权、制定具体管理办法、加强跟踪指导、专项统计和评估总结等工作。试点地区成立试点工作小组，严格落实试点条件，制定具体实施意见，做好确权登记颁证、流转交易平台搭建、农业保险保障、抵押物处置、风险缓释及补偿机制建设等配套工作，保证试点工作顺利平稳推进。全部试点工作于2017年底前完成。

五、两个抵押贷款试点暂行办法

（一）农村承包土地的经营权抵押贷款试点暂行办法

为依法稳妥规范推进农村承包土地的经营权抵押贷款试点，根据《国务院关于开展农村承包土地的经营权和农民住房财产权抵押贷款试点的指导意见》和《全国人大常委会关于授权国务院在北京市大兴区等 232 个试点县（市、区）、天津市蓟县等 59 个试点县（市、区）行政区域分别暂时调整实施有关法律规定的决定》精神，2016 年 3 月 15 日，中国人民银行、银监会、保监会、财政部、农业部联合印发了《农村承包土地的经营权抵押贷款试点暂行办法》，要求各银行业金融机构认真贯彻落实。

1. 农村承包土地的经营权抵押贷款的含义。该办法所称农村承包土地的经营权抵押贷款，是指以承包土地的经营权作抵押、由银行业金融机构（以下称贷款人）向符合条件的承包方农户或农业经营主体发放的、在约定期限内还本付息的贷款。

2. 合格借款人的资格条件。通过家庭承包方式依法取得土地承包经营权和通过合法流转方式获得承包土地的经营权的农户及农业经营主体（以下称借款人），均可按程序向银行业金融机构申请农村承包土地的经营权抵押贷款。

（1）通过家庭承包方式取得土地承包经营权的农户以其获得的土地经营权作抵押申请贷款的，应同时符合以下条件：一是具有完全民事行为能力，无不良信用记录；二是用于抵押的承包土地没有权属争议；三是依法拥有县级以上人民政府或政府相关主管部门颁发的土地承包经营权证；四是承包方已明确告知发包方承包土地的抵押事宜。

（2）通过合法流转方式获得承包土地的经营权的农业经营主体申请贷款的，应同时符合以下条件：一是具备农业生产经营管理能力，无不良信用记录；二是用于抵押的承包土地没有权属争议；三是已经与承包方或者经承包方书面委托的组织或个人签订了合法有效的经营权流转合同，或依流转合同取得了土地经营权权属确认证明，并已按合同约定方式支付了土地租金；四是承包方同意承包土地的经营权可用于抵押及合法再流转；五是承包方已明确告知发包方承包土地的抵押事宜。

3. 贷款的发放。贷款人应当统筹考虑借款人信用状况、借款需求与偿还能力、承包土地经营权价值及流转方式等因素，合理自主确定承包土地的经营权抵押贷款抵押率和实际贷款额度。鼓励贷款人对诚实守信、有财政贴息或农业保险等增信手段支持的借款人适当提高贷款抵押率。

贷款人应参考人民银行公布的同期同档次基准利率，结合借款人的实际情况合理自主确定承包土地的经营权抵押贷款的利率。贷款人应综合考虑承包土地经营权可抵押期限、贷款用途、贷款风险、土地流转期内租金支付方式等因素合理自主确定贷款期限。鼓励贷款人在农村承包土地的经营权剩余使用期限内发放中长期贷款，有效增加农业生产的中长期信贷投入。借贷双方可采取委托第三方评估机构评估、贷款人自评估或者借贷双方协商等方式，公平、公正、客观、合理地确定农村土地经营权价值。鼓励贷款人因地制宜，针对借款人需求积极创新信贷产品和服务方式，简化贷款手续，加强贷款风险控制，全面提高贷款服务质量和效率。在承包土地的经营权抵押合同约定的贷款利率之外不得另外或变相增加其他借款费用。

借贷双方要按试点地区规定，在试点地区农业主管部门或试点地区政府授权的农村产权流转交易平台办理承包土地的经营权抵押登记。受理抵押登记的部门应当对用于抵押的承包土地的经营权权属进行审核、公示。

4. 抵押权的实现。因借款人不履行到期债务，或者按借贷双方约定的情形需要依法行使抵押权的，贷款人可依法采取贷款重组、按序清偿、协议转让、交易平台挂牌再流转等多种方式处置抵押物，抵押物处置收益应由贷款人优先受偿。

5. 保障措施。试点地区政府要依托公共资源管理平台，推进建立县（市、区）、乡（镇、街道）等多级联网的农村产权流转交易平台，建立承包土地的经营权抵押、流转、评估和处置的专业化服务机制，完善承包土地的经营权价值评估体系，推动承包土地的经营权流转交易公开、公正、规范运行。试点地区政府要加快推进行政辖区内农村土地承包经营权确权登记颁证，鼓励探索通过合同鉴证、登记颁证等方式对流转取得的农村承包土地的经营权进行权属确认。鼓励试点地区政府设立农村承包土地的经营权抵押贷款风险补偿基金，用于分担地震、冰雹、严重旱涝等不可抗力造成的贷款损失，或根据地方财力对农村承包土地的经营权抵押贷款给予适当贴息，增强贷款人放贷激励。鼓励试点地区通过政府性担保公司提供担保、农村产权交易平台提供担保等多种方式，为农村承包土地的经营权抵押贷款主体融资增信。试点地区农业主管部门要组织做好流转合同鉴证评估、农村产权交易平台搭建、承包土地的经营权价值评估、抵押物处置等配套工作。人民银行分支机构对开展农村承包土地的经营权抵押贷款业务取得良好效果的贷款人加大支农再贷款支持力度。银行业监督管理机构要统筹研究，合理确定承包土地经营权抵押贷款在风险权重、资本计提、贷款分类等方面的计算规则和激励政策，支持贷款人开展承包土地的经营权抵押贷款业务。保险监督管理机构要加快完善农业保险政策，积极扩大试点地区农业保险品种和覆盖范围。通过探索开展农村承包土地的经营权抵押贷款保证保险业务等多种方式，为借款人提供增信支持。

（二）农民住房财产权抵押贷款试点暂行办法

为依法稳妥规范推进农民住房财产权抵押贷款试点，根据《国务院关于开展农村承包土地的经营权和农民住房财产权抵押贷款试点的指导意见》和《全国人大常委会关于授权国务院在北京市大兴区等 232 个试点县（市、区）、天津市蓟县等 59 个试点县（市、区）行政区域分别暂时调整实施有关法律规定的决定》精神，2016 年 3 月 15 日，中国人民银行、银监会、保监会、财政部、国土资源部、住房和城乡建设部联合印发了《农民住房财产权抵押贷款试点暂行办法》，要求各银行业金融机构认真贯彻落实。

1. 农民住房财产权抵押贷款的含义。该办法所称农民住房财产权抵押贷款，是指在不改变宅基地所有权性质的前提下，以农民住房所有权及所占宅基地使用权作为抵押、由银行业金融机构（以下简称"贷款人"）向符合条件的农民住房所有人（以下简称"借款人"）发放的、在约定期限内还本付息的贷款。

2. 合格借款人的资格条件。借款人以农民住房所有权及所占宅基地使用权作抵押申请贷款的，应同时符合以下条件：一是具有完全民事行为能力，无不良信用记录；二是用于抵押的房屋所有权及宅基地使用权没有权属争议，依法拥有政府相关主管部门颁发的权属证明，未列入征地拆迁范围；三是除用于抵押的农民住房外，借款人应有其他长期稳定居住场所，并能够提供相关证明材料；四是所在的集体经济组织书面同意宅基地使用权随农民住房一并抵押及处置。以共有农民住房抵押的，还应当取得其他共有人的书面同意。

3. 贷款的发放。贷款人应当统筹考虑借款人信用状况、借款需求与偿还能力、用于抵押的房屋所有权及宅基地使用权价值等因素，合理自主地确定农民住房财产权抵押贷款抵押率和实际贷款额度。鼓励贷款人对诚实守信、有财政贴息、农业保险或农民住房保险等增信手段支持的借款人，适当提高贷款抵押率。

贷款人应参考人民银行公布的同期同档次基准利率，结合借款人的实际情况合理自主确定农民住房财产权抵押贷款的利率。贷款人应综合考虑借款人的年龄、贷款金额、贷款用途、还款能力和用于抵押的农民住房及宅基地状况等因素合理自主确定贷款期限。借贷双方可采取委托第三方房地产评估机构评估、贷款人自评估或者双方协商等方式，公平、公正、客观地确定房屋所有权及宅基地使用权价值。鼓励贷款人因地制宜，针对借款人需求积极创新信贷产品和服务方式，简化贷款手续，加强贷款风险控制，全面提高贷款服务质量和效率。在农民住房财产权抵押合同约定的贷款利率之外不得另外或变相增加其他借款费用。

借贷双方要按试点地区规定，在试点地区政府确定的不动产登记机构办理房屋所有权及宅基地使用权抵押登记。

4. 抵押权的实现。因借款人不履行到期债务，或者按借贷双方约定的情形需要依法行使抵押权的，贷款人应当结合试点地区实际情况，配合试点地区政府在保障农民基本居住权的前提下，通过贷款重组、按序清偿、房产变卖或拍卖等多种方式处置抵押物，抵押物处置收益应由贷款人优先受偿。变卖或拍卖抵押的农民住房，受让人范围原则上应限制在相关法律法规和国务院规定的范围内。

5. 保障措施。试点地区政府要加快推进行政辖区内房屋所有权及宅基地使用权调查确权登记颁证工作，积极组织做好集体建设用地基准地价制定、价值评估、抵押物处置机制等配套工作。鼓励试点地区政府设立农民住房财产权抵押贷款风险补偿基金，用于分担自然灾害等不可抗力造成的贷款损失和保障抵押物处置期间农民基本居住权益，或根据地方财力对农民住房财产权抵押贷款给予适当贴息，增强贷款人放贷激励。鼓励试点地区通过政府性担保公司提供担保的方式，为农民住房财产权抵押贷款主体融资增信。人民银行分支机构要对开展农民住房财产权抵押贷款业务取得良好效果的贷款人加大支农再贷款支持力度。银行业监督管理机构要统筹研究，合理确定农民住房财产权抵押贷款在风险权重、资本计提、贷款分类等方面的计算规则和激励政策，支持金融机构开展农民住房财产权抵押贷款业务。保险监督管理机构要加快完善农业保险和农民住房保险政策，通过探索开展农民住房财产权抵押贷款保证保险业务等多种方式，为借款人提供增信支持。

第三章　我国农村土地承包经营权抵押贷款典型模式

第一节　宁夏平罗县农村土地承包经营权直接抵押贷款模式

2011 年 12 月，宁夏平罗县被农业部确定为全国 24 个农村改革试验区之一，也是全国唯一的农村土地经营管理制度改革试验区。2012 年 9 月 29 日，平罗县政府印发《平罗县农村土地承包经营权、流转经营权和宅基地使用权抵押贷款试点工作实施方案》，选择部分条件成熟的村镇进行试点，并确定了 2013～2014 年的工作目标。作为当时全国唯一的农村土地经营管理制度改革试点县，平罗县结合全县发展实际，大胆探索，创新性地推动农村集体土地承包经营权、流转经营权、宅基地使用权抵押贷款试验，在农村土地经营管理制度改革方面取得了显著的成效。

一、主要做法

（一）加强组织领导

为确保抵押贷款试点工作的顺利开展，宁夏平罗县成立了"三权"抵押贷款工作领导小组，具体由县委、县政府、人民银行平罗县支行、相关局、金融机构、各乡镇领导组成。领导小组下设办公室，设在县财政局，负责领导小组日常工作。"三权"抵押工作领导小组及办公室、人民银行平罗县支行、县农村土地经营管理制度改革服务中心、各试点金融机构、县人民法院、县司法局、各乡镇政府均有具体的工作职责。

（二）明确农村产权抵押办理条件

一是不得改变土地的性质和用途。二是征得农村集体经济组织的同意，也就是要有土地所有者的同意。三是拥有具备法律效力的权属证明材料，包括有县政府颁发的《农村土地承包经营权证》，同时具有农村土地承包合同；依法进行土地流转后取得的土地经营权，须有具备法律效力符合抵押登记条件的《农村土地流转经营权证》，同时具有流转合同；通过招标、拍卖、公开协商等方式取得的土地承包经营权，须有具备法律效力的权属证明材料。四是土地承包经营权属农户个人的，由农户及共有人在同意抵押意见书上签字确认；土地经营权属集体性质的，需要经村民代表表决同意后，由村委会出具同意抵押书面意见。五是对符合农业政策性保险的产业，应当参加农业保险，同时在保险合同的约定条款中载明第一受益人为贷款人。

（三）明确农村产权价值评估

由政府相关部门公布平罗县农村土地承包经营权和农村宅基地使用权价值评估基准参考价格。在此基础上，应由具备资质条件的中介机构进行评估。在中介机构尚未健全之前，可由县农村土地经营管理制度改革服务中心对产权价值进行认定；也可根据实际情况，由抵押人与抵押权人按照土地承包经营权市场流转价值进行测算认定，或者由双方当事人认可的价值进行内部的自行评估。具体要求为：对授信额度在50万元以下的土地承包经营权或宅基地使用权抵押贷款，其产权价值评估由抵押（借贷）当事人按照市场价值评估或者抵押当事人认可的价值进行内部的自行评估；对不便于认可的或超过50万元的由具备资质条件的中介机构或专家评估委员会进行评估。各金融机构对产权价值的评估应以政府部门制定并公布的本区域内农村土地承包经营权和农村宅基地使用权基准价格和保护价为标准进行。

（四）建立农村产权抵押登记制度

规定农村土地承包经营权、农民宅基地使用权、农村土地流转经营权三类产权的确权、登记、变更、注销均由平罗县农村土地经营管理制度改革服务中心负责，实现了全县农村土地产权抵押登记的统一化和规范化。

县农村土地经营管理制度改革服务中心的工作职责包括：负责做好"三权"的确权、评估、登记、变更、注销等日常工作，建立和完善产权交易管理制度体系；做好大额抵押贷款的风险评估工作；完善相应的工作机制，建立"三权"流转的服务机制，组织产权流转，为抵押贷款抵押物处置、抵押权的实现提供平台。

（五）建立抵押权实现机制

对债务履行期届满金融机构未受清偿的，经平罗县"三权"抵押贷款工作的主管部门同意，可以与抵押人签订协议，以抵押物折价偿还贷款本息，或者以拍卖、变卖该抵押物所得的价款优先受偿；协议不成的，金融机构可以向人民法院提起诉讼。

《平罗县农村土地承包经营权、流转经营权和宅基地使用权抵押贷款管理办法（试行）》规定，在不改变土地所有权和用途的情况下，抵押物可以采取以下方式处置。（1）流转。抵押人不能按期偿还债务时，抵押权人可将其抵押的经营权流转，所得价款优先受偿。（2）变现。发生借贷双方约定的实现抵押权的情形，抵押权人与抵押人依法协议以抵押财产折价或者拍卖、变卖该抵押财产所得的价款优先受偿。（3）收储。对抵押人自愿退出承包经营权且符合收储条件的，由县收储中心予以收储。（4）诉讼。当贷款人与借款人、抵押人不能通过协商处置抵押的流转土地经营权或宅基地使用权时，可通过诉讼方式解决。（5）其他合法形式。以上五种方式中，与我国《担保法》一致的是第二种变现当中的折价、拍卖和变卖，实际上我国《担保法》规定的抵押权实现方式就是折价、拍卖和变卖三种，在这里合并为一种。其实，流转，无非也是把抵押物卖掉，也就是变卖；收储，就是在没有其他人购买的情况下卖给了县收储中心，也是一种变卖；诉讼，就是通过法律途径，由法院判决，最后还是要通过折价、拍卖和变卖的方式处置。还有需要明确的是，这里的卖不是真的卖，买卖的对象不是土地所有权，甚至不是土地承包权，而是土地经营权，假如抵押人的土地是租来的，那么抵押物处置后买主买来的也仅仅是土地的经营权，或者说是承租权。

（六）建立农村产权抵押融资风险防范机制

1. 建立风险补偿基金。县财政在金融机构设立抵押贷款风险补偿基金专户，并注入资金用于抵押贷款的风险补偿。在三年试验期间，共计划出资1000万元，设立农村产权抵押贷款风险基金，用于化解"三权"抵押贷款风险。首期由县人民政府注入了300万元，其余部分由县财政逐年预算拨付。对不能实现流转而造成贷款形成呆账的，由基金给予一定的补偿。按照风险共担的原则，对抵押贷款资金本息的实际损失，县农村土地经营管理制度改革服务中心与金融机构按80%和20%比例承担风险。这一风险补偿做法，有利于提高承贷银行的积极性，同时发放贷款的金融机构也承担了一定比例的风险，使其更加注重贷款的安全性，加强贷前调查和贷款发放后的管理。当然，县农村土地经营管理制度改革服务中心履行代偿责任后，它就与抵押人形成债权债务关系，成为新的债权人，有权对抵押人进行追偿。发放贷款的金融机构要积极配合，尽全力协助县农村土地经营管理制度改革服务中心进行债务的追偿。

2. 建立土地承包经营权收储、农民退出宅基地收储基金。通过建立收储基金，在发放贷款的银行业金融机构采取其他处置抵押物的方式不能实现抵押权时，银行以折价方式购进了抵押物，而且银行持有接近两年的，可以由政府的收储基金来收进。用这两项收储基金收储抵押物其实是政府的"兜底"行为，解决了承贷银行抵押权难以实现的问题，发挥调节和稳定的作用。

从两类基金的作用来看，它们发挥的作用是一致的。例如，用收储基金收储了抵押物，那么就不会用风险补偿基金对发放贷款的金融机构进行补偿了。

二、模式评价

一是该模式试点开办的是"三权"抵押融资，所谓"三权"是指土地承包经营权、土地流转经营权及宅基地使用权。其中，土地承包经营权抵押融资主要是针对未经流转、规模较小的农户贷款；土地流转经营权抵押融资主要是针对新型农业经营主体的贷款。平罗县的试点方案出台于2012年，这里所说的土地流转经营权，其实就是后来国家进行"三权分置"改革中的经营权，可见平罗县的试点对后来国家级农村土地承包经营权抵押贷款具有借鉴意义。二是主要得益于农村土地经营管理制度改革试验区的政策机遇和地方政府的推动，也包括人民银行银川中心支行的迅速跟进，建立了各项制度性规定，将制度的目标锁定在顺利推动农村产权的直接融资上。相较于"同心模式"，在市场化程度、政策的连续性等方面均具有优势，与后来的国家级试点方案比较接近。三是确权颁证较为全面和迅速，为顺利推动农村产权的直接融资打下了基础。四是建立了县乡两级农村产权交易中心，免费提供发布土地流转信息、贷款抵押登记、产权交易管理等服务，该中心属于平罗县的事业单位，经费由政府给予保障。五是政府出资建立风险补偿基金和抵押物收储基金，降低了金融机构的风险。

三、试点效果

平罗县是全国 24 个农村改革试验区之一，同时，由于是全国唯一的农村土地经营管理制度改革试验区，在国务院进行国家级试点时，其又成为全国农村承包土地的经营权抵押贷款和农民住房财产权抵押贷款试点县。在 232 个农村承包土地的经营权抵押贷款试点县（市、区）和 59 个农民住房财产权抵押贷款试点县（市、区）中，这种同时试点"两权"抵押贷款的县（市、区）极少。近年来，平罗县抢抓试点政策机遇，开创了农村"两权"抵押贷款试点"平罗模式"，并在全国"两权"抵押贷款试点现场推进会上做了相关的经验交流。

一是建立交易机构，让金融服务"可得"。建立了宁夏首家县级农村产权交易中心，在全县 13 个乡镇设立了农村产权流转交易服务站，搭建了县乡两级产权交易服务机构，免费为农民和经营主体提供信息发布、产权流转、价值评估、抵押登记、交易鉴证等金融服务，解决了"没有产权交易场所"的问题。截至 2018 年 3 月末，全县共有 9 家金融机构参与办理农村产权抵押贷款，累计办理农村产权抵押贷款 2.08 万笔，发放贷款 10.96 亿元。同时，贷款利率实行优惠，严格按照人民银行公布的同档次基准利率上浮最高不超过 50% 执行。

二是完善风险防范，让贷款发放"有信"。制定出台了农村产权抵押贷款风险防范和处置预案，政府出资设立了 500 万元农村产权抵押贷款风险基金，与 4 家保险机构建立了农村"两权"抵押贷款保险缓释机制。引入担保机制，对贷款金额 50 万元以上的抵押贷款进行担保。借款人到期不能履行还款义务时，可采取流转、拍卖、诉讼等合法方式对抵押物进行处置，处置所得款项优先用于偿还贷款本息。截至 2018 年 3 月末，已通过流转方式成功处置不良贷款 15 笔，偿还贷款 80. 34 万元，为后期建立市场化的抵押物处置机制提供了参考，也提高了金融机构放贷积极性。

三是明晰农村产权，让沉睡资源"有为"。在全县范围开展了农村集体土地所有权、土地承包经营权等的确权登记颁证。通过确权颁证，明晰了农村产权，化解了权属纠纷，解决了"拿什么抵押"的问题。截至 2018 年 3 月末，平罗县土地承包经营权确权颁证率 97. 6%，农村"房地一体"确权登记并颁证 58845 本，完成率达 96. 16%。通过开展农村产权抵押贷款，激活了农村产权这一"沉睡的资源"，破解了"三农"发展融资难题。进城农民可以通过流转承包土地经营权、宅基地使用权和房屋所有权获取收益，还可以用这些产权抵押贷款，保证其创业资金来源①。

第二节　成都市"担保公司保证 + 农村土地承包经营权反担保"贷款模式

一、主要做法

2009 年 5 月 21 日，国务院给成都市政府批复了《成都市统筹城乡综合配套改革试验总体方案》，成都市着手探索建立农村产权流转担保体系。2009 年 11 月 3 日，成都市政府向各县（市、区）政府和市政府各部门下发了关于《成都市农村产权抵押融资总体方案》以及《成都市农村土地承包经营权抵押融资管理办法（试行）》《成都市农村房屋抵押融资管理办法（试行）》《成都市集体建设用地使用权抵押融资管理办法（试行）》三个具体操作文件。此前，2008 年 5 月，成都市成立了成都市农村产权流转担保股份有限公司，10 月成立了成都农村产权交易所。作为两大配套机构，产权担保公司负责农村产权抵押物担保（实际上就是产权担保公司为借款人向银行提供保证担保，同时借款人或抵押人向产权担保公司以农村产权作为抵押物提供反担保），而交易所则负责各种产权抵押物品流转。由成都银行和成都农村商业银行负责具体承办农村土地承包经营权抵押贷款业务，

---

① 平罗县政府办公室. 农村产权抵押贷款的"平罗模式"［EB/OL］. www. nx. gov. cn, 2018 - 04 - 09.

也就是说成都市政府将本市土地抵押贷款的业务交给了这两家成都市市属银行。

2010 年 11 月 26 日，成都农村商业银行总行向各一级支行、总行营业部下发了《成都农村商业银行农村产权融资担保管理办法（试行）》，要求各一级支行、总行营业部认真组织学习并执行。该文件对农村产权、农村产权融资担保、抵押物和抵押方式进行了详细的规定。其中，农村产权担保贷款是指贷款人向借款人发放的农村产权抵押担保或专业担保公司保证担保的人民币贷款，也就是说，既可以是直接的农村产权抵押担保，也可以是通过借款人或抵押人向专业担保公司提供反担保而获得专业担保公司的保证担保。由此可见，在试点中，成都市通过专门成立的担保公司做担保，然后农户用房屋产权、土地承包经营权等提供反担保。这一操作模式的好处在于避免了与相关法律规定的冲突。

成都市在农村资产抵押贷款的探索方式具体是：成立国有担保公司或投资公司，然后给农户的贷款做担保，即提供保证担保，之后农户再用其土地承包权或宅基地使用权抵押给担保公司做反担保。成都市政府出资先后成立了专业担保公司和土地产权交易所。2008 年 5 月，成都市农村产权流转担保股份有限公司成立，注册资本 3 亿元，是政策性的担保公司，其经营范围包括：为市域范围内采用出租、转包、入股等方式流转的土地承包经营权提供担保；为农村各类产权抵押融资提供担保。2008 年 10 月，政府出资成立产权交易所——成都市农村产权交易所有限责任公司（以下简称"成都农村产权所"），业务范围包括：农村土地承包经营权、林权、农村房屋所有权等各类农村产权的交易以及资产处置等。2014 年底，成都农村产权所将注册资本金增加到 5000 万元，现交易总量位居全国同类交易机构首位，发展成为专业性的农村产权交易平台、综合性的乡村振兴发展平台、特色性的农村金融服务平台。

成都市担保贷款模式的操作流程如下：（1）客户向农村商业银行等当地金融机构咨询、领取并填写借款申请书，向专业担保公司申请担保；（2）担保公司会根据土地评估情况，审批是否参与担保；农村金融机构评估其风险情况，决定是否发放贷款；（3）担保公司若同意担保，则与客户签订反担保合同即抵押合同，同时还要与农村金融机构签订贷款保证合同；（4）农村金融机构与客户签订借款合同，客户与担保公司去抵押登记部门办理抵押登记；（5）金融机构发放贷款，客户按约定期限还本付息；（6）如果客户没有按时偿还贷款，由担保公司代偿，然后担保公司向客户追偿，通过处置抵押物而受偿。

二、模式评价

保证担保是三种金融担保方式中的一种，但是，它不同于抵押担保和质押担保，它是人的担保，而抵押和质押是物的担保。保证是指由主合同当事人以外的第三人向主债权人承诺，当债务人不履行债务时，由其按照约定履行债务或者承担责任的一种担保方式。在这里，主合同是指银行与借款人之间的借款合同，债权人是发放贷款的银行业金融机构，债务人是借款人，提供保证的第三人称为保证人，在这里就是担保公司。

由担保公司提供贷款保证，再由借款人以农村土地经营权抵押给担保公司提供反担保的贷款模式，实质上是在现行法律下变通的做法，我国《担保法》和《物权法》都不允许耕地、宅基地抵押，通过担保公司的参与，这一矛盾得到了解决，担保公司成为连接农村产权与银行之间的桥梁。当然，一旦出现贷款不能按时清偿的情况，担保公司处置抵押物也是比较麻烦的，这种麻烦和直接抵押给银行的麻烦没有什么区别，只不过这里的麻烦是担保公司的。为此，贷款前，担保公司也会对贷款项目进行评估，尽可能地选择优质的借款人；贷款后监控贷款资金的使用，不允许借款人改变资金用途，以降低风险。成都市农村产权交易所有限责任公司的成立，对提高处置抵押物效率非常重要。按照四川省人民政府办公厅发布的《关于全省农村产权流转交易市场体系建设的指导意见》，现阶段，交易平台建设应以县域为主，根据市场发育的成熟程度，逐步形成覆盖全省的交易市场，即县乡交易平台、市级交易平台和全省综合交易平台三个层级。扩大提升成都市农村产权交易所功能覆盖面，将其建成省级交易平台。把成都市农村产权交易所的交易规则、交易模式、软件系统推广覆盖到全省，实现省、市、县交易平台联网共享交易系统，开展网上交易。依托成都农村产权交易所建立全省统一的交易信息发布中心，逐步建立全省统一的农村产权交易业务处理中心（数据中心），突破地域限制，提高交易效率，节约交易成本，实现信息共享。

在控制风险方面，政府设立了风险准备金，对担保公司处置抵押物后不能收回的金额给予一定比例的补偿，2008年的基金规模是6700万元，之后会根据贷款的规模而调整。锦江区政府在市级试点办法的基础上，发布了《锦江区农村土地承包经营权抵押融资管理办法（试行）》，该办法对抵押融资的扶持力度更大，更加明确。锦江区在该办法中规定，贷款期内，只要抵押人（农户）参加农业保险或有担保公司担保的，区财政部门按照保险（担保）费用50%的比例给予政策扶持，在保险合同中确定农村金融机构是保险的受益人。保险公司的参与，使银行贷款更加安全。当然，政府的大力支持，也会给财政带来巨大压力。

三、试点进展

在成都市的试点中，既有"担保公司保证＋农村土地承包经营权反担保"的贷款模式，又有农村土地承包经营权直接抵押贷款模式。这从《成都农村商业银行农村产权融资担保管理办法（试行）》对农村产权担保贷款的定义中就可以看出。该文件发布后，这两种模式的试点工作均顺利进行。2015年4月15日，成都市农业委员会印发了《成都市农村土地承包经营权登记管理办法》《成都市农村土地经营权流转管理实施办法》《成都市农村土地经营权证管理办法》，进一步完善试点的配套政策。在《国务院关于开展农村承包土地的经营权和农民住房财产权抵押贷款试点的指导意见》《全国人大常委会关于授权国务院在北京市大兴区等232个试点县（市、区）、天津市蓟县等59个试点县（市、区）行政区域分别暂时调整实施有关法律规定的决定》发布后，四川省有10个县（市、区）参加农村承包土地的经营权抵押贷款试点，其中包括成都市的温江区、崇州市。为响应国家级试点工作，2016年5月28日，四川省人民政府发布《四川省农村承包土地的经营权和农民住房财产权抵押贷款试点实施方案》，推动上述10个县（市、区）的试点。从发放贷款的银行业金融机构的角度看，农村承包土地的经营权融资成为成都农村商业银行"三农"金融——助农贷款项下的主要金融产品，该产品既包括借款人提供其依法拥有的农村承包土地的经营权向贷款人申请的担保贷款；也包括借款人用其依法拥有的农村承包土地的经营权向专业担保公司提供反担保，专业担保公司向贷款人提供保证担保的贷款。

第三节　宁夏同心县"协会及会员保证＋农村土地承包经营权反担保"贷款模式

一、土地抵押协会贷款的制度安排

同心县由农户以承包土地入股成立土地抵押协会，然后向县农村信用社联社贷款，基本操作流程包括以下五个步骤。

（一）成立土地抵押协会

在行政村召开全体村民大会或村民代表大会，成立农户土地协会，选举产生会长、副会长各一名，同时按照村民人数的1/10选举出常务会员若干名。常务会员必须是品德好、责任心强、具有较强的偿债能力、让村民信赖的人。常务会员是村民贷款的主要保证人，其组成应该基本上能够覆盖到每一家族和每一组村民，让村民贷款时能够方便地找到保证人，顺利地贷到款。

（二）农户以土地承包经营权入股成为会员

农户加入土地协会成为会员，需要提出书面申请，以自家承包土地总面积的40%入股，这些土地需要有土地承包经营权证，且必须是中等以上的土地。一般农户入会需要由全体常务会员进行审查并一致同意，才可以成为土地协会的会员。入会之后，就可用土地承包经营权抵押向农村信用社申请贷款。

（三）会员农户由其他会员提供保证，并与保证人和协会签订土地承包经营权抵押协议

会员农户在向农村信用社申请贷款时，需要选择3名一般会员及1名常务会员作为贷款的保证人，借款人与协会和保证人签订《土地承包经营权抵押协议》（以下简称《协议》）。《协议》规定，如果贷款期限届满借款人不能偿还，就将所抵押承包土地的经营权转让给代其偿还的保证人，或由协会转让给其他会员农户。贷款本息还清之后，借款人才能赎回土地的承包权。不同类型会员的担保能力是不一样的，每个常务会员最多可以担保10个农

户，每个普通会员只能担保 3 个农户。如果是常务会员申请贷款，就需要由另外 2 名常务会员和会长、副会长提供担保。

（四）农户向农村信用社借款，协会进行总担保，信用社发放贷款

借款人在协会内部做完抵押协议之后，向农村信用社提出贷款申请，由协会和信用社签订总的担保协议。农村信用社在审查完各项担保协议之后，与借款人签订贷款协议并发放贷款。

（五）借款人如果未能及时还贷，由保证人代其清偿，保证人获得借款人抵押的土地承包经营权

当借款人无法按时偿还贷款时，由作为保证人的会员、常务会员代为偿还，或者由协会指定其他会员代其归还贷款。了结与银行的债务之后，借款人与协会及代偿的会员签订土地承包经营权转让协议，将其入股土地的承包经营权转让给为其担保并进行清偿的会员或由协会指定的其他代为清偿的会员。

二、模式评价

该模式下，为发放贷款的农村信用社提供担保的是协会及其会员，所以这种担保也属于人的担保，是保证担保。我国《担保法》第七条规定，具有代为清偿债务能力的法人、其他组织或者公民，可以作保证人。协会的会员可以看作自然人，虽然有时会以农户的身份出现，不是以农民的身份。协会可以看作其他组织，我国《最高人民法院关于适用〈中华人民共和国担保法〉若干问题的解释》第十五条规定，《担保法》第七条规定的其他组织主要包括经民政部门核准登记的社会团体等各类组织，可见，只要成立的协会在民政部门登记了，就可以作为保证人。当然，具有代为清偿债务能力是对保证人资格的最低要求，保证虽然是人的担保，但如果没有相应的财产作后盾，其保证就是空谈。从前述土地抵押协会成立以及农户加入土地协会成为会员的步骤来看，协会及其会员都是具有代为清偿债务能力的。

该模式最早出现于 2006 年，同心县农村信用联社利用其下辖的两个乡镇的营业网点，开展"土地承包经营权抵押贷款"。虽然称为土地承包经营权

抵押贷款，但是从上面的分析可以看出，协会及其会员，为农村信用社提供的是保证担保，而不是抵押担保。属于"协会及会员保证＋农村土地承包经营权反担保"的模式。当时我国《物权法》还没有颁布，按照《担保法》的规定，耕地是禁止抵押的，但是可以在一定范围内进行流转，因此，该模式是一种变通的方式。借款农户首先要加入协会，在借款前要与同意为其担保的会员签订一个土地承包经营权抵押协议，这实际上就是为保证人提供反担保。然后去农村信用社贷款，由协会提供保证担保，有了协会的担保，就提高了贷款回收的可能性，解决了农村信用社的后顾之忧，信用社就敢于向农户发放贷款了。信用状况良好，并且取得了土地承包经营权证的农户，入会后都可以得到农户土地协会的担保，进而得到农村信用社发放的贷款。该模式解决了农民没有贷款抵押担保品的问题，农户贷款难问题也随之得到了解决。

如果贷款到期借款人不能及时偿还，则由保证人代其清偿，在保证人没有偿还能力的情况下，由协会出面指定其他会员代为归还贷款。然后，借款人与协会及代偿的会员签订土地承包经营权转让协议，将其入股土地的承包经营权转让给为其清偿的会员。《农村土地承包法》第三十二条规定，通过家庭承包取得的土地承包经营权可以依法采取转包、出租、互换、转让或者其他方式流转。该模式流程中的"转让"，与《农村土地承包法》中的转让并不相同，土地承包法中的转让，需经发包方同意，受让农户同发包方确立新的承包关系，原承包方与发包方在该土地上的承包关系即行终止，也就是说，这是一种永久性的转让，转让之后就不能再赎回耕地。而该模式中的转让，如果借款人向保证人偿还了贷款本息，是可以赎回土地承包经营权的，不会永久丧失土地承包经营权，可见这种转让并没有经过发包方，只是在协会内部进行的转让，这要简单得多。农村土地承包经营权流转的方式见专栏 3 – 1。

☞专栏 3 – 1　　　农村土地承包经营权流转的方式

《农村土地承包法》第三十二条和第四十九条规定：（1）通过家庭承包取得的农村土地承包经营权可以依法采取转包、出租、互换、转让或其他方式流转。（2）通过招标、拍卖、公开协商等方式承包农村土地，经依法登记取得土地承包经营权证或者林权证等证书的，其土地承包经营权可以依法采取转让、出租、入股、抵押或者其他方式流转。各种流转方式的含义如下。

转让是指承包方有稳定的非农职业或者有稳定的收入来源，经承包方申请和发包方同意，将部分或全部土地承包经营权让渡给其他从事农业生产经营的农户，由其履行相应土地承包合同的权利和义务。转让后原土地承包关系自行终止，原承包方承包期内的土地承包经营权部分或全部灭失。转让是在同一集体经济组织内部农户之间进行。

互换是指承包方之间为方便耕作或者各自需要，对属于同一集体经济组织的承包地块进行交换，同时交换相应的土地承包经营权。互换是在农村集体经济组织内部的农户之间进行。

转包是指承包方将部分或全部土地承包经营权以一定期限转给同一集体经济组织的其他农户从事农业生产经营。转包后原土地承包关系不变，原承包方继续履行原土地承包合同规定的权利和义务。接包方按转包时约定的条件对转包方负责。承包方将土地交他人代耕不足一年的除外。转包主要是发生在农村集体经济组织内部农户之间。

出租是指承包方将部分或全部土地承包经营权以一定期限租赁给他人从事农业生产经营。出租后原土地承包关系不变，原承包方继续履行原土地承包合同规定的权利和义务。承租方按出租时约定的条件对承包方负责。出租主要是农户将农村土地承包经营权租赁给本集体经济组织以外的个人或组织。

入股是指实行家庭承包方式的承包方之间为发展农业经济，将土地承包经营权作为股权，自愿联合从事农业合作生产经营；其他承包方式的承包方将土地承包经营权量化为股权，入股组成股份公司或者合作社等，从事农业生产经营。

目前我国《农村土地承包法》中列举的流转方式主要就是这几种，实践中农村常用的流转方式也是这几种，特别是出租和转包。虽然《农村土地承包法》将抵押也列入其中，但是抵押肯定不属于流转方式，因为抵押过程中并不涉及土地的流转，只有当借款人不能按时还款，抵押权人处置抵押物时，才会涉及农村土地承包经营权的流转。

该模式也有不尽合理的地方，根据人民银行吴忠市中心支行闫广宁的论文，借款人直到贷款本息还清之后，才可以赎回自己承包土地的经营权，并且还要被取消会员资格。① 一是土地流转每年是可以得到钱的，也就是土地

① 闫广宁. 对同心县农村信用联社开展土地承包经营权抵押贷款情况的调查与思考 [J]. 西部金融，2008（8）：49-50.

的流转费，即使借款人没有钱给保证人还本付息，几年的土地流转费也够偿还保证人的，这里没有提到土地流转费问题。所以，用土地流转费抵偿保证人就可以了，为什么还需要借款人再去还本付息呢？二是借款人偿还了保证人的钱，赎回了自己的土地承包经营权，为什么还要取消其会员资格，这个时候他又有了土地，这个土地还可以继续抵押，因而是不影响入股加入协会的。所以这一模式在制度设计上还是有不足之处的，需要进行完善。

这种模式，在实践中虽然不如农村土地承包经营权直接抵押贷款模式和"担保公司保证＋农村土地承包经营权反担保"贷款模式应用的普遍，但是它仍然具有另外两种模式不可比拟的优势。这种优势主要体现在抵押物的处置上。农村土地承包经营权直接抵押贷款模式的抵押物由发放贷款的金融机构处置，"担保公司保证＋农村土地承包经营权反担保"贷款模式的抵押物由担保公司进行处置，金融机构或担保公司在处置抵押物时的麻烦还是比较大的，在各地都建立了土地流转平台的情况下，需要把流转信息挂到平台上，寻找买主进行交易，有时需要等待很长时间，有时根本没有买主。特别是一些小块儿的土地，外地的看不上，本地的也碍于情面不愿意接手。而这种模式就不同了，土地流转的对象，在贷款之前就已经确定了，就是作为保证人的会员、常务会员，或者是由协会指定的代其归还贷款的其他会员。这种同村同协会会员之间的内部流转，由于有事先约定，流转当中不会出现纠纷，方便快捷，也不会与相关法律出现冲突。同时还有另一个好处，就是几年后抵押人还可以赎回土地，不会永远失去土地。因此，这种模式虽然最初成立协会的时候要麻烦一些，但还是值得推广的。

三、试点效果

同心县的试点是在人民银行吴忠市中心支行和吴忠市人民政府的联合推动下进行的。作为金融监管机构，人民银行吴忠市中心支行经过反复调研，于2010年发布了《农村土地承包经营权反担保贷款管理办法》，并通过吴忠市人民政府予以颁发，作为地市级的规章制度，在一定程度上规避了以前操作中存在的法律风险。该项管理办法的发布促进了农地抵押贷款的开展，从2006年至2016年6月底，同心县信用联社累计投放此类贷款15.90亿元，受益农户达 75442 户，累计抵押土地 46 万亩。①

第四节　山东枣庄市台儿庄区农地"结对融"模式

枣庄市台儿庄区是国家级农村承包土地经营权抵押贷款试点县（市、区）之一，在人民银行台儿庄支行引导下，台儿庄农村商业银行以农户承包地的经营权为抵押，以农户信用为支撑，发挥村民之间的乡情优势和村级组织的管理优势，创新推出了"结对融"信贷产品，既激活了农民的沉睡资产，又破解了农地抵押贷款的抵押物处置难题。

一、主要做法

该模式也被称作"信用担保 + 土地预流转"模式，是由人民银行台儿庄支行联合区农业局、林业局、农商银行，在充分调研论证的基础上，设计的一种较为科学的信贷模式。

农户获得贷款需要具备两个基本条件：一是以其承包土地的经营权作为抵押物；二是与通过台儿庄农村商业银行信用评价的村民签订土地流转协议，由该村民为其提供保证担保，一旦借款人到期不能偿还贷款，作为保证人的村民代为还款，并获得其承包土地相应期限的经营权。

该模式具体的办理流程是：村民以其承包土地的经营权作为抵押物，向台儿庄农村商业银行提出贷款申请。银行组织对抵押物进行评估，抵押物价值的评估由银行、村委会和本村村民代表共同完成，评定的根据是当地小麦亩产量的市场价格和承包期限，这一评估方式被认为比找第三方来进行评估更具有客观性，关键是其降低了抵押物的评估费用。评估后，在村委会的协调监督下，借款人与另一具备较高信用等级的村民，自愿结对签订土地流转协议并交镇农村产权交易所备案登记，约定在借款人因各种原因无力如期偿还贷款本息时，由结对村民代为偿还。结对村民偿还后，借款人按照协议将其承包土地的经营权流转给结对村民，直至足以抵偿贷款本息或借款人将贷款本息支付给结对村民，借款人才可以收回抵押的承包土地。

---

① 张国凤. 同心县农地抵押贷款势头强劲［N］. 农民日报，2016 - 06 - 24（03）.

二、模式特点

从台儿庄农村商业银行的角度看，实质上该模式是由借款人以外的另一个村民为其贷款提供了保证担保，这一保证人由台儿庄农村商业银行做了信用评价，信用等级高，因而可以得到银行的信任。而借款人与该村民签订了土地流转协议，为该村民的保证担保提供了反担保。可以看出，这一模式与本章第三节中"协会及会员保证+农村土地承包经营权反担保"贷款模式有相似之处。都是由本村的村民为借款人提供了保证担保，而借款人又以自己的农村土地承包经营权向保证人提供了反担保。当然也有不同之处。同心县模式中成立了协会，成立协会的过程要复杂一些，但保证能力更强，当最初的会员保证人不能代为还本付息时，协会还可以安排其他会员代为偿还；而这一模式中，保证人只有"结对"的这一个农户，如果该农户不能代为还款，就没有其他的还款保证了。

"先预流转，再发放贷款"是这一模式的最大特点，试点银行先选择了信用基础较好的马兰屯镇前于里村率先进行试点，之后再推广。试点过程中，充分发挥村民之间的乡情优势和村级组织的基层管理优势，信用等级高的农户敢为借款人提供贷款保证，借款人愿意在不能偿还贷款的情况下把抵押的耕地流转给保证人，而且有村级组织的协调监督可以使双方都放心。通过"农户结对、协议转让"的形式进行农村承包土地的"预流转"，解决了银行不易处置抵押品的难题，降低了放贷银行的风险。同时，土地在集体内部流转，不会与现行法律相冲突，也更容易被农户和农村集体经济组织接受。

这一模式处置抵押物时简单易行，比农村土地承包经营权直接抵押更容易让试点银行接受。与过去农村信用社比较乐于接受地让公务员、教师担保或实行多户联保相比，借款人找保证人更加容易，因而更容易推广。

三、相关配套机制

（一）农村信用体系建设

1. 对农户及村镇进行信用评级。台儿庄农村商业银行制定了《台儿庄区"信用户"、"信用村"、"信用镇"评定工程实施方案》，建立了信用户、信用村和信用镇等"三信评定系统"，分别对农户及村镇进行信用评级。依据研制开发的"农户信用自动评分系统",对农户进行信用等级评定,截至 2016 年 7 月末,共评定出 AAA 级信用农户 78 户、AA 级信用农户 315 户、A 级信用农户 1607 户,共计 2000 户,为开展农村土地承包经营权抵押贷款业务提供了有力的信用支撑。同时,还在全区评定了 16 个信用村、2 个信用镇。①

2. 建立农户信息数据库。依据人民银行台儿庄支行印发的《"信用台儿庄"建设试点工作方案》,建立了以农户"两权"为主要参数的"农户信息数据库"。该数据库为全区 4.14 万农户建立了电子信用档案,占全区农户总数的 92.7%,类似于人民银行的个人信用信息基础数据库,但这是针对农户的。收集了农户的各类信息约 200 万条,包括家庭成员、土地、房屋、种植、养殖、经营收入、生产支出、信贷需求、信用记录等方面,为开展农村土地承包经营权抵押贷款试点提供了全面的数据参考。信息收集过程特别依赖由村干部、老党员和乡村名人等组成的村民信用评价委员会,基于血缘、地缘关系,他们对本村村民的品行、收入、经济实力等情况更为了解,解决了银行与农户之间的信息不对称问题。

(二)建立完善的农村土地流转交易平台

虽然由结对的信用农户为借款人提供了保证担保,但是这种担保方式有时候也会因为保证人出现问题而不能代为清偿贷款,这时银行仍然需要处置抵押物。此外,在农村土地承包经营权直接抵押模式中也需要处置抵押物。为解决农村土地流转问题和抵押物处置问题,台儿庄区政府投入 600 多万元,成立了区级农村产权交易中心和 6 处镇(街)农村产权交易所,并组建了以村会计、第一书记、大学生村官为主的 260 多人的农村产权经纪人队伍,构建起区、镇、村三级农村产权交易平台。同时,创建了区级农村产权交易中心网站,信息发布、咨询通过网络进行,交易在农村产权交易中心进行,形成了较为完善的农村产权交易处置体系。

(三)政府建立较为完善的风险防控机制

发挥财政资金对信贷资金的杠杆撬动作用,台儿庄区财政拿出 1000 万元

---

① 杨威,吕兵兵. 农地"结对融"风险处置在前头——对枣庄市台儿庄区开展土地承包经营权抵押贷款的调查[N]. 农民日报,2016-10-11 (07).

入股市政府牵头成立的金土地农业担保公司，同时，推动建立由乡镇财政资金建立的农民贷款担保基金甚至村级担保基金，为部分农村土地承包经营权抵押贷款提供担保。当贷款发生损失一定时间后，在处置抵押物无果的情况下，由担保基金、承办银行按照 8∶2 的比例分担。

此外，还通过贴息政策鼓励贷款的发放，对符合农村土地承包经营权抵押贷款条件、经区财政局认可的贷款业务，按照人民银行发布的同档次贷款基准利率的 50% 进行贴息。贷款贴息减轻了借款人的负担，也增加了银行收回贷款本息的可能性。

四、试点效果

截至 2016 年 8 月末，台儿庄区已为 69 户农民发放"结对融"抵押贷款 367 万元。截至 2017 年 7 月末，累计发放农村土地承包经营权抵押贷款 3789 笔，贷款余额 2.7 亿元，对促进农业增效、农民增收和农村经济全面发展发挥了应有的作用。[①]

第五节　其他模式

一、湄潭土地金融公司模式

湄潭县处于贵州省东北部，1987 年中央 5 号文件批准了湄潭县作为中国首批农地制度建设改革试点县。为充分挖掘土地资源，该县农户积极开发山坡、山丘等非耕地资源，试验区领导小组也在 1987 年提出了有计划地开发非耕地资源的构想。1987 年，湄潭县非耕地资源面积大约 75.6 万多亩，可以直接开发利用的大约 62.7 万多亩。大规模的非耕地资源开发需要巨额资金，仅靠政府的财政支持难以承担，这就需要建立一个专门提供农业长期贷款的金融机构。受注册资本和人民银行审批的限制，湄潭县决定先成立土地金融公司，待时机成熟后，再建立土地银行。

[①] 李明慧，陈盛伟，姜森. 农村土地承包经营权抵押贷款试点的比较分析——以山东省潍坊寿光市、枣庄台儿庄区为例［J］. 新疆农垦经济，2018（1）：64 - 69.

1988 年 8 月 15 日,湄潭县土地金融公司挂牌成立,其注册资本 300 万元,资金来源于省、地、县三级财政拨款。公司为自主经营、独立核算、自负盈亏、民主管理的企业法人,具体负责农地经营权抵押贷款业务,在保本微利的基础上,专门从事以农村土地经营权抵押为内容的农业贷款,主要是为开发非耕地土地资源提供中长期贷款,以非耕地资源为抵押物,支持土地的开发和整治。

在试点初期阶段,湄潭县土地抵押贷款融资取得了一定的成功,但由于制度安排的不完善,到 1997 年,土地金融公司担负了 550 万元不良贷款,难以维持日常经营,从而被政府部门勒令给予撤销,这一最早的农地抵押贷款制度宣告失败。其失败的原因,主要有以下几点。首先,业务重心偏离。公司章程规定,土地使用权抵押的农业贷款占公司总贷款额的比例不得低于60%。但是,在实际运营过程中,最初半年还能够坚持,之后公司偏离了发放土地使用权抵押贷款这个业务重心,并且这种趋势逐渐加重。在地方政府的授意下,土地金融公司对烤烟、白酒、茶叶三大行业提供资金的支持,共向三大行业放款265.9 万元。其次,经营管理不善。这主要体现在风险管理方面:贷前,对贷款项目调查不充分,把资金贷给了不符合贷款要求的项目;贷中,发放的贷款无人跟踪追查,没法保证借款人按照合同约定使用贷出的资金;贷后,权责划分不清楚,出现不良贷款,找不到负责人。这些都导致了公司很高的信用风险,公司效益降低,直至难以为继。最后,土地金融公司资本金不足。除了财政拨款外,原规划资本金还包括:土地使用费、长期支农资金和中国农村信托投资公司的投资,但是只有省、地、县三级财政共出资 300 万元组成了注册资本金,后三种资金最后都没有落实到位。

二、江津股权质押模式

江津市(2006 年撤市设区)的土地承包经营权抵押试点起于 2005 年,当时的国家开发银行重庆市分行有贷款支持江津柑橘生产的意愿,于是江津市政府挑选基础最好的牌坊村柑橘专业合作社进行试点。主要做法如下。

第一步,农户以土地承包经营权和少量资金入股成立农业经营公司。牌坊村柑橘专业合作社76 户农户以 308 亩土地承包经营权,以及 1 万多株果苗入股。此外,每户交纳 200 元作为公司筹建资金,成立了江津市仁伟果业公司。三类入股资产折算注册资金为201.4 万元。由入股农户选举产生公司的董事会和监事会。同时，农民都保留自家的水田，作为口粮保障。

第二步，申请国开行贷款。国开行首次贷款金额为 60 万元，由江津市政府建立的绿丰农业担保公司向其提供保证担保。同时，仁伟果业公司以其股权为质押，向担保公司提供反担保。

这一模式是在政府和金融机构联合主导下试点的，采取了土地承包经营权入股后再向贷款的保证人设定质押的方式，它包含了政府、金融机构、担保公司和企业的介入，是一个"四位一体"的运作模式。这种形式降低了金融机构的信贷风险，同时又通过股权质押的方式绕开了我国法律关于禁止土地承包经营权抵押的规定。江津模式实质上是利用土地承包经营权设立的反担保，信贷风险主要由独立的农业担保公司承担，一旦贷款不能偿还，农业担保公司代偿后，如何实现质押权仍然是一个难点，在当时，政府对担保公司如何处置土地承包经营权也没有相应的规定。

江津模式获得成功后，开发银行按照这一模式在重庆江津市、涪陵区等地进行更大规模的试点。截至 2007 年 5 月，重庆市已有 35 家以土地入股的农民公司，涉及柑橘、花椒种植和生猪养殖等农业产业项目。后来，中央紧急叫停了这种"股田制公司"的推进。"江津模式"被迫终止，按中央指示转向农民专业合作社方向。但仁伟果业等 35 家以土地承包经营权入股成立的公司还是保留了下来，继续按原管理模式进行农业生产。

三、梨树土地收益保证贷款模式

2012 年，由吉林省金融办牵头，梨树县开始了土地收益保证贷款的新尝试。截至 2015 年 5 月，已成功放贷 6.2 亿元，受益农户 15903 户。

土地收益保证贷款，是指农户以土地未来收益做保证，自愿将其一部分土地承包经营权流转给具有农业经营能力的物权融资农业发展有限公司，再由物权融资公司向金融机构提供保证，由金融机构直接向农民发放贷款的模式。其基本做法是：设立梨树县物权融资农业发展有限责任公司，农民需要有《农村土地承包经营权证》，向银行提出申请，与物权融资公司签订土地承包经营权流转合同，将土地承包经营权流转到物权融资公司；物权融资公司向金融机构出具承诺函，提供保证担保；金融机构依据承诺函向农户发放贷款。

物权融资公司是一个服务平台，为农民向金融机构借款提供还款保证。

如农民未能按照约定偿还贷款，物权融资公司将农民适当期限的经营权另行转包，并用转包获得的收益偿还金融机构贷款，待新的转包受让方的转包期限届满后，土地承包经营权自动退还原农民，这样，达到了风险可控，借款人的土地承包经营权也不会丧失。梨树县物权融资农业发展有限公司，虽然公司名称中叫有限公司，但其属于服务性非营利机构。

这一模式试点还是成功的，并向全省进行了推广。新华网数据显示，截至 2015 年 11 月末，吉林省共发放土地收益保证贷款 34081 笔，金额 16.3 亿元。

从其做法看，借款人的贷款由物权融资公司提供保证担保，这是这一模式的担保方式。借款人向物权融资公司提供的反担保，是土地经营权的未来收益，而不是用土地承包经营权作抵押，不会涉及处置抵押物问题，也就不会使借款人丧失承包的耕地。从风险来看，如果物权融资公司不能把耕地转包出去，就不能取得收益，物权融资公司就会出现损失。在该模式当中，物权融资公司用于代偿银行的钱，来源于惠农保障基金，这个基金是由省政府拨款建立的，计划规模 5000 万~1 亿元，到 2016 年时已经拨付了 3000 万元。虽然数额不少，但从全省看就不算多了，万一出现大范围的违约行为，基金就有可能不足，就会对政府的信用产生负面影响。而物权融资公司的注册资本很低，只有 10 万元，在代偿中作用不大。所以，如何分摊风险需要研究。

第四章　农村土地承包经营权抵押贷款国家级试点情况

第一节　农村土地承包经营权确权登记颁证工作的试点和推进

向银行业金融机构申请农村土地承包经营权抵押贷款，必须提供农村土地承包经营权证书，否则，无法进行抵押登记。可见，农村土地承包经营权确权登记颁证是发放此类抵押贷款的前提条件。当然，颁发农村土地承包经营权证书，对于保障承包人权益，促进土地有序流转也具有一定的意义。因此，农村土地承包经营权确权登记颁证的试点工作要早于抵押贷款的国家级试点。

一、农村土地承包经营权证

（一）农村土地承包经营权证

2004 年 1 月 1 日起实施的《中华人民共和国农村土地承包经营权证管理办法》（以下简称《农村土地承包经营权证管理办法》）第二条规定，农村土地承包经营权证是农村土地承包合同生效后，国家依法确认承包方享有土地承包经营权的法律凭证。农村土地承包经营权证只限承包方使用。

从承包土地的类型看，承包耕地、园地、荒山、荒沟、荒丘、荒滩等农村土地从事种植业生产活动，承包方依法取得农村土地承包经营权后，应颁发农村土地承包经营权证予以确认。承包草原、水面、滩涂从事养殖业生产活动的，依照《中华人民共和国草原法》《中华人民共和国渔业法》等有关规定确权发证。

（二）农村土地承包经营权证的内容

《农村土地承包经营权证管理办法》第六条规定，农村土地承包经营权证应包括以下内容：（1）名称和编号；（2）发证机关及日期；（3）承包期限和起止日期；（4）承包土地名称、坐落、面积、用途；（5）农村土地承包经营权变动情况；（6）其他应当注明的事项。

（三）家庭承包土地颁发农村土地承包经营权证的程序

我国《农村土地承包经营权证管理办法》第七条、第十三条规定，实行家庭承包的，应当按照以下程序颁发农村土地承包经营权证：（1）土地承包合同生效后，发包方应在 30 个工作日内，将土地承包方案、承包方以及承包土地的详细情况、土地承包合同等材料一式两份报乡（镇）人民政府农村经营管理部门。(2) 乡（镇）人民政府农村经营管理部门对发包方报送的材料予以初审。材料符合规定的，及时登记造册，由乡（镇）人民政府向县级以上地方人民政府提出颁发农村土地承包经营权证的书面申请；材料不符合规定的，应在 15 个工作日内补正。（3）县级以上地方人民政府农业行政主管部门对乡（镇）人民政府报送的申请材料予以审核。申请材料符合规定的，编制农村土地承包经营权证登记簿，报同级人民政府颁发农村土地承包经营权证；申请材料不符合规定的，书面通知乡（镇）人民政府补正。（4）乡（镇）人民政府农村经营管理部门领取农村土地承包经营权证后，应在 30 个工作日内将农村土地承包经营权证发给承包方。发包方不得为承包方保存农村土地承包经营权证。

（四）其他方式承包土地办理农村土地承包经营权证的程序

其他方式承包是相对于家庭承包方式而言的，《农村土地承包经营权证管理办法》第八条规定，实行招标、拍卖、公开协商等方式承包农村土地的，按下列程序办理农村土地承包经营权证：（1）土地承包合同生效后，承包方填写农村土地承包经营权证登记申请书，报承包土地所在乡（镇）人民政府农村经营管理部门。(2) 乡（镇）人民政府农村经营管理部门对发包方和承包方的资格、发包程序、承包期限、承包地用途等予以初审，并在农村土地承包经营权证登记申请书上签署初审意见。（3）承包方持乡（镇）人民政府初审通过的农村土地承包经营权登记申请书，向县级以上地方人民政府申请农村土地承包经营权证登记。（4）县级以上地方人民政府农业行政主管部门对登记申请予以审核。申请材料符合规定的，编制农村土地承包经营权证登记簿，报请同级人民政府颁发农村土地承包经营权证；申请材料不符合规定的，书面通知申请人补正。

二、农村土地承包经营权确权登记颁证的含义

确权，就是充分利用农村土地承包合同、经营权证书、土地台账、登记簿、农户信息等资料，对农户依法享有的农村土地承包经营权进行认定的过程。

登记，这里是指不动产登记，又称为不动产物权登记，是指权利人申请国家职能部门将有关申请人的不动产物权的事项记载于不动产登记簿的行为，或者说，是指不动产登记机构依法将不动产权利归属和其他法定事项记载于不动产登记簿的行为。不动产登记机构由县级以上地方人民政府确定，负责本行政区域的不动产登记工作，不动产登记由不动产所在地的县级人民政府不动产登记机构办理。不动产登记机构应当设立统一的不动产登记簿，按照国土资源主管部门的规定，不动产登记簿应当记载以下事项：（1）不动产的坐落、界址、空间界限、面积、用途等自然状况；（2）不动产权利的主体、类型、内容、来源、期限、权利变化等权属状况；（3）涉及不动产权利限制、提示的事项；（4）其他相关事项。耕地、林地、草地等土地承包经营权，宅基地使用权，房屋等建筑物、构筑物所有权，森林、林木所有权，抵押权等不动产权利依照规定都应当办理登记。农村土地承包经营权经过登记，可以进一步明晰土地承包经营权的归属，依法赋予和保障农民的土地承包经营权。

颁证，是指农村土地承包合同生效后，国家依法确认、颁布的承包方享有土地承包经营权的法律凭证，是承包方享有农村土地承包经营权的证明。按照一般的理解，颁证是在农村土地承包合同生效后进行，但是之前这一工作并不规范，有的证书记载不准确，有的根本没有颁发证书。所以，才有了最近连续4~5年的全国性的确权登记颁证工作。这项工作的最终目标是全国统一式样的农村土地承包经营权证书。

农村土地承包经营权确权登记颁证，是指对家庭承包土地确权登记颁证

和其他承包方式承包的土地确权登记颁证。其中，家庭承包土地的确权登记颁证，是依据《物权法》《农村土地承包法》等法律规定，由县级农村土地承包管理部门对家庭农户承包土地的地块、面积、空间位置等信息及其变动情况记载于登记簿，由县级以上地方人民政府颁发农村土地承包经营权证书，以进一步明确农民对承包土地的各项权益。这是此次农村土地承包经营权确权登记颁证工作的重点。其他承包方式承包的土地确权登记颁证，是指根据《农村土地承包法》《农村土地承包经营权证管理办法》等法律法规，对家庭承包以外的其他承包经营土地的地块、面积、空间位置等信息及其变动情况记载于登记簿，经县级农村土地承包管理部门审核，由县级人民政府颁发土地承包经营权证书予以确认土地承包的权益。由其他承包方式承包的土地确权登记颁证需由当事人提出申请，经县级农村土地承包管理部门根据法律法规进行严格审核后，符合法律规定的，可参照家庭承包经营方式予以登记颁证。

三、农村土地承包经营权确权登记颁证的意义和任务

（一）开展农村土地承包经营权确权登记颁证的意义

农村土地承包经营权确权登记颁证是依法维护农民土地承包经营权的重要举措，是推动土地规范流转、促进土地适度规模经营、发展现代农业的客观需要，也是开展农村土地经营权抵押贷款的前提。

做好农村土地承包经营权确权登记颁证工作，有利于建立归属清晰、保护严格、流转顺畅的农村产权制度，为健全农村市场经济体制提供强有力的物权保障；有利于强化承包农户的市场主体地位和家庭承包经营的基础地位，为巩固农村基本经营制度提供强有力的制度保障；有利于明确农村土地承包经营权归属，为解决农村土地承包经营纠纷、维护农民土地承包的各项合法权益提供强有力的原始依据。

确权登记颁证后，产权明晰，有利于承包土地向种植大户、家庭农场和农民专业合作社等新型农业经营主体流转，部分外出打工的农户或年龄比较大的农户，可以不再种植农田，把自己承包的土地流转出去。从城镇化的角度看，随着城镇化进程的加快，必然地有一部分农民从第一产业中转移出来，但是他们肯定不愿意无偿地放弃自己的承包土地，可以通过转包、出租、入股等方式把耕地转让给他人种植，自己则收租或分红。同时，土地规模化经

营，流转来的土地也能取得经营权证书，这有利于成片耕地向金融机构抵押取得贷款。

（二）农村土地承包经营权确权登记颁证工作的任务

开展农村土地承包经营权确权登记颁证工作，以现有土地承包合同、经营权证书和集体土地所有权确权登记成果为依据，查清承包地块面积和空间位置，建立健全土地承包经营权登记簿。严格执行农村土地承包法律政策，妥善解决承包地块面积不准、四至不清、空间位置不明、登记簿不健全等问题，把承包地块、面积、合同、权属证书全面落实到户，依法赋予农民更加充分而有保障的土地承包经营权。

四、农村土地承包经营权确权登记颁证工作的内容

（一）农村土地承包经营权登记试点工作的主要内容

2008 年中央一号文件提出，各地要切实稳定农村土地承包关系，认真开展延包后续完善工作，确保农村土地承包经营权证到户；加强农村土地承包规范管理，加快建立土地承包经营权登记制度。2009 年中央一号文件又提出，要稳步开展土地承包经营权登记试点，把承包地块的面积、空间位置和权属证书落实到农户。之后，我国开始了土地承包经营权登记试点。2010 年中央一号文件要求扩大农村土地承包经营权登记试点范围，全面落实承包地块、面积、合同、证书"四到户"。

2011 年，农业部等 6 部门发布了《关于开展农村土地承包经营权登记试点工作的意见》，其中，开展农村土地承包经营权登记试点工作的主要内容包括以下几个方面。

1. 开展土地承包档案清理。按照农业部、国家档案局发布的《关于加强农村土地承包档案管理工作的意见》，全面组织清理土地承包档案，认真解决土地承包方案、承包合同、承包台账种类不齐全、管理不规范等问题。严格执行土地承包档案管理规定，坚持分级管理、集中保管、科学分类，建立健全收集整理、分类归档、安全保管、公开查阅等制度。不具备保管条件的，要移交到具备条件的农村土地承包管理部门或者档案管理部门集中保管。

2. 查清承包地块面积和空间位置。各县要组织专门力量，以第二次全国土地调查成果为基础，以已签订的土地承包合同、发放的土地承包经营权证

书和集体土地所有权确权登记成果为依据，集中时间以试点村为单位查清农户承包地块、面积、四至和空间位置。鼓励各地在农民自愿的前提下，组织开展农户之间互换并地，解决承包地的细碎化问题。对与现有土地承包档案记载的土地承包状况有较大误差且农民群众要求实测的，要以第二次全国土地调查成果为基础，采取科学简便的方式测量查实。查清承包地块面积和空间位置，首要的是群众认可，并尽可能准确。实测结果经乡镇、村公示确认后，作为确认、变更、解除土地承包合同以及确认、变更、注销土地承包经营权的依据。对延包不完善、权利不落实和管理工作不规范的，依法予以纠正。对存在争议和纠纷的，先依法解决，再予以确权登记。

3. 建立健全土地承包经营权登记簿。县级人民政府农村土地承包管理部门要依据《农村土地承包经营权证管理办法》建立土地承包经营权登记簿，把县、乡农村土地承包管理工作具体化为登记管理的各项活动。已建立登记簿的，要结合试点工作进一步健全，充实完善承包地块的实际面积、四至、地类和空间位置。未建立的，要在现有土地承包合同、证书的基础上，结合经依法确认的承包地块、面积、共有人、用途和空间位置等登记信息，抓紧建立。农村土地承包管理部门可以根据国土资源部门提供的基本农田有关信息，具体将基本农田落实到户并标注到土地承包经营权证书上。建立农村土地承包经营权确权登记管理信息系统，实现土地承包经营权登记信息资料共享。

4. 开展土地承包经营权变更、注销登记。在建立健全土地承包经营权登记簿的基础上，适时开展土地承包合同变更、解除和土地承包经营权变更、注销等工作，并对土地承包经营权证书进行完善，变更或者补换发土地承包经营权证书。承包期内，因下列情形导致土地承包经营权发生变动或者灭失的，根据当事人申请，县（市、区）农村土地承包管理部门依法办理变更、注销登记，并记载于土地承包经营权登记簿：一是因集体土地所有权变化的；二是因承包地被征收、整治导致承包地块或者面积发生变化的；三是因承包农户分户等导致土地承包经营权分割的；四是因土地承包经营权采取转让、互换方式流转的；五是因结婚等原因导致土地承包经营权合并的；六是承包地块、面积与实际不符的；七是承包地灭失或者承包农户消亡的；八是承包地被发包方依法调整或者收回的；九是承包农户户主变更其他需要依法变更、注销的情形。试点期间，凡申请登记，变更、注销土地承包经营权的，县（市、区）农村土地承包管理部门应当对涉及的每宗承包地块实测确认，并向申请方提供书面证明。

5. 对其他承包方式取得的土地开展确权登记颁证。采取招标、拍卖、公开协商等方式承包荒山、荒沟、荒丘、荒滩等农村土地的，当事人申请土地承包经营权登记，按照《农村土地承包经营权证管理办法》有关规定办理登记。经县（市、区）农村土地承包管理部门审核，符合登记有关规定的，报请同级人民政府依法颁发农村土地承包经营权证书予以确认。

6. 做好土地承包经营权登记资料归档。要在档案管理部门的支持和指导下，做好土地承包经营权确权登记颁证全过程文件资料的收集整理归档工作，确保档案资料齐全完整。农村土地承包经营权登记档案由土地承包经营权登记机关集中保管，并指定专人负责，确保档案实体安全。依法按期移交同级国家综合档案馆，不具备保管条件的，可提前移交。

（二）农村土地承包经营权确权登记颁证工作的内容

2012 年中央一号文件强调稳步扩大农村土地承包经营权登记试点。2013 年中央一号文件要求全面开展农村土地确权登记颁证工作，健全农村土地承包经营权登记制度，用 5 年时间基本完成农村土地承包经营权确权登记颁证工作，妥善解决农户承包地块面积不准、四至不清等问题。2014 年中央一号文件提出，要切实加强组织领导，抓紧抓实农村土地承包经营权确权登记颁证工作。2015 年中央一号文件提出，抓紧抓实土地承包经营权确权登记颁证工作，扩大整省推进试点范围，总体上要确地到户。按照中央一号文件和中共中央办公厅、国务院办公厅印发的《关于引导农村土地经营权有序流转发展农业适度规模经营的意见》有关精神，农业部等 6 部门又发布了《关于认真做好农村土地承包经营权确权登记颁证工作的意见》，对农村土地承包经营权确权登记颁证工作提出部署意见，同时指出，开展农村土地承包经营权确权登记颁证，核心是确权，重点在登记，关键在权属调查，要求各地要从实际出发，一个环节一个环节地做好以下工作。

1. 开展土地承包档案资料清查。这是在开展农村土地承包经营权登记试点时档案清理工作的基础上进行的，依据农村土地所有权确权登记发证材料、土地承包方案、承包台账、承包合同、承包经营权证书等相关权属档案资料进行清查整理、组卷，按要求进行补建、修复和保全，摸清承包地现状，查清承包地块的名称、坐落、面积、四至、用途、流转等原始记载；摸清农户家庭承包状况，收集、整理、核对承包方代表、家庭成员及其变动等信息。

有条件的地方，可以把档案清查、整理与土地承包管理信息化结合起来，推进土地承包原始档案管理数字化。

2. 开展土地承包经营权调查。为了使土地承包经营权准确无误，还需要对农村集体耕地开展土地承包经营权调查，查清承包地权利归属。重点是做好发包方、承包方和承包地块调查，如实准确地填写发包方调查表、承包方调查表、承包地块调查表，制作调查结果公示表和权属归户表。以农村集体土地所有权确权登记结果为基础，以第二次全国土地调查成果为依据，充分利用现有的图件、影像等数据，绘制工作底图、调查草图，采用符合标准规范、农民群众认可的技术方法，查清农户承包地块的面积、四至、空间位置，制作承包地块分布图。调查成果经审核公示确认，作为土地承包经营权确实权的现实依据。对公示内容有异议的，进行补测核实。

3. 完善土地承包合同。根据公示确认的调查成果，完善土地承包合同，作为承包户取得土地承包经营权的法定依据。对没有签订土地承包合同的，要重新签订承包合同；对承包合同丢失、残缺的，进行补签、完善。实际承包面积与原土地承包合同、权属证书记载面积不一致的，要根据本集体通过的土地承包经营权确权登记颁证方案进行确权。属于原承包地块四至范围内的，原则上应确权给原承包农户。未经本集体成员协商同意，不得将承包方多出的承包面积转为其他方式承包并收取承包费。土地承包合同记载期限应以当地统一组织二轮延包的时点起算，承包期为30年，本轮土地承包期限届满，按届时的法律和保持现有土地承包关系稳定并长久不变的政策规定执行。可以看出，完善土地承包合同的相关工作，是本着有利于承包农户的原则进行的。

4. 建立健全登记簿。根据这次确权登记颁证完善后的承包合同，以承包农户为基本单位，按照一户一簿原则，明确每块承包地的范围、面积及权利归属，由县级人民政府农村经营管理机构建立健全统一规范的土地承包经营权登记簿，作为今后不动产统一登记的基础依据。登记簿应当记载发包方、承包方的姓名、地址，承包共有人，承包方式，承包地块的面积、坐落、界址、编码、用途、权属、地类及是否基本农田，承包合同编号、成立时间、期限，权利的内容及变化等。已经建立登记簿的，补充完善相关登记信息；未建立的，要抓紧建立。承包农户自愿提出变更、注销登记申请的，经核实确认后，予以变更或注销，并在登记簿中注明。

5. 颁发土地承包经营权证书。根据完善后的土地承包合同和建立健全的土地承包经营权登记簿，在确保信息准确无误、责任权利明确的基础上，按规定程序和修订后的土地承包经营权证书样本，向承包方颁发土地承包经营权证书，原已发的土地承包经营权权属证书收回销毁。承包经营权证书载明的户主或共有人，要体现男女平等的原则，切实保护妇女的土地承包权益。实行确权确股不确地的，也要向承包方颁发土地承包经营权证书，并注明确权方式为确权确股；承包方有意愿要求的，发包方可以向承包方颁发农村集体的土地股权证。为了与不动产统一登记工作衔接，今后可按照"不变不换"的原则，承包农户可以自愿申请、免费换取与不动产统一登记相衔接的证书，避免工作重复和资金浪费。抓紧研究制定统一的不动产登记簿册和权属证书办法，在条件具备时实施。

6. 推进信息应用平台建设。充分利用现有资源，完善、建立中央与地方互联互通的土地承包经营权信息应用平台，并以县级为单位建立土地承包经营权确权登记颁证数据库和土地承包经营权登记业务系统，实现土地承包合同管理、权属登记、经营权流转和纠纷调处等业务工作的信息化，避免重复建设和各自为政。以县级土地承包经营权确权登记结果和现有资源为基础，逐级汇总，完善、建立中央和省地县四级土地承包经营权确权登记颁证数据汇总和动态管理制度。研究制定土地承包经营权登记业务系统与不动产登记信息平台的数据交换协议，与不动产登记信息平台实现信息共享。

7. 建立健全档案管理制度。土地承包经营权确权登记颁证过程中形成的文字、图表、声像、数据等文件材料，是对国家、社会有保存价值的重要凭证和历史记录。各地要按照农业部、国家档案局制发的《农村土地承包经营权确权登记颁证档案管理办法》，坚持统一领导、分级实施、分类管理、集中保管的原则，认真做好土地承包经营权确权档案的收集、整理、鉴定、保管、编研和利用等工作。档案管理工作应当与土地承包经营权确权登记颁证工作同步部署、实施、检查和验收，做到组织有序、种类齐全、保管安全，确保管有人、存有地、查有序。

第二节　国家级试点工作的布置实施

在各地农村土地承包经营权抵押贷款试点工作的基础上，国务院开始部署全国范围内的试点工作。自 2016 年开始，在全国范围内开始了国家级试点。

一、国务院办公厅关于金融服务"三农"发展的若干意见

2014年4月20日成文并于22日发布的《国务院办公厅发布关于金融服务"三农"发展的若干意见》（以下简称《意见》）指出，近年来我国农村金融取得长足发展，初步形成了多层次、较完善的农村金融服务体系，服务覆盖面不断扩大，服务水平不断提高，但总体上看，农村金融仍是整个金融体系中最为薄弱的环节。对此，《意见》提出了九方面措施。其中，第四部分"创新农村金融产品和服务方式"中，对"创新农村抵（质）押担保方式"进行部署，要求由人民银行、银监会、保监会、国土资源部、农业部、林业局等按职责分工分别负责下列工作：制定农村土地承包经营权抵押贷款试点管理办法，在经批准的地区开展试点。慎重稳妥地开展农民住房财产权抵押试点。健全完善林权抵押登记系统，扩大林权抵押贷款规模。推广以农业机械设备、运输工具、水域滩涂养殖权、承包土地收益权等为标的的新型抵押担保方式。加强涉农信贷与涉农保险合作，将涉农保险投保情况作为授信要素，探索拓宽涉农保险保单质押范围。从《意见》中可以看出，国务院已经决定在全国范围内推进农村土地承包经营权抵押贷款试点工作，对于其他农村产权抵押贷款也在积极地推广和探索。

《意见》中有些措施可以作为开展农村土地承包经营权抵押贷款试点的配套措施。例如，发展县域融资性担保机构或担保基金、村级融资担保基金等新型农村金融服务机构，增强支农服务合力；拓展农业保险的广度和深度，加快建立财政支持的农业保险大灾风险分散机制；完善农村金融基础设施，积极培育土地评估、资产评估等中介组织；加大对"三农"金融服务的政策支持，建立导向明确、激励有效、约束严格、协调配套的长期化、制度化农村金融政策扶持体系，为金融机构开展"三农"业务提供稳定的政策预期；加强金融监管，健全新形势下的金融风险处置机制，切实维护金融稳定，守住风险底线。

二、国务院布置实施农村承包土地的经营权抵押贷款试点工作

为了在全国范围内开展农村承包土地的经营权抵押贷款的试点工作，同时也包括布置农民住房财产权抵押贷款的试点工作，2015年8月10日，国务院印发了《关于开展农村承包土地的经营权和农民住房财产权抵押贷款试

点的指导意见》，分总体要求、试点任务、组织实施三部分。主要内容参见本书第二章第三节。其中，组织实施中需要取得法律授权，即试点涉及突破《物权法》第一百八十四条、《担保法》第三十七条等相关法律条款，由国务院按程序提请全国人大常委会授权，允许试点地区在试点期间暂停执行相关法律条款。全部试点工作定于 2017 年底前完成，后来延期至 2018 年底前完成，也就是由 2 年试点延长为 3 年试点。

三、全国人大常委会授权国务院在试点县（市、区）暂时调整实施有关法律规定的决定

为了落实农村土地的用益物权，赋予农民更多的财产权利，深化农村金融改革创新，有效盘活农村资源、资金、资产，为稳步推进农村土地制度改革提供经验和模式，2015 年 12 月 27 日，第十二届全国人民代表大会常务委员会第十八次会议决定，授权国务院在北京市大兴区等 232 个试点县（市、区）、天津市蓟县等 59 个试点县（市、区）行政区域分别暂时调整实施有关法律规定，并于 2015 年 12 月 28 日起施行。会议决定：授权国务院在北京市大兴区等 232 个试点县（市、区）行政区域，暂时调整实施《物权法》《担保法》关于集体所有的耕地使用权不得抵押的规定；在天津市蓟县等 59 个试点县（市、区）行政区域暂时调整实施《物权法》《担保法》关于集体所有的宅基地使用权不得抵押的规定。上述调整在 2017 年 12 月 31 日前试行。这是在 2015 年 8 月 10 日国务院发布《关于开展农村承包土地的经营权和农民住房财产权抵押贷款试点的指导意见》后，全国人大常委会给予国务院的授权，从而在试点地区扫除了农村承包土地的经营权不能抵押的法律障碍。农村承包土地的经营权抵押贷款试点县（市、区）见表 4 – 1，相关法律条款的调整见表 4 – 2。

表 4 – 1　农村承包土地的经营权抵押贷款试点县（市、区）名单（232 个）

所在省（区、市）	试点县（市、区）
北京市	大兴区、平谷区
天津市	宝坻区、武清区
河北省	玉田县、邱县、张北县、平乡县、威县、饶阳县
山西省	运城市盐湖区、新绛县、潞城市、太谷县、定襄县、曲沃县

所在省（区、市）	试点县（市、区）
内蒙古自治区	呼伦贝尔市阿荣旗、兴安盟扎赉特旗、开鲁县、锡林郭勒盟镶黄旗、鄂尔多斯市达拉特旗、巴彦淖尔市临河区、赤峰市克什克腾旗、包头市土默特右旗
辽宁省	海城市、东港市、辽阳县、盘山县、昌图县、瓦房店市、沈阳市于洪区
吉林省	榆树市、农安县、永吉县、敦化市、梨树县、柳河县、洮南市、东辽县、前郭县、抚松县、梅河口市、公主岭市、珲春市、龙井市、延吉市
黑龙江省	克山县、方正县、讷河市、延寿县、五常市、哈尔滨市呼兰区、桦川县、克东县、富锦市、汤原县、兰西县、庆安县、密山市、绥滨县、宝清县
江苏省	东海县、泗洪县、沛县、金湖县、泰州市姜堰区、太仓市、如皋市、东台市、无锡市惠山区、南京市高淳区
浙江省	龙泉市、长兴县、海盐县、慈溪市、温岭市、衢州市衢江区、缙云县、嵊州市、嘉善县、德清县
安徽省	宿州市埇桥区、金寨县、铜陵县、庐江县、阜阳市颍泉区、黄山市黄山区、定远县、涡阳县、宿松县、凤台县
福建省	漳浦县、建瓯市、沙县、仙游县、福清市、武平县、永春县、屏南县、邵武市、古田县
江西省	安义县、乐平市、铜鼓县、修水县、金溪县、新干县、信丰县、吉安县、贵溪市、赣县
山东省	东营市河口区、青州市、平度市、沂南县、武城县、枣庄市台儿庄区、沂源县、寿光市、莘县、乐陵市
河南省	长垣县、安阳县、宝丰县、邓州市、济源市、长葛市、遂平县、固始县、浚县
湖北省	钟祥市、武汉市黄陂区、宜昌市夷陵区、鄂州市梁子湖区、随县、南漳县、大冶市、公安县、武穴市、云梦县
湖南省	汉寿县、岳阳县、新田县、桃江县、洞口县、沅陵县、慈利县、双峰县
广东省	蕉岭县、阳山县、德庆县、郁南县、廉江市、罗定市、英德市
广西壮族自治区	田阳县、田东县、玉林市玉州区、来宾市象州县、南宁市武鸣区、东兴市、北流市、兴业县
海南省	东方市、屯昌县、文昌市
重庆市	永川区、梁平县、潼南区、荣昌区、忠县、铜梁区、南川区、巴南区、武隆县、秀山县
四川省	成都市温江区、崇州市、眉山市彭山区、内江市市中区、蓬溪县、西充县、巴中市巴州区、武胜县、井研县、苍溪县
贵州省	德江县、水城县、湄潭县、兴仁县、盘县、普定县、安龙县、开阳县、六盘水市六枝特区

续表

所在省（区、市）	试点县（市、区）
云南省	开远市、砚山县、剑川县、鲁甸县、景谷县、富民县
西藏自治区	曲水县、米林县
陕西省	杨陵区、平利县、西安市高陵区、富平县、千阳县、南郑县、宜川县、铜川市耀州区
甘肃省	西和县、金昌市金川区、武威市凉州区、陇西县、临夏县、金塔县
青海省	大通县、互助县、门源县、海晏县、海东市乐都区
宁夏回族自治区	平罗县、中卫市沙坡头区、同心县、永宁县、贺兰县
新疆维吾尔自治区	呼图壁县、沙湾县、博乐市、阿克苏市、克拉玛依市克拉玛依区

资料来源：全国人大常委会. 关于授权国务院在北京市大兴区等232个试点县（市、区）、天津市蓟县等59个试点县（市、区）行政区域分别暂时调整实施有关法律规定的决定［EB/OL］. www. gov. cn，2015 - 12 - 28.

表4-2　试点县（市、区）行政区域分别暂时调整实施有关法律规定目录

法律规定	调整内容
《中华人民共和国物权法》第一百八十四条：下列财产不得抵押： （一）土地所有权； （二）耕地、宅基地、自留地、自留山等集体所有的土地使用权，但法律规定可以抵押的除外； （三）学校、幼儿园、医院等以公益为目的的事业单位、社会团体的教育设施、医疗卫生设施和其他社会公益设施； （四）所有权、使用权不明或者有争议的财产； （五）依法被查封、扣押、监管的财产； （六）法律、行政法规规定不得抵押的其他财产	暂时调整实施集体所有的耕地使用权、宅基地使用权不得抵押的规定。在防范风险、遵守有关法律法规和农村土地制度改革等政策的基础上，赋予农村承包土地（指耕地）的经营权和农民住房财产权（含宅基地使用权）抵押融资功能，在农村承包土地的经营权抵押贷款试点地区，允许以农村承包土地的经营权抵押贷款；在农民住房财产权抵押贷款试点地区，允许以农民住房财产权抵押贷款
《中华人民共和国担保法》第三十七条：下列财产不得抵押： （一）土地所有权； （二）耕地、宅基地、自留地、自留山等集体所有的土地使用权，但本法第三十四条第（五）项、第三十六条第三款规定的除外； （三）学校、幼儿园、医院等以公益为目的的事业单位、社会团体的教育设施、医疗卫生设施和其他社会公益设施； （四）所有权、使用权不明或者有争议的财产； （五）依法被查封、扣押、监管的财产； （六）依法不得抵押的其他财产	

资料来源：全国人大常委会. 关于授权国务院在北京市大兴区等232个试点县（市、区）、天津市蓟县等59个试点县（市、区）行政区域分别暂时调整实施有关法律规定的决定［EB/OL］. www. gov. cn，2015 - 12 - 28.

第三节 农村承包土地经营权抵押贷款国家级 试点的主要做法

在国务院的部署下，全国共有 30 个省份开展了农村承包土地的经营权抵押贷款试点工作。各试点县（市、区）结合《国务院关于开展农村承包土地的经营权和农民住房财产权抵押贷款试点的指导意见》的总体要求和试点任务，组织实施了试点工作，取得了一定的成效。主要做法包括以下方面。

一、成立试点工作领导小组

为加强对试点工作的领导，试点地区均成立了试点工作领导小组，由试点县（市、区）政府组建，一般以常务副县长为组长。领导小组下设办公室，办公室设在人民银行县（市、区）支行，成员单位包括县（市、区）财政局、金融局（办）、农业局、发改局、扶贫办、参与试点的金融机构等。领导小组负责试点工作的组织领导和协调推进，整合各参与方力量，明确各自职责，分解落实试点任务，从而形成政府主导、人行推动、多方参与的工作格局。为了组织推进试点工作，有的地市级政府还成立了农村承包土地经营权抵押贷款试点工作推进小组，加强对试点县（市、区）的领导。以天津市为例，宝坻区和武清区是国家级试点区，为了加强对试点工作的领导，天津市成立了农村承包土地的经营权抵押贷款试点工作小组，办公室设在人民银行天津分行，成员单位包括市农委、市金融局、天津银监局等有关部门。宝坻、武清两个试点区分别成立了由区政府主要负责同志任组长的农村承包土地的经营权抵押贷款试点工作小组，各街镇成立相应的组织机构，形成了市区镇三级联动的工作推进机制，领导推动试点工作。

二、发布试点工作方案

各试点县（市、区）坚持国务院制定的依法有据、有序推进，自主自愿、风险可控的原则，结合当地县域农村金融的实际情况，参照《国务院关于开展农村承包土地的经营权和农民住房财产权抵押贷款试点的指导意见》

《农村承包土地的经营权抵押贷款试点暂行办法》，制订了具体的试点工作方案，明确了试点的工作任务、相关部门的职责和工作的路径，为试点工作提供制度保障。例如，《××县农村承包土地的经营权抵押贷款试点实施方案》，或《××县农村承包土地的经营权抵押贷款指导意见（试行）》。同时，一些配套的工作方案也纷纷发布。例如，《××县农村信用体系建设实施方案》《关于建立××县农村产权交易平台的实施意见（试行）》《××县农村承包土地的经营权抵押贷款风险补偿资金使用管理办法（试行）》等，从多个方面加大扶持和协调配合力度，保障抵押贷款的安全性，增强试点效果。以天津市为例，在市级层面发布了《天津市农村承包土地的经营权抵押贷款试点暂行办法实施细则》和《天津市农村承包土地的经营权抵押登记管理办法（试行）》。在试点区，也有相关文件的颁发。武清区制定了《推进农村承包土地的经营权抵押贷款工作实施方案》《农村承包土地的经营权抵押贷款管理暂行办法》《关于推进农村集体产权制度改革的意见》。宝坻区制定了《天津市宝坻区农村承包土地经营权抵押贷款试点实施方案》《宝坻区农村土地承包经营权登记工作实施方案》《宝坻区农村产权流转交易市场建设实施方案》。

三、落实确权登记颁证工作

农村土地承包经营权确权登记颁证是依法维护农民土地承包经营权的重要举措，是推动土地规范流转、促进土地适度规模经营、发展现代农业的客观需要，是深化农村产权制度改革、增加农民财产性收入的有效途径。同时，确权登记颁证也是农户和新型农业经营主体取得农村承包土地经营权抵押贷款的前提条件，没有证书，就没有办法办理抵押登记，银行就不会发放农村承包土地的经营权抵押贷款。由此可见，只有在完成确权登记颁证的基础上，才能利用确权成果进行抵押融资工作。正因为如此，各试点县（市、区）都积极全面推进农村土地承包经营权确权登记颁证工作。

从天津市的情况看，试点中各相关部门密切配合、积极协调推进确权登记工作。人民银行天津分行组织有关部门、试点区以及部分银行业金融机构，收听收看全国农村承包土地确权登记颁证电视电话会议，召开登记工作推动会，组织专题培训会，指导加快确权登记工作。在市级层面通过采取现场检查、情况通报、座谈等多种形式，加大确权工作推动力度，组织开展检查验收。在武清区、宝坻区两个试点区，由农业部门牵头负责确权登记和抵押登记工作，指导各街镇对辖区承包土地经营权进行确权登记。

四、建立农村土地抵押登记流转平台

各地建立的农村土地抵押登记流转平台，从名称上看还是有所不同的。有的试点县（市、区）建立了农村土地流转交易登记服务大厅，有的建立了农村产权交易中心，有的则成立了农村产权交易所（当然一些交易所是地市级的，或是省级的）。这些平台落实机构编制和工作人员，作为土地流转交易的平台，承担农村产权抵押登记、信息发布、流转处置及法律服务等职责。同时，在乡镇、部分村设立了相应办事机构，在县域形成了县乡村三级服务平台。这种多级联网、政府主导的农村产权流转交易市场，方便了主办银行业务的开办，银行可以通过平台核实土地承包经营权的真实性，有没有重复抵押，是否存在其他纠纷，以决定抵押人提供的抵押物能否采用。对符合条件的抵押物，由借贷双方按规定办理抵押登记。平台的建立，也为农村土地承包经营权抵押贷款不能还本付息时抵押物的处置提供了基本条件。

从天津市的试点情况看，已经建成了比较完备的农村产权流转交易市场。截至 2017 年底，天津市建成 1 个市级农村产权交易所（地址在宝坻区）、10 个区级分市场和 151 个乡镇工作站，统一的农村流转交易网络信息系统已经上线运行，覆盖全市、三级一体、统一规范的农村产权流转交易市场已经全面建成，为包括农村承包土地的经营权在内的农村产权流转提供信息咨询、价值评估、交易鉴证等服务。同时，为了促进抵押贷款工作的顺利进行，天津市农委联合信息技术公司还研发了抵押登记信息系统。这一系统就是天津市农村承包土地的经营权抵押登记信息系统，它的开发和运行，在政策设计和具体实施路径方面，为抵押贷款工作做好了准备，并且实现了与天津市农村承包土地的经营权管理信息系统的有效衔接。在抵押双方办理抵押登记业务时，可直接查询和抓取已生成的承包地登记信息和土地流转信息等，提高了农村承包土地的经营权抵押贷款的工作效率。

五、创新抵押物评估机制

通过创新评估机制，提升评估抵押物价值的水平。抵押物价值可由银行与借款人依据当地市场情况协商确定，也可以由银行、借款人及农村产权交易中心三方协商确定，此外，应积极探索引进第三方评估机构进行评估，增加评估的客观性和准确性。同时，在评估耕地价值时，既要评估土地承包经营权自身的价值，主要参考依据是转包费和租金，又要评估其地上附着物的价值，例如，生长期的农产品、农业设施的价值，这就增加了抵押物的价值，当然也更具有合理性。

六、完善多元化的贷款风险分担和补偿机制

为了推动农村土地承包经营权抵押贷款业务的发展，试点县（市、区）均建立了较为完善的贷款增信和补偿措施。

（一）建立风险补偿机制

建立风险补偿基金是比较普遍的做法，基金由县级财政出资建立，也有地市级政府统一建立的，金额从几百万元至几千万元不等。有的风险补偿基金是由财政按照土地承包经营权抵押贷款发放额的一定比例提取的，例如提取 3%，总额上不封顶，用于弥补抵押贷款的损失。

例如，甘肃省有 6 个国家级农村土地承包经营权抵押贷款试点县（区），为了强化风险补偿，人民银行兰州中心支行将风险缓释机制建设列为试点推进工作的重要内容，推动各试点县（区）建立"两权"抵押贷款风险补偿基金，对承办银行农地抵押贷款和农房抵押贷款的净损失按照一定比例进行补偿。西和县政府设立了 200 万元的农地抵押贷款风险补偿基金，对因地震、冰雹、严重旱涝等不可抗力造成的农地抵押贷款损失，由补偿基金和承贷银行按比例共同分担。武威市凉州区设立"凉州区农村产权抵押贷款风险补偿基金"，由区财政按照农林部门提供的当年抵押贷款计划总额的 0.5% 列入预算。陇西县建立 100 万元的"两权"抵押贷款风险保障基金，并将视贷款发放情况逐步增加。[①]

为了推进农村承包土地的经营权抵押贷款工作的顺利开展，建立健全农村金融风险分担机制，湖北省武穴市发布了《武穴市农村承包土地的经营权

---

① 李常武，刘音好，许朝阳，谢晓娜. 盘活农村沉睡资源，甘肃"两权"抵押贷款试点稳步推进［EB/OL］. http：//www.financialnews.com.cn/，2017 – 01 – 03.

抵押贷款风险补偿资金使用管理办法（试行）》，由市财政出资 2000 万元设立农村土地承包经营权抵押贷款风险补偿资金，对承办银行每笔抵押贷款的本息损失，政府按 30% 的比例补偿银行，然后再向借款人追偿。当然，取得资金的补偿是有条件的，借款人在银行的贷款已经逾期了 6 个月以上，并且贷款银行履行了债权人的催收义务。①

（二）建立融资担保机制

由试点县（市、区）政府协调，将政策性融资担保公司纳入试点，作为试点金融机构之一。担保公司与开展农村承包土地经营权抵押贷款的银行进行合作，为借款人提供担保服务，从而降低银行的贷款风险。在政府的协调下，政策性融资担保公司可以与多家试点银行签订农村承包土地经营权抵押贷款合作协议，在某一客户申请贷款时，由担保公司承担贷款总额一定比例的担保，另一部分则由承包土地作为抵押担保。对于属于担保公司担保的贷款金额，在确定无法偿还时，由担保公司与承办银行按照 8：2 的比例分担。在天津市的试点中，宝坻区研究制定了《宝坻区农村承包土地经营权抵押贷款风险缓释机制（暂行）》，成立了注册资本 2 亿元的宝坻区政府性融资担保公司。该融资担保公司为农村承包土地的经营权抵押贷款提供融资担保，农业种植养殖大户、家庭农场、农民专业合作社和农户一旦无法偿还到期贷款，可将抵押的农村承包土地的经营权流转给担保公司，由担保公司代偿其到期的贷款本息。政府性融资担保公司发展情况见专栏 4 - 1。

☞**专栏 4 - 1**　　　　　　**政府性融资担保公司**

政府性融资担保公司是近几年的一种新提法，2015 年 8 月 13 日，国家发布《国务院关于促进融资担保行业加快发展的意见》，提出要大力发展政府支持的融资担保机构。以省级、地市级为重点，科学布局，通过新设、控股、参股等方式，发展一批以政府出资为主、主业突出、经营规范、实力较强、信誉较好、影响力较大的政府性融资担保机构，作为服务小微企业和"三农"的主力军，支撑行业发展。可见，政府性融资担保机构在股权设置上具有政府背景，以政府出资为主，当然也可以是政府全资的。同时，政府

---

① 武穴市人民政府. 关于印发武穴市农村承包土地的经营权抵押贷款风险补偿资金使用管理办法（试行）的通知 [EB/OL]. http：//www. wuxue. gov. cn/，2016 - 11 - 30.

性融资担保机构不以营利为目的，而是以实现政府的政策性目标为目的。政府性融资担保机构有特定的服务对象，即服务小微企业和"三农"，简称"支小支农"。

2019 年 2 月 14 日，国务院办公厅发布了《关于有效发挥政府性融资担保基金作用切实支持小微企业和"三农"发展的指导意见》，强调规范政府性融资担保基金运作，弥补市场不足，降低担保服务门槛，着力缓解小微企业、"三农"等普惠领域融资难、融资贵问题。该《意见》针对我国融资担保行业存在的业务聚焦不够、担保能力不强、银担合作不畅、风险分担补偿机制有待健全等问题，提出了聚焦支小支农主业、坚持保本微利运行、落实风险分担补偿和凝聚担保机构合力四项基本原则。同时，着重明确了相关的举措。一是坚持聚焦支小支农融资担保主业。将服务对象范围聚焦于小微企业、个体工商户、农户、新型农业经营主体等小微企业和"三农"主体。各级政府性融资担保、再担保机构要主动剥离政府债券发行和政府融资平台融资担保业务，坚守支小支农融资担保主业，不断提高支小支农担保业务规模和占比，重点支持单户担保金额 500 万元及以下的小微企业和"三农"主体。二是切实降低小微企业和"三农"综合融资成本。政府性融资担保机构坚持准公共定位，不以营利为目的，在可持续经营的前提下，保持较低费率水平。逐步将平均担保费率降至 1% 以下，其中，对单户担保金额 500 万元及以下的担保费率原则上不超过 1%，500 万元以上的担保费率原则上不超过1.5%。国家融资担保基金再担保业务收费一般不高于省级担保、再担保基金（机构），单户担保金额 500 万元以上的再担保业务收费原则上不高于 0.5%，500 万元及以下的再担保业务收费原则上不高于 0.3%。三是完善银担合作机制。原则上国家融资担保基金和银行业金融机构承担的风险责任比例均不低于 20%，这里重点明确了银行的风险分担比例不低于 20%。省级担保、再担保基金（机构）承担的风险责任比例不低于国家融资担保基金承担的比例。四是加强各级担保机构的协同配合，优化监管考核机制。国家融资担保基金和省级担保、再担保基金（机构）要推行统一的业务标准和管理要求，市、县融资担保机构要主动对标，提高业务对接效率。金融管理部门要实施差异化监管措施，适当提高对担保代偿损失的监管容忍度。银行业金融机构和融资担保、再担保机构要健全内部考核激励机制，提高支小支农业务考核指标权重。

资料来源：国务院办公厅. 关于有效发挥政府性融资担保基金作用切实支持小微企业和"三农"发展的指导意见 [EB/OL]. www.gov.cn, 2019 – 02 – 14.

（三） 建立贷款保证保险和农业保险机制

在有的试点中，会吸纳几家保险业金融机构加入，以开展农村承包土地经营权抵押贷款保证保险业务。保证保险是指被保证人即借款人根据权利人即银行的要求，请求保险公司担保自己的信用的一种保险。保证保险的保险人代被保证人向权利人提供担保，如果到期被保证人不履行还款义务，致使权利人受到经济损失，由其负责赔偿。可见，贷款保证保险中保险公司所承担的风险是被保证人履行一定义务的能力或意愿，这里的义务是偿还贷款的本金和利息。

在试点中，也有放贷银行要求借款人投保农业保险的。农业保险是专为农业生产者在从事种植业、林业、畜牧业和渔业生产过程中，对遭受自然灾害、意外事故以及疫病、疾病等保险事故所造成的经济损失提供保障的一种保险。农业保险多由政策性农业保险公司经营，不过目前我国一些地区没有成立政策性农业保险公司，而是由商业性保险公司开办农业保险，由政府给予保费补贴。如果投保了农业保险，即使遭受了灾害事故等，有保险公司的赔偿，借款人也不会有太大的损失，从而保证了贷款的安全。

（四） 政府给予财政贴息

为了鼓励农村承包土地经营权抵押贷款的发放，一些试点地区财政对这类贷款给予贴息，一般按照人民银行发布的同档次贷款基准利率的50%进行贴息，期限2年，等于国家级试点的期限。甚至有的县对于金额在20万元以内的个人贷款，2年内按照基准利率给予全额贴息，鼓励的力度还是非常大的。

（五） 通过组建农村资产管理公司处置抵押物

由试点地区政府出资组建农村资产管理公司，对贷款逾期1年以上的相关债权进行收购、并采取整合出租、挂牌转让、再流转等方式处置抵押资产。

第四节　农村承包土地经营权抵押贷款国家级试点的主要成效

经过3年的试点，各试点县（市、区）农村承包土地的经营权抵押贷款试点工作取得了显著成效。

一、抵押贷款发放量显著提高

2017 年，天津市农村承包土地的经营权抵押贷款新增 693 万元，年末贷款余额 473 万元，较 2016 年取得了"从无到有、从少到多"的长足进步。湖北省武穴市是试点县之一，截至 2019 年初，累计发放农村承包土地的经营权抵押贷款 315 笔，共 1.06 亿元，受益农户 1000 余户。① 浙江省慈溪市也是试点县之一，截至 2018 年 12 月 31 日，全市共有 6 家金融机构开展了试点业务，累计发放农村承包土地的经营权抵押贷款 626 笔，共 7.93 亿元，受益农业经营主体 177 户。② 青海省海北州的门源县、海晏县均为国家级试点县，截至 2018 年 9 月末，两县土地承包经营权确权率均达到 100%，累计发放农村土地承包经营权抵押贷款 124 笔，累计发放贷款金额达 3071 万元。在两县中，门源县占比较大，累计发放贷款 81 笔，金额为 2163.5 万元（其中，农户 77 笔，金额 783.5 万元；农民专业合作社 3 笔，金额 380 万元；农业产业化龙头企业 1 笔，金额 1000 万元）。海晏县累计发放贷款 43 笔，金额为 907 万元（其中，农户 41 笔，金额 557 万元；农业产业化龙头企业 2 笔，金额 350 万元）。③ 宁夏回族自治区共有平罗县、同心县、贺兰县、永宁县以及中卫市沙坡头区 5 个县（区）获批进行国家级农村承包土地的经营权抵押贷款试点工作，截至 2018 年 6 月末，5 个试点县（区）基本完成确权颁证、交易平台搭建等配套工作，试点县（区）承包土地的经营权抵押贷款余额为 8.73 亿元，同比增长 30.9%。④ 江苏省有 10 个农村承包土地的经营权抵押贷款全国试点地区，截至 2018 年一季度末，贷款余额 17.8 亿元，同比增长 90.3%，当年累计发放 1211 笔，金额 5 亿元。⑤ 部分试点县（市、区）农村土地承包

---

① 武汉分行. 湖北省武穴市累放农村土地承包经营权抵押贷款突破亿元 [EB/OL]. http：//wuhan. pbc. gov. cn／，2019 – 03 – 05.

② 宁波市中心支行. 慈溪市圆满完成全国"农地"经营权抵押贷款试点 [EB/OL]. http：//ningbo. pbc. gov. cn／，2019 – 01 – 03.

③ 西宁中心支行. 做强金融引擎，厚植试点底蕴 [EB/OL]. http：//xining. pbc. gov. cn／，2018 – 12 – 07.

④ 银川中心支行. 根植回乡，不负使命——人行银川中支构建信贷政策支持体系助推宁夏经济金融发展 [EB/OL]. http：//yinchuan. pbc. gov. cn／，2018 – 09 – 28.

⑤ 南京分行. 对省政协十二届一次会议第 0290 号提案的会办意见 [EB/OL]. http：//nanjing. pbc. gov. cn／，2018 – 05 – 24.

经营权抵押贷款的发放情况详见表4－3。

表4－3　　　　　　　部分试点县（市、区）农地抵押贷款情况

试点县（市、区）	截止时间	贷款笔数	累计发放贷款额（亿元）	贷款余额（亿元）
安徽省凤台县	2018 年 12 月	238	1.46	
浙江省嘉善县	2018 年 10 月	—	—	2.80
浙江省海盐县	2018 年 10 月	—	—	2.50
新疆维吾尔自治区克拉玛依市	2018 年 9 月	—	0.68	—
湖南省岳阳县	2018 年 9 月	786	2.90	2.32
湖南省桃江县	2018 年 8 月	699	3.42	2.50
陕西省西安市高陵区	2018 年 8 月	588	1.83	—
陕西省富平县	2018 年 8 月	—	—	1.03
安徽省金寨县	2018 年 8 月	—	—	0.78
宁夏回族自治区同心县	2018 年 8 月	22000	6.9	—
河北省邱县	2018 年 7 月		0.26	
黑龙江省兰西县	2017 年 12 月	3655	2.1	

资料来源：中国人民银行官网；金融时报—中国金融新闻网。

农村承包土地经营权抵押贷款的发放，解决了农户和新型农业经营主体因为缺失抵押物而造成的贷款难问题。特别是新型农业经营主体，通过流转而来的耕地比较多，生产经营中资金缺口也比较大，农地抵押贷款成为其获取资金的良好途径。专栏4－2是湖南省双峰县农村承包土地经营权抵押贷款的试点效果，包括对新型农业经营主体的贷款支持情况。

☞专栏4－2　　　双峰县农地抵押贷款试点工作效果显著

双峰县是湖南省8个"全国农村承包土地的经营权抵押贷款"试点县之一，该县从工作保障、协调督导、激励奖惩三方面加强驱动，探索出多种农地抵押贷款融资模式，推进农村产权流转交易、抵押贷款风险处置、风险缓释三个平台的建设，取得了显著的试点效果。

通过3年的努力，该县在农地抵押贷款量和贷款面上均有所扩展。截至2018 年11 月末，全县开办农地抵押贷款的金融机构达到10 家，累计发放农

地抵押贷款 42701 万元，贷款余额 26205 万元。2018 年以来更是增速显著，累计发放试点贷款 21121 万元，贷款户数达到 401 户，较年初新增 267 户，以农村承包土地的经营权为单一抵押的贷款余额 4751 万元，较年初增长 2554 万元。农地抵押贷款业务的发展，让金融机构看到了支持"三农"发展的潜力，更加积极地开发面向"三农"的信贷产品。

双峰县恒茂种养农民专业合作社有水稻种植基地 2000 亩，稻田加龙虾基地 100 亩。通过"农地"抵押，从农业银行双峰县支行贷款 80 万元，添置了插秧机、收割机、烘干机等设备，建起了大米加工厂，经营状况越来越好。

湖南省林海农林生态综合开发有限公司是一家集国内外珍稀植物、优质水果研究、开发、推广为一体的省级农业龙头企业，采用"公司 + 合作社 + 基地 + 农户"的运作模式，已流转土地 2500 余亩，建起了包括 500 亩花木、1000 亩果木、1000 亩特色水稻的花卉苗木产业园。通过多种帮扶方式带动周边 843 个农户共同致富，其中帮扶建档立卡贫困户 87 户。截至 2018 年 4 月末，该公司以流转土地抵押的方式在双峰农商银行贷款 200 万元，解决了产业园基地建设项目的资金短缺问题。2018 年，该公司仅兰花的销售收入就达到了 1100 万元。

试点期间，双峰县已发放新型农业经营主体农地抵押贷款 119 笔，共 1.69 亿元，重点支持了稻米、红心脐橙、柑橘、蛋白桑、辣酱等特色产业农业龙头企业、农民专业合作社、家庭农场等新型农业经营主体的发展。

资料来源：刘新光，陈勇敏. 放大试点效应——双峰县农地抵押贷款试点工作效果凸显 [EB/OL]. www.financialnews.com.cn，2018 - 12 - 27.

二、基本完成了农村承包土地确权登记颁证工作

农村承包土地的确权登记颁证工作起步较早，是先试点然后向全国推广的。因此，各地的进度不太一致，但随着农村土地承包经营权抵押贷款国家级试点的进行，试点地区基本上都完成了确权登记颁证工作。天津市的 2 个试点区确权颁证工作进展顺利，截至 2017 年底，武清区农村承包土地的经营权确权率为 100%、颁证率为 99.68%，宝坻区确权率为 100%、颁证率为 100%。从宁夏回族自治区同心县的情况看，截至 2017 年末，全县共颁发农村承包土地经营权证达 5.06 万本，确权颁证面积达 118 万亩，确权、颁证率

为 97.6%。农村产权交易中心办理抵押贷款登记达 7985 笔，交易额达 1.28 亿元。① 部分试点县（市、区）农村土地承包经营权确权登记颁证情况详见表 4 - 4。

表 4 - 4 　　　　　　　部分试点县（市、区）农地确权颁证情况 　　　　单位:%

试点县（市、区）	截止时间	确权率	颁证率
浙江省海盐县	2018 年 10 月	100	100
湖南省岳阳县	2018 年 9 月	—	81
湖南省桃江县	2018 年 8 月	100	68.7
安徽省金寨县	2018 年 8 月	100	100
陕西省富平县	2018 年 8 月	100	100

资料来源：中国人民银行官网。

确权登记颁证是开展农村土地承包经营权抵押贷款的前提条件，因此，我国用了 4 年时间推动农村土地的确权登记颁证工作，国家级试点县更是积极推动这项工作。2017 年 11 月 29 日，农业部就农村承包地确权登记颁证试点有关情况举行新闻发布会，指出我国从 2014 年开展整省试点以来农村承包地确权登记颁证试点工作进展顺利，成效显著。整省推进此项工作的省份已达 28 个，试点范围扩大至全国 2718 个县（市、区），3.3 万个乡（镇），53.9 万个行政村，确权面积达到 11.1 亿亩，占二轮家庭承包耕地账面面积的 82%；山东、宁夏、安徽、四川、江西、河南、陕西 7 个省份已向党中央、国务院报告基本完成。② 专栏 4 - 3 是新疆维吾尔自治区沙湾县农村土地承包经营权确权登记颁证情况以及其他试点工作情况。

☞专栏 4 - 3　　　　　　　沙湾县扎实推进试点工作

新疆沙湾县是国家级农村土地承包经营权抵押贷款试点县，在人行塔城地区中心支行的指导下，坚持"政府主导、金融跟进、创新载体、农户受益"的总体思路，扎实推进试点工作。

发放农地抵押贷款首先要明晰产权。塔城地区中心支行协助制定了沙湾

---

① 银川中心支行. 宁夏同心县农地经营权抵押贷款试点工作显成效［EB/OL］. http：//yinchuan. pbc. gov. cn/，2018 - 08 - 29.

② 刘慧. 推动土地流转，释放改革红利，为农民带来"真金白银"——全国八成以上农村承包地完成确权颁证［N］. 经济日报，2017 - 11 - 30 (3).

县农村土地承包经营权确权登记颁证整县推进试点工作实施方案，该县成立了确权颁证工作领导小组。2016 年以来，确权登记颁证工作覆盖 11 个乡（镇）、220 个行政村、3.3 万户农户。2017 年 5 月，该县顺利通过自治区农村土地承包经营权确权登记颁证领导小组办公室验收，确权率达 100%。2018 年 6 月，自治区农村集体资产清产核资工作现场推进会在沙湾县召开，现场向 10 户农户发放了全疆首批农村土地承包经营权证。

农地抵押贷款的发放借助于一个载体。该县以农民专业合作社为切入点，推出"抵押＋担保"合作社模式：农民将手中的承包土地入股成立合作社，土地由合作社统一经营管理，成员按年度分红。土地入股的期限一般为 5 年，由县政府颁发农村土地使用产权证。合作社作为法人持证向金融机构申请贷款，贷款资格审查获准后，借贷双方到县农村产权交易管理中心办理抵押登记。同时，合作社成员还要以个人身份为合作社提供保证担保，承担连带保证责任。这里，抵押担保和保证担保属于双重的担保，增强了贷款的安全性。

该县金融机构以新型农业经营主体为抓手，支农力度明显增强，截至2018 年末，土地承包经营权抵押贷款余额为 11.92 亿元。

资料来源：乌鲁木齐中心支行．人民银行塔城中心支行："五个一"实招助推土地承包经营权抵押贷款试点［EB/OL］．http：//wulumuqi.pbc.gov.cn/，2019－04－10．

三、农村产权流转交易市场全面建成

从前述可知，天津市已经建成了比较完备的农村产权流转交易市场。截至 2017 年底，天津农村产权交易所成为全国首家在省级层面搭建了"镇（乡、街）—区—市"三位一体市场服务体系的农村产权流转交易市场，包括10 个区级分市场和 151 个乡镇工作站。全市统一的农村流转交易网络信息系统上线运行，为包括农村承包土地的经营权在内的农村产权流转提供信息咨询、价值评估、交易鉴证、业务查询等服务。同时，还研发了抵押登记信息系统，为抵押贷款工作做好了准备，并且实现了与天津市农村承包土地的经营权管理信息系统的有效衔接。一些地区在成为国家级试点县之前，就开始了农村土地承包经营权抵押贷款试点工作。例如，浙江省海盐县，2009 年就在全省率先建立了县、镇（街道）、村（社区）三级农村产权交易服务平台，成为国家级试点县后，于 2016 年实现了三级平台流转交易互联互通，成功建

立了全县统一的农村土地承包及流转管理电子数据库，从而实现了产权交易的公开、公平和信息共享。①

四、建立了多元化的风险缓释机制

为了降低金融机构发放贷款的风险，天津市宝坻区政府成立了政府性融资担保公司，为农村土地承包经营权抵押贷款提供担保支持。同时，天津市还有一家市级的农业担保公司，即天津农业融资担保有限公司，也开展了农地抵押贷款担保业务。②

浙江省嘉兴市海盐县和嘉善县均为全国农村承包土地的经营权抵押贷款试点县，其在试点中采取了多项措施筑牢风险管控的防线。一是建立贷款风险补偿机制。嘉善县在全省率先建立了农村"三权"（农村土地承包经营权、农民住房财产权、股份经济合作社股权）金融产品风险补偿基金，并制定颁发了基金管理办法，基金规模达 3000 万元。实行基金与银行按照 3∶7 的比例分担机制，同时规定对农地经营权抵押贷款产品单户最高补偿金额 200 万元，按年补偿清算。二是建立融资担保增信机制。海盐县推出"第三方担保＋农地经营权反担保"的贷款模式，事实上这种模式是很多试点地区都愿意采取的模式，即由借贷双方之外的第三方担保公司提供贷款担保，借款人以农村土地经营权作为反担保。这样做的好处是一旦借款人不能还本付息，发放贷款的银行业金融机构不用花费较长的时间来处置抵押物，贷款本息的偿还也更有保障。三是建立保险增信保障机制。2018 年 11 月 2 日，海盐县又在全省率先开展"农村土地流转费履约保证保险"业务，这种保险的投保人是土地流转经营主体，也就是通过流转获得耕地的新型农业经营主体，它们向保险公司投保，由保险公司向被保险人承诺，在保险期间内，当投保人不能按照土地经营权流转合同支付流转费时，由该保险公司承担赔偿责任。该业务的被保险人是村股份经济合作社或土地专业合作社，此类合作经济组织实际上是承包农户的代表，由它代表众多农户与耕地的流入方也就是新型农业经营主体办理土地流转事宜，按年度收取流转费。该业务的保险费率为2.5%，由县财政和投保人所在的镇（街道）各给予 20% 的补贴，投保人则

① 杭州中心支行. 变"权"为利，点"土"成金，嘉兴市扎实推进农地抵押贷款试点工作[EB/OL]. http://hangzhou.pbc.gov.cn/，2018-12-14.

② 人民银行天津分行和天津市农业农村工作委员会调研。

自负60%的保费，即1.5%。首单业务由海盐县锦绣农场和人民财产保险公司海盐支公司签订，保险金额96170.63元。这一业务虽然不是直接针对农村承包土地的经营权抵押贷款的保险，但投保之后可以在借款人经营遇到困难时由保险公司向被保险人支付土地流转费，减轻了借款人（投保人）的负担，增加了偿还贷款的可能性，有利于农村承包土地的经营权抵押贷款的稳妥推进。①

---

① 杭州中心支行. 变"权"为利，点"土"成金，嘉兴市扎实推进农地抵押贷款试点工作 [EB/OL]. http：//hangzhou. pbc. gov. cn/，2018 – 12 – 14.

第五章 农村土地承包经营权抵押贷款的业务流程

第一节 规范农村土地承包经营权抵押贷款业务的制度文件

为依法稳妥规范推进农村土地承包经营权抵押贷款试点，在国务院开展农村承包土地的经营权抵押贷款的指导意见和全国人大常委会的授权决定发布之后，2016 年 3 月 15 日，中国人民银行、银监会、保监会、财政部、农业部联合印发了《农村承包土地的经营权抵押贷款试点暂行办法》，要求各银行业金融机构认真贯彻落实。该《暂行办法》对试点金融机构开展农村土地承包经营权抵押贷款业务流程做了规定。此外，一些金融机构、地方政府以及金融监管机构的派出机构也发布了相应的管理办法等文件。

一、全国性涉农商业银行的管理办法

在国家级试点之前，作为四家大型商业银行中唯一以农业命名的银行，中国农业银行开展了农村土地承包经营权抵押贷款的试点工作，2014 年 8 月 20 日，《中国农业银行农村土地承包经营权抵押贷款管理办法（试行）》发布并开始试行，试行期 2 年。2015 年底又发布实施了《中国农业银行农村土地经营权抵押贷款管理办法（试行）》，对该业务的管理办法作出了修订。2016 年，在农村拥有众多营业网点、后被列为六大商业银行的中国邮政储蓄银行，发布实施了《中国邮政储蓄银行农村承包土地的经营权抵押贷款管理办法（试行）》（2016 年版），并将农村土地经营承包权抵押贷款作为其"三农"业务的主要产品。

二、地方政府、金融监管机构以及地方性金融机构的管理办法

在国家级试点开展之前，一些地区就已经开始了农村土地承包经营权抵押贷款的试点工作。试点有省级组织的，也有地市级组织的，还有县级组织的。为了推动试点的顺利进行，各级地方政府，金融监管机构，地方性金融机构，也纷纷发布了农村土地承包经营权抵押贷款试点的管理办法。当然，许多管理办法是多部门联合发布的。例如，2014 年 4 月 11 日，中国人民银行青岛市中心支行、青岛市农业委员会联合制定并发布了《青岛市农村土地承包经营权抵押贷款管理办法（试行）》，用以指导规范辖内相关金融机构的该项贷款的试点工作。江苏省淮安市涟水县，2015 年 11 月 22 日，县委农工部、金融办、人民银行涟水县支行联合发布了《涟水县农村土地承包经营权抵押贷款管理办法（试行）》，用以规范在该县区域内首期开展农村土地承包经营权抵押贷款业务的金融机构的贷款流程，这些金融机构包括：涟水农村商业银行、中国农业银行涟水县支行、中国邮政储蓄银行涟水支行、涟水太商村镇银行、江南农村商业银行涟水支行。2015 年 7 月 8 日，安徽省合肥市长丰县由县农委、长丰科源村镇银行共同制定了《农村土地承包经营权抵押贷款试行办法》，用以规范长丰科源村镇银行的抵押贷款业务。以上涟水县和长丰县均没有成为国家级试点县，青岛市也只有平度市后来成为国家级试点县，但它们的试点办法仍然具有一定的借鉴意义。

第二节　农村土地承包经营权抵押贷款的贷款对象及用途

农村承包土地的经营权抵押贷款，是指以承包土地的经营权作抵押、由银行业金融机构（以下称贷款人）向符合条件的承包方农户或新型农业经营主体发放的、在约定期限内还本付息的贷款。

一、农村土地的概念界定

在《国务院关于开展农村承包土地的经营权和农民住房财产权抵押贷款试点的指导意见》中，农村承包土地指的是耕地，因为我国《担保法》和

《物权法》都是允许"四荒"土地抵押的，所以在国家级试点当中没有必要把"四荒"土地列入。而《中国农业银行农村土地经营权抵押贷款管理办法（试行）》中所称的农村土地，是指农民集体所有和国家所有的依法由农民集体使用的耕地、林地、草地、荒地、湖泊水面以及其他依法用于农业的土地。由此可见，农业银行所称的农村土地的概念，比国家级试点中农村土地的概念要宽泛得多。除此之外，农业银行将农村土地经营权及地上附着物作为抵押担保物品，实际上也就将大部分农业设施列入了抵押物的范围。中国邮政储蓄银行土地经营承包权贷款中农村土地的概念与农业银行类似。

在《青岛市农村土地承包经营权抵押贷款管理办法（试行）》中，规定农村土地是指集体所有和国家所有，依法由农村集体使用的耕地、草地、园地、养殖水面、"四荒"用地及其他依法用于农业种养殖的土地。青岛市的试点比国家级试点要早一些，采用的也是比较宽泛的概念。

而在《涟水县农村土地承包经营权抵押贷款管理办法（试行）》中，没有直接规定农村土地的范围，但对农村土地承包经营权做了规定，将农村土地承包经营权定义为通过承包、转包、出租、转让、互换、入股等形式，采用流转、招标、拍卖、协商等方式合法取得的农村土地使用、收益和一定处分的权利。由此可见，这里的农村土地既包括耕地，又包括农村"四荒"土地即荒山、荒沟、荒丘、荒滩等。而农村土地承包经营权，从后来"三权分置"的格局来看，既包括农户的承包权经营权，又包括通过流转等方式取得的土地的经营权。

二、贷款对象

贷款对象也就是农村土地承包经营权抵押贷款的借款人，在贷款发放之前是借款申请人。借款人是指符合规定条件、通过家庭承包方式依法取得土地承包经营权和通过合法流转方式从原始承包户那里获得土地的经营权，并按规定程序向银行业金融机构申请农村承包土地的经营权抵押贷款的农户及新型农业经营主体。农业银行将贷款对象规定为依托农村土地开展农业生产经营的专业大户、家庭农场、农民专业合作社、农业企业及家庭承包经营农户等农业经营主体。由此可以看出，农业银行比较倾向于向新型农业经营主体发放农村土地经营权抵押贷款。邮政储蓄银行将借款申请人规定为各类农业经营主体，其土地承包经营权抵押贷款业务的贷款对象包括农村专业合作社实际控制人、家庭农场主、专业大户、普通农户（包括符合个人商务贷款条件的涉农个商客户）、农民专业合作社法人客户等从事农业生产经营活动的主体。

一些县在自行试点中也将贷款对象规定为以合法方式取得农村土地承包经营权的承包农户和专业大户、家庭农场、农民专业合作社、农业产业化龙头企业等新型农业经营主体。也有将个体工商户、企业和农村经济组织纳入贷款对象的。

三、借款人资格条件

根据人民银行1996年发布的《贷款通则》，借款人申请贷款，应当具备产品有市场、生产经营有效益、不挤占挪用信贷资金、恪守信用等基本条件。银行注重贷款的盈利性，也注重安全性，能够盈利同时又恪守信用，没有不良信用记录非常重要。当然，作为自然人借款人和单位借款人，放贷银行的要求是不一样的。

（一）承包农户借款人的资格条件

通过家庭承包方式取得土地承包经营权的农户以其获得的土地经营权作抵押申请贷款的，应同时符合以下条件：一是具有完全民事行为能力，无不良信用记录；二是用于抵押的承包土地没有权属争议；三是依法拥有县级以上人民政府或政府相关主管部门颁发的土地承包经营权证；四是承包方已明确告知发包方承包土地的抵押事宜。

（二）农业经营主体借款人的资格条件

通过合法流转方式获得承包土地经营权的农业经营主体申请贷款的，应同时符合以下条件：一是具备农业生产经营管理能力，无不良信用记录；二是用于抵押的承包土地没有权属争议；三是已经与承包方或者经承包方书面委托的组织或个人签订了合法有效的经营权流转合同，或依流转合同取得了土地经营权权属确认证明，并已按合同约定方式支付了土地租金；四是承包方同意承包土地的经营权可用于抵押及合法再流转；五是承包方已明确告知发包方承包土地的抵押事宜。

从以上条件可以看出，通过合法流转方式获得承包土地经营权的农业经营主体申请贷款时，最为关键的一个条件就是需要由承包方同意承包土地的经营权可用于抵押及合法再流转。而这种抵押及借款人到期不能还本付息造成的抵押物再流转，肯定会涉及承包方的利益，因而必须取得承包方的同意。

农业银行更加注重向新型农业经营主体发放此类贷款，因此，在农业生产规模上规定了比较高的入门条件，要求借款申请人除符合农业银行信贷基本制度和单项信贷产品的基本条件外，还应具备以下条件：一是具有较丰富的种养经验和技术，其中，从事农业种植业生产经营时间不低于 2 年，从事养殖业生产经营时间不低于 3 年；二是从事农业生产经营项目自有资金比例不低于 30%；三是大田作物种植的水稻、小麦、玉米、大豆等粮食种植面积一年一熟地区不低于 100 亩，一年两熟地区不低于 50 亩，棉花、蔬菜、莲藕等经济作物种植面积不低于 50 亩；四是水产品养殖中鱼池、网箱精养面积不低于 50 亩，大湖、水库散养面积不低于 500 亩；五是对于设施及特种农业，采取温室大棚等设施开展农业生产经营的，以及从事林果、花卉、苗木、人参等特种农业的，种植或养殖面积不低于 5 亩；六是以家庭承包方式取得农村土地承包经营权开展农业生产经营的，种植或养殖面积准入条件可为以上第三至第五款标准的 50%。可以看出，农业银行虽然在贷款对象中列入了一般农户，但实际上还是希望发放金额比较大的贷款，将一般农户排斥在外了，单独一户的种养面积要达到新型农业经营主体的一半还是比较困难的。

邮政储蓄银行规定借款人应具备以下条件：一是满足借款人所属经营主体相应制度的基本准入标准；二是合法取得农村土地承包经营权，其承包经营的剩余期限必须在 5 年以上，且超过土地附着种养物的 2 个生产经营周期；三是具备专业种养殖经营的成熟技术和相关设施条件，具备有效的市场渠道，且从事种养殖及加工生产经营时间不低于 2 年。

四、贷款用途

试点农村土地承包经营权抵押贷款的目的是，加大金融对"三农"的支持力度，解决农业经营主体贷款难问题。因此，人民银行等五部委发布的《农村承包土地的经营权抵押贷款试点暂行办法》规定，借款人获得的承包土地经营权抵押贷款，应主要用于农业生产经营等贷款人认可的合法用途。

农业银行规定农村土地经营权抵押贷款用于借款人在承包或流转土地范围内从事农业生产经营的资金需求，包括：一是土地整理与复垦；二是道路、灌溉、温室大棚等农业基础设施建设；三是农业机械设备、生产资料、人工等费用；四是仓储、物流等流通环节费用；五是借款人取得农村土地经营权并已缴付一定期限的租金，以此为抵押，可用于剩余期限的后续租金缴付，或为扩大经营规模，用于拟抵押农村土地经营权之外其他土地经营权的租金缴付。

《青岛市农村土地承包经营权抵押贷款管理办法（试行）》规定，农村土地承包经营权抵押贷款主要用于借款人开展种植、养殖、农产品加工、流通等现代农业生产经营活动。《涟水县农村土地承包经营权抵押贷款管理办法（试行）》规定，农村土地承包经营权抵押贷款必须用于借款人开展种植、养殖、农产品加工、流通等现代农业生产经营活动。长丰县农委、长丰科源村镇银行共同制定的《农村土地承包经营权抵押贷款试行办法》中，将农村土地承包经营权抵押贷款的用途规定以下三类：一是用于发展种植业、养殖业、林业、渔业、农副产品加工和流通、休闲农业等；二是用于购买农业生产机具、运输工具，以及配套的农业设施；三是用于满足农业产前、产中、产后的工资、种苗、农资和服务的资金需要。三份文件虽然级别不一样，但在贷款用途的规定上是一致的，都强调用于农业的生产和经营。

第三节　贷款额度、期限和利率

目前来看，贷款的最高额度、最长期限、利率高低等，都是由贷款人即发放贷款的银行业金融机构确定的。其中，借款人可以在贷款人确定的最高额度、最长期限内选择自己的贷款数量和期限，而利率的定价权完全在贷款人手中，借款人只能被动接受。不过，由于试点是国务院推进的，或者是省级、地市级、县级政府推进的，同时联合了金融监管机构和银行业金融机构，由多家相关单位共同制定并发布管理办法，并且农村土地承包经营权抵押贷款是属于支持"三农"的，因此，贷款利率不会太高。

一、贷款额度

贷款额度是指借款人在借款时所能申请的最大贷款金额。贷款额度由贷款人确定，实际额度的高低要取决于借款人信用状况、借款需求与偿还能力、抵押物的价值及流转方式等因素。抵押贷款不能按抵押物的价值发放，只能按其一定的比例发放，称为抵押率。抵押率的计算公式：抵押率＝贷款本息之和÷抵押物估价×100%。这个抵押率也是由贷款人自主确定的，不过，在各地的试点办法中一般规定一个最高的抵押率，由辖内各银行业金融机构遵照执行，例如，《涟水县农村土地承包经营权抵押贷款管理办法（试行）》规定贷款额度原则上不超过土地承包经营权抵押价值的 80%。实践中抵押率是事先确定的，例如涟水县的这个 80%，农业银行则规定以家庭承包方式取得农村土地经营权作抵押的，抵押率最高不超过农村土地经营权评估价值的60%。银行在发放贷款时，用抵押物的评估价值，乘以抵押率，就可以算出最多可以发放多少贷款。

在国家级试点中，鼓励银行业金融机构对诚实守信、有财政贴息或农业保险等增信手段支持的借款人适当提高贷款的抵押率。

贷款额度除了受上述因素的约束外，还受发放贷款的银行业金融机构自身贷款政策的影响。例如，《中国农业银行农村土地经营权抵押贷款管理办法（试行）》规定，贷款额度不超过贷款期间借款人农业生产经营收入现金流的 50%；自然人客户单户额度最高不超过 1000 万元。

不同银行对贷款额度的具体确定方式有不同的规定，不同的信贷产品也有不同的规定，建设银行的"裕农快贷——地押云贷"业务见专栏 5 - 1。

☞专栏 5 - 1 　　建设银行"裕农快贷——地押云贷"业务

"裕农快贷"由建行湖北分行首创，是信用贷款，不需要任何抵押物，业主在手机上就可以申请，银行根据其产业信息、个人征信及往来流水等大数据综合分析，给出贷款额度，个人最高可贷款 30 万元，申请通过后及时放款。该产品通过手机银行直接申请，真正做到了金融服务不出村、不出户。对发放的款项借款人可自由支用，方便快捷，随借随还，相关利率随行就市。该产品的出现进一步丰富了建行普惠金融贷款系列产品。

为推动农村土地承包经营权抵押贷款试点工作，经人民银行玉田县支行协调，县农业农村局、建设银行通力合作，唐山市首笔无第三方担保、以农村土地承包经营权抵押的贷款业务"地押云贷"落地玉田，授信金额 54.5万元。

"地押云贷"是目前裕农快贷项下的两种产品之一，是以建设银行认可的农村土地承包经营权为抵押，为符合条件的新型农业经营主体办理的全流程线上贷款业务。贷款额度最高为 300 万元，但最高不超过借款人抵押农村土地承包经营权评估价值的 60%，且最高不超过借款人上年经营收入的 50%。该产品为循环额度贷款，最长期限为 12 个月，在核定的有效期内，借款人可以随时申请支用，单笔贷款的到期日不得超过额度有效期的到期日。还款方式为随借随还，循环使用。

资料来源：（1）黄彦乔，郭明海，许亮．枝江发放全国首笔"裕农快贷"［N］．三峡日报，2019－03－04（9）.

（2）石家庄中心支行．唐山市首笔无第三方担保农村土地承包经营权抵押贷款业务落地玉田［EB/OL］．http：//shijiazhuang.pbc.gov.cn/，2019－12－20.

二、贷款期限

贷款期限是指贷款人将贷款贷给借款人后到贷款收回时这一段时间的期限，也就是借款人对贷款的实际使用期限。从借款人的角度看，当然希望贷款期限与自己的用款时间相吻合，这在借款时可以和贷款人协商。作为发放贷款的银行业金融机构，应综合考虑借款人的农业生产经营周期、贷款用途和承包土地经营权可抵押期限等因素合理自主确定贷款期限。所以，这里的一个最重要的因素是农村土地承包经营权的剩余使用年限，虽然贷款人有权确定贷款期限，但不得超过农村土地承包经营权的剩余使用年限，否则抵押物的担保作用在农村土地承包经营权到期后就没有了。在国家级试点中，鼓励银行业金融机构在农村土地承包经营权的剩余使用期限内发放中长期贷款，以有效增加农业生产的中长期信贷投入。近几年中央的有关政策文件里面，强调了承包期限要在第二轮 30 年期限的基础上继续延长，当然发放贷款时还是需要按照承包合同的期限来确定剩余使用年限。如果土地是流转而来的，贷款期限还要考虑流转期限，应短于借款人的剩余使用年限。

以农业银行为例，在《中国农业银行农村土地经营权抵押贷款管理办法（试行）》中规定，贷款期限应根据农业生产用途、周期和现金流来确定：（1）对于从事水稻、小麦等生长周期一年以内作物，用途为支付农业生产资料、人工费用等日常经营需求的，贷款期限不超过 1 年。（2）对于用途为农田基础设施建设、土地整理和复垦、购置大型机械设备、投入仓储物流，以及从事林果、苗木等生长周期较长作物的，贷款期限最长不超过 5 年。（3）对于用途为支付农村土地经营权租金的，视经营收入的现金流确定，最长不超过 5 年。同时规定，贷款期限应短于农村土地承包或流转合同剩余年限一定时限。

三、贷款利率

贷款利率的决定权在贷款人手中，借款人只能被动接受，在国家级试点中，要求发放贷款的银行业金融机构参考人民银行公布的同期同档次基准利率，合理自主确定农村土地承包经营权抵押贷款的利率。

由于试点是由各级政府联合金融监管机构和银行业金融机构共同推进的，且农村土地承包经营权抵押贷款属于创新的支农信贷产品，因此，发放贷款的银行业金融机构都会适当给予优惠利率。在各级地方试点地区的管理办法中，一般都规定贷款利率依据人民银行政策规定，按照发放贷款的金融机构的利率定价办法确定，适当优惠。

第四节　贷款流程

农村土地承包经营权抵押贷款的操作程序，包括：贷款申请→贷款调查→抵押物价值评估→贷款审批→签订抵押贷款合同→办理抵押登记手续→贷款发放→贷后管理→贷款归还。

一、贷款申请

借款人向金融机构申请农村土地经营权抵押贷款业务时，应当同时符合一定的条件，以其提供的相关材料来证明，一般农户和新型农业经营主体提交的相关材料是不同的。

（一）借款人的条件

关于借款人的条件，本章第二节中的第三个问题"借款人资格条件"已经述及，这里不再赘述。只要符合上述条件的规定，无论是通过家庭承包方式依法取得土地承包经营权的农户，还是通过合法流转方式获得承包土地的经营权的农业经营主体，也就是借款人，均可按程序向银行业金融机构申请农村承包土地的经营权抵押贷款。

　　需要注意的是，一些地方政府、金融监管机构发布的农村土地承包经营权抵押贷款管理办法中采用了"抵押人的资格条件"的说法，这与借款人的资格条件并不矛盾。在我国《担保法》中，抵押人既可以是债务人本人，也可以是债务人以外的第三人，只要能够提供合法有效的抵押物，放贷银行就认可，就可以成为抵押人。但是，农村土地承包经营权抵押贷款就不同了，借款人一般就是抵押人，因为农户以自己的承包土地作抵押去贷款，新型农业经营主体以其具有经营权的土地作抵押去贷款，发放贷款的金融机构都是可以接受的，而农户或新型农业经营主体用别人的土地作抵押去贷款，放贷银行就不会同意了，农户也不愿意拿自己的承包土地为别人去抵押。当然，特殊的情形也有，例如，农业银行规定，以农民专业合作社作为借款主体的，抵押人可以为农民专业合作社社员，这里的借款人和抵押人就不是一个主体。我国的农民专业合作社，是指在农村家庭承包经营基础上，农产品的生产经营者或者农业生产经营服务的提供者、利用者，自愿联合、民主管理的互助性经济组织。农民专业合作社依法登记，具有法人资格。农民专业合作社初始的法人财产来源于其成员的出资，成员出资可以用货币形式，也可以用实物、知识产权、土地经营权、林权等可以用货币估价并可以依法转让的非货币财产形式作价。在实践中，有的合作社比较正规，资产规模也比较大，但也有不少合作社不大正规，法人财产也很少，这在贷款时抵押物就不足，银行让其成员用自己的承包土地作抵押也是迫不得已，但也是可行的。

（二）需要提交的贷款申请资料

　　1. 一般农户借款时需要提供的资料。借款人是承包方农户的，向金融机构提出贷款申请，应提供以下资料：（1）个人有效身份证明；（2）生产经营内容及收入情况；（3）借款用途；（4）农村土地承包合同及土地承包经营权证；（5）农村土地承包经营权证载明的承包人同意抵押、处置的书面证明；有共有权人的，需提供共有权人同意抵押、处置的书面证明；（6）需第三方提供担保的，应出具第三方担保函等文件资料；（7）借款人不能按期偿还贷款时，发包方同意处置抵押物的书面证明；（8）金融机构规定的其他资料。

　　2. 新型农业经营主体借款时需要提供的资料。借款人是种植大户、家庭农场、农民专业合作社以及农业产业化龙头企业等新型农业经营主体的，由于涉及土地的流转，向金融机构申请贷款，应提供以下资料：（1）个人有效身份证明，法定代表人有效身份证明；（2）生产经营内容及收入情况；（3）贷款用途及经济效益分析；（4）农村土地承包经营权流转合同；（5）抵押人对抵押物的权属状况、抵押状况、同意处置抵押物等做出的承诺；（6）需第三方提供担保的，应出具第三方担保函等文件资料；（7）抵押人不能偿还贷款时，承包方农户同意处置抵押物的书面证明；（8）其他共有人同意抵押的书面证明；（9）金融机构规定的其他资料。

二、贷款调查

由发放贷款的银行业金融机构的信贷人员（客户经理）进行贷款调查，对借款人提供的材料进行核实。调查借款人提供资料的真实性、借款用途、资信状况、偿还能力、还款来源等，重点调查抵押物承包或流转手续是否齐全合法，与登记部门核对抵押物是否真实有效，是否可以办理抵押登记，抵押物价值是否合理、是否易于变现等情况。同时，还需要调查未来国家或地方政府的发展规划是否影响抵押物。

此外，我国《担保法》第三十五条第二款规定，财产抵押后，该财产的价值大于所担保债权的余额部分，可以再次抵押，但不得超出其余额部分。因此，在进行贷款调查时，还要注意借款人提供的抵押物之前有没有已经设定抵押的情况，如有，需要计算抵押物评估价值乘上抵押率，减去已经抵押担保的贷款金额，看看是否大于此次的贷款金额，如果大于或等于，则可以发放贷款；如果小于则抵押物不足，不能发放贷款。通过贷款调查，测定贷款的风险度。

三、抵押物价值评估

对抵押物的价值进行评估，是发放抵押贷款的基础工作，主要是评估农村土地承包经营权的价值，有地上附着物的也可以一并评估，因为耕地和地上附着物可以一并抵押。评估工作在坚持公平、公正、客观、合理的前提下，尽可能地降低借款人的融资成本。

对于申请贷款额度30万元以上的，可以由借贷双方认可的具有评估资质的第三方评估机构对拟作为抵押物的农村土地承包经营权进行评估，也可以由贷款人自行评估，确定抵押物评估价值。对于申请贷款的额度是在 30 万元（含）以下的，可以参照当地市场价格由贷款人自行评估，不得向借款人收取评估费。此外，还可以采取借贷双方协商的方式确定抵押物的价值，因为根据耕地的位置、地力、面积等因素，加上以往类似地块的评估价值，借贷双方就可以判断出抵押物的大体价值，没有必要再找专业的机构进行评估，以节省评估费用，降低借款人的融资成本。除了以上三种评估方式外，在一些试点地区，还有由县农委和发放贷款的银行业金融机构组织有关专家对土地承包经营权抵押价值进行评估的。当然，这种评估不是针对一笔贷款，而是对不同位置的耕地评估出一个每亩值，作为基准参考价格，银行业金融机构在发放贷款时参照这个价值就可以了。

农业银行作为我国最大的涉农商业银行，多年来积累了一套成熟的自行评估的方法，见专栏 5-2。

☞专栏 5-2 　农业银行农村土地承包经营权价值评估方法

作为原有的四大国有银行之一，农业银行很早就具备了评估借款人信用等级的能力和方法，当然也具备评估借款人或抵押人提供的抵押物价值大小的能力。农业银行要求其经办该类业务的分支机构根据农村土地承包经营权类型、租金缴纳方式、流转市场发育等情况，选用适当的评估方法进行评估测算，确定抵押物价值。

一、市价法

市价法也叫市场比较法、现行市价法，指的是参照市场上同类或类似的财产交易价格来确定被估价财产价值的方法。

对于农村土地承包经营权流转市场发育较充分且县级（含）以上政府按年编制流转（抵押）参考价格的地区，就可以采用市价法，基准价格采用县级（含）以上政府公布的参考价格，计算公式为：

$$\text{农村土地承包经营权评估值} = \text{政府公布的基准参考价格(元/亩·年)} \times \text{面积(亩)} \times \left(\text{家庭承包合同剩余年限或已缴清租金的剩余使用年限} - 1 \right)$$

可以看出，这种方法还是比较简单的，有政府公布的基准参考价格就按照这一价格，公式中的年限减去 1 年，具有增加稳妥性的作用。

二、其他方法

对于农村土地承包经营权市场交易较少或县级（含）以上政府没有公布

统一价格，不能确定基准价格的地区，可采取下列评估方法。

（一）成本法

成本法也叫重置成本法，是用所估财产在估价时的重置成本减去损耗来确定该财产的价格的一种计算方法。农村土地的所有权是不能买卖的，"四荒"土地虽有拍卖，但并不是拍卖所有权，而是拍卖每年的租金价格。此外，由于在农村土地承包经营过程中，每年并没有所谓的损耗，因而计算评估价值时无须减去损耗。

属拍卖、流转和协议等方式承包的农村土地，可采用成本法进行估计，其计算公式为：

$$\frac{农村土地承包}{经营权评估价值} = 已缴清租金金额 \times \frac{已缴清租金的剩余使用年限 - 1}{已缴清租金年限}$$

（二）收益法

收益法也叫收益现值法，是指通过预测被估价财产的未来获利能力来测算该财产的现值，据以确定所估价财产价值的方法。从家庭承包的耕地来看，用承包耕地未来各期的收益来确定评估价值是非常合适的。

因此，家庭承包直接经营的耕地评估价值可采用收益法，其计算公式为：

$$\frac{农村土地承包}{经营权评估价值} = \frac{C}{r} \times \left[1 - \frac{1}{(1+r)^t} \right]$$

其中，C 为年均预期收益 = 农产品年均收入 - （年均农地维护费用 + 年均生产费用），r 为折现率参照同期农户贷款利率，t 为家庭承包合同剩余年限 - 1。

资料来源：《中国农业银行农村土地经营权抵押贷款管理办法（试行）》。

四、贷款审查和审批

发放贷款的银行业金融机构应当在其各级机构建立有行长或副行长（经理、主任）和有关部门负责人参加的贷款审查委员会（小组），负责贷款的审查工作。在贷款调查和抵押物价值评估之后，银行的审查人员（部门）应当对调查人员提供的资料进行核实、评定，这些资料包括借款人提供的资料、贷款调查资料和抵押物价值评估资料。审查的重点是借款人生产经营状况、财务情况和市场评价情况以及在其他金融机构的贷款状况、贷款用途是否符合规定、抵押物流转手续是否齐全、抵押担保手续是否合法有效，以及抵押物市场价值是否合理、是否容易变现等方面。通过审查，复测贷款风险度，提出意见，按规定权限报批。

大中型商业银行都建立了分级审批的贷款管理责任制度。一般按照业务量大小、管理水平和贷款风险度确定各级分支机构的审批权限，例如将审批权限分成县支行、省分行和总行三级，超过审批权限的贷款，应当报上级审批。例如，农业银行规定，贷款审查后提交有权审批行的贷审会或合议会议审议，或直接提交有权审批人审批。小型商业银行和农村信用社，机构规模较小，可以在贷款审查后提交贷审会或合议会议审议，或直接提交有权审批人审批。

五、签订借款合同和抵押合同

农村土地承包经营权抵押贷款应由发放贷款的银行业金融机构和借款人签订借款合同。借款合同应当约定借款种类、用途、数额、利率、期限，还款方式，借贷双方的权利和义务，违约责任等事项。

借贷双方签订借款合同的同时，抵押权人和抵押人签订抵押合同。抵押权人就是发放贷款的金融机构，是债权人；抵押人一般情况下就是借款人本人，是借款合同的债务人。抵押合同要以书面形式订立，可以是单独订立的书面合同，也可以是主合同即借款合同中的担保条款。

六、办理抵押登记手续

我国《担保法》第四十二条规定了办理抵押物登记的部门，其中规定，"以无地上定着物的土地使用权抵押的，为核发土地使用权证书的土地管理部门"。但是这里的土地并不包括耕地，由于我国《担保法》和《物权法》都不允许耕地使用权抵押，自然就没有登记部门的规定。在国家级试点中，规定借贷双方要在试点地区农业主管部门或政府授权的农村产权流转交易平台办理承包土地的经营权抵押登记。

对于早于国家级试点的一些地方试点或金融机构试点，对抵押物登记部门的规定也与国家级试点大体一致。例如，农业银行规定登记部门须为县级（含）以上人民政府指定的行政主管部门；青岛市规定登记部门为区市农业行政主管部门；涟水县规定登记部门为县委农工部，并规定乡镇土地流转服务中心协助做好抵押登记的相关基础工作；长丰县规定要向县农村综合产权交易管理服务中心申请登记，并将登记结果报县农委备案。

抵押权人的客户经理应与抵押人一同办理抵押权登记手续，申请抵押登记时，应当向登记部门提交下列文件：（1）农村土地承包经营权抵押登记申请书。（2）抵押人与抵押权人签订的抵押合同。（3）抵押权人法人授权书及其授权人个人身份证，抵押人的身份证明。（4）抵押人是承包方农户的，需出具《农村土地承包经营权合同》《农村土地承包经营权证》和其他共有人同意抵押的书面证明；抵押人是新型农业经营主体的，需出具《农村土地承包经营权流转合同》和其他共有人同意抵押的书面证明。（5）抵押人是流转土地的，还需出具转出方同意抵押、处置的证明。（6）拟抵押土地承包经营权的资产评估报告。（7）抵押登记部门要求的其他材料。

登记机关经审核符合登记条件的，应在规定的日期内予以办理登记手续。对符合抵押登记条件的一般承包农户，登记机关应在抵押的《农村土地承包经营权证》的"变更登记"栏内载明抵押登记的主要内容，并在抵押合同上签注日期，经办人签字，加盖公章。如果抵押人的土地是流转而来的，需要由县（市、区）农业行政管理部门颁发《农村土地经营权证》，并在《农村土地经营权证》内载明抵押登记的主要内容，经办人签字，加盖公章。农村土地承包经营权抵押合同自登记之日起生效。当然，对于不符合抵押登记条件的则不予登记，书面通知申请人。

七、贷款发放

金融机构根据借款合同、土地承包经营权抵押合同，及时办理贷款的发放手续，向借款人发放贷款。同时，要妥善保管借款人移交的《农村土地承包经营权证》及其他的相关材料。

农业银行规定，贷款发放时原则上采用受托支付方式；贷款用于支付租金的，必须采取受托支付方式。这种支付方式全称为贷款人受托支付方式，指的是贷款人在确认借款人满足贷款合同约定的提款条件后，根据借款人的提款申请和支付委托，将贷款资金通过借款人账户支付给符合合同约定用途的借款人交易对象。受托支付方式可以有效控制贷款用途，使农村土地承包经营权抵押贷款主要用于农业生产经营等方面，真正实现支农目的，避免贷款被挪作他用，同时也保障了信贷资金的安全。此外，在这一方式下，借款人需要资金时才申请提款，减少了资金的占用时间，可以减少利息的支出，从而保护了借款人的利益。当然，对于无法确定交易对象、不具备有效使用非现金结算条件的，可按规定采用借款人自主支付方式，在此种方式下，发放贷款的银行也要对贷款用途等进行审核。

八、贷后管理

抵押权人要建立农村土地承包经营权抵押贷款档案，加强贷后检查，密切注意危及信贷资金安全的各类信号。要定期走访客户，严格监控借款人信贷资金运用情况，要求借款人必须按照借款合同约定的用途使用资金，关注资金流向，防止借款人变更信贷资金用途，将资金投放到高风险产业或项目，增加贷款的安全性。抵押物的安全关系着贷款的安全，如遇抵押物受污染损毁不适用农业生产等情况，致使其价值减少不足以履行债务担保时，抵押权人有权要求抵押人增加或重新提供相应担保。虽然这种抵押物受污染损毁的情况很少发生，但为了贷款的安全，抵押权人需要与抵押人在合同当中做出约定。农村土地承包经营权抵押期间，未经抵押权人同意，抵押人不得将抵押物再次抵押或流转。虽然我国《担保法》第三十五条第二款规定，财产抵押后该财产的价值大于所担保债权的余额部分可以再次抵押，但是不少银行为了自身贷款的安全而要求抵押人不得将抵押物再次抵押。

九、贷款归还

贷款人在农村土地承包经营权抵押贷款到期之前，应当向借款人发送还本付息通知单；借款人应当及时筹备资金，按照借款合同规定按时足额归还贷款本息。贷款到期后，借款人足额还本付息的，抵押合同随即终止，借款人（抵押人）应在规定期限内，持发放贷款的银行业金融机构出具的《贷款结清证明》及其他相关材料到原登记机关办理抵押权注销登记手续。

如果贷款本息没有清偿，或者没有全部清偿，抵押权人可以行使抵押权，以农村土地承包经营权处置后的价款优先得到清偿。按照我国《担保法》的规定，抵押权人可以与抵押人协议以抵押物折价或者以拍卖、变卖该抵押物所得的价款受偿。现在比较理想的做法是放贷银行与借款人商定，在当地农村产权交易中心或类似机构挂牌交易，将抵押的农村土地承包经营权转让给他人，所得价款由放贷银行优先受偿，如果有剩余，则剩余部分归抵押人所有；反之，不足部分由借款人继续清偿。当然，处置抵押物也可以不通过农村产权交易市场，可以与村委会等协商，由其帮助联系当地的农户和新型农业经营主体，寻找处置抵押物的流入方。抵押物还可以折价给放贷银行，但这对银行来说不是好的处置方式，因为我国《商业银行法》要求银行因处置抵押物取得的不动产持有时间不得超过 2 年，这就使银行取得农村土地承包经营权后还需要想办法流转出去，流程还没有结束。如果上述协议方式不成功，抵押权人可以向人民法院提起诉讼，通过诉讼由法院处置抵押权，收回债权。

第六章 农村土地承包经营权抵押贷款面临的问题与发展对策

第一节 农村土地承包经营权抵押贷款面临的困境

一、法律障碍仍然是主要问题

在国家级试点开始之前，各地的试点多为地市级的，也有县级的，当然省级的也有。试点的依据是地方政府颁发的政府文件，这些政策性规范文件有的是地方政府发布的，有的是政府办公室发布的，有的是地方政府农业部门联合人民银行等监管机构以及其他政府部门发布的。在地方政府的文件中，一般也规定抵押合同合法有效，受法律保护，但是抵押合同在设立的时候已经违反了我国《担保法》和《物权法》关于耕地不能抵押的规定，因此，抵押合同的合法性是没有法律依据的，以地方政策性文件为基础的抵押制度没有法律支持。最近几年，中央一号文件和其他相关文件中均有鼓励开展农村土地承包经营权抵押贷款的规定，但这些规定只是在政策层面上进行的鼓励，同样没有法律效力。在实践中，银行要实现抵押权，如果抵押人不同意转让耕地，抵押权就不能实现，即使打官司法院也不会支持，因为法院的判决是以法律规定为依据的。

另外，在一些地方的试点模式中，农户和其他农业经营主体不是直接抵押给银行，而是由担保公司或土地抵押协会等提供保证担保，然后借款人再以承包土地经营权进行反担保的形式获得贷款。这些制度设计规避了与当前法律的正面冲突，但是，借款人把农村土地承包经营权抵押给担保公司等就是合法有效的吗？这显然也违反了我国《担保法》和《物权法》。一旦涉及处置抵押物，土地抵押协会内部的土地流转没有大的问题，但是担保公司处置抵押物时就会遇到同银行处置抵押物一样的难题，因为抵押行为是违法的，法院不会支持处置抵押物。

二、土地确权登记颁证工作难度大

土地确权登记颁证与承包经营权抵押之间存在着密切的关系，确权登记颁证是实现抵押的前提和基础，抵押贷款的开展又可以推动确权登记颁证工作。

以农村土地承包经营权办理抵押贷款，前提是权属明晰，商业银行在贷前调查时，需要核实抵押物情况，包括抵押物的名称、数量、质量、状况、所在地、所有权权属或者使用权权属，如果没有确权，没有颁发证书，就不可能对抵押物进行核实。只有明确了谁是承包经营权人，或者谁是经营权人，才能确定抵押关系中的抵押人。而且，农村土地经营权抵押贷款有可能涉及土地流转，因为一旦贷款到期借款人不能偿还贷款，就需要处置抵押的耕地，就会出现土地的流转，这时也需要土地权属关系的明细。

在如今农村土地实行"三权分置"的情况下，抵押权的标的是经营权，在进行确权登记时，需对所有权人，承包权人和经营权人都一一进行登记，不但要给承包人颁发证书，也要给通过土地流转集中了较多耕地的新型农业经营主体颁发经营权证书，这样才能建立经营权抵押贷款制度。

确权工作的难点在于，在承包耕地时，由于地力、位置的差异，好地、中等地、差地每个农户都要分到，这样才能体现耕地承包过程的公平性，因而导致了每户承包的耕地就有 7~8 块，造成耕地的细碎化，不便于耕作，当然确权登记颁证时也比较麻烦。每一块耕地就要颁发一个土地承包证书？抑或每户颁发一本，里面每块耕地有一页证书？怎么办都需要研究。再加上土地的私下流转比较频繁，是按流转前的确权颁证，还是按流转之后的？这也增加了确权登记颁证的难度。另外，通过流转土地形成的新型农业经营主体，其所经营的土地的确权登记颁证工作，难度要更大一些。

2011 年，农业部等 6 部门发布了《关于开展农村土地承包经营权登记试点工作的意见》；2015 年，农业部等 6 部门又发布了《关于认真做好农村土地承包经营权确权登记颁证工作的意见》。2013 年 12 月 25 日，农业部部长韩长赋在全国农业工作会议上说，力争用 5 年时间基本完成农村土地承包经营权确权登记颁证。虽然从国家级试点的情况看，确权率和颁证率都是比较高的（参见第四章表 4－4），但是从各地的调研情况看，确权登记颁证工作开展得并不顺利，一些地区出现了确权后难以颁证的情况。例如，重新测量的耕地数量与承包合同上的不一致，是按原来承包合同上面的耕地数量颁证，还是按照重新测量的耕地数量颁证，有时会出现发包方与承包方意见的不一致，造成颁证的困难。此外，如果确权登记的耕地数量与一个县原来的耕地数量出现比较大的差异，也会给地方政府的颁证工作造成困难。

三、耕地的保障作用降低了其作为抵押物的功能

目前，农民对耕地的依赖程度仍然过高，我国法律基于什么原因排除了耕地作为抵押物呢？主要还是看重耕地对于农民生活的保障性作用，既是收入来源和生活品来源，又是就业的渠道，这几方面的保障作用，好像还没有什么可以替代的，耕地对农村社会的稳定作用是非常强大的。从农民的观念来看，耕地是安身立命之根本，种地起码可以做到温饱，不到万不得已，不会随意拿耕地进行抵押。

因此，现在一些地方的试点办法中，一般也是要求农民可以拿出一部分承包土地经营权进行抵押，而不能全部拿出。否则，生活没有保障了，还需要政府和社会进行救助，政府也不愿意农民失去耕地的情况发生。

耕地的保障作用强，这与我国目前对农民的社会保障不到位有关。如果养老、医疗、就业等方面社会保障水平提高了，农民在生产经营过程中就敢于贷款，敢于抵押了。但是，从我国的实际情况看，总人口已经超过了 14 亿，农村人口巨多，农村劳动力剩余是一个长期存在的问题，而目前的农村社会养老保险制度和新型农村合作医疗制度的保障水平都比较低，农民对土地的依赖在相当长的时期里面都不会有大的改变。也许，最根源的，或者说也许农村土地承包经营权抵押贷款的最深处的障碍，就是耕地是几亿农民最基本的生存保障，现阶段还离不开它，政府不会愿意看到农民因抵押而丧失耕地。

近几年我国城镇化进程加快，但农村人口数量仍然很大。城镇化指的是伴随着工业化的发展，非农产业向城镇聚集，农村人口向城镇集中的自然历史过程，是世界各国工业化进程中必然经历的历史阶段。我国是一个农业大国，但进入 21 世纪后城镇化进程加快，城镇化水平不断提高，这可以用城镇

化率这一指标来表示。城镇化率是指一个国家（地区）城镇的常住人口占该国家（地区）总人口的比例，是衡量城镇化水平高低，反映城镇化进程的一个重要指标。表 6 - 1 反映了近 20 年我国总人口、城镇人口和乡村人口绝对数的变动情况，以及城镇化率的变动情况。目前我国人口数量是按照常住人口统计的，而不是以往的户籍人口，常住人口是指实际经常居住在某地区半年以上的人口，户籍人口则指公安部户籍管理机构登记了常住户口的人。因此，这里的城镇人口是指居住在城镇范围内的全部常住人口；乡村人口是除上述人口以外的全部人口。城镇对应的概念是乡村，虽然我们有时候表述为农村。从表 6 - 1 中可以看出，我国城镇化率近 20 年提高了很多，从 1999 年的 34.78% 提高到 2018 年的 59.58%，城镇常住人口已经接近 60%，但农村人口数量仍然有 56401 万人，这些人仍然需要耕地作为其社会保障。此外，城镇常住人口中，又有很大一部分农业人口，有的是外出务工经商的，有的是新型城镇化后仍然务农的，这部分人并不是都想放弃承包土地，一部分人还是希望留有耕地作为最后的退路，因而承包土地对这部分人也是有保障作用的。

表 6 - 1　　　　　　　　1999 ~ 2018 年我国人口数量变动情况

年份	年末总人口（万人）	城镇人口（万人）	农村人口（万人）	城镇化率（%）
2018	139538	83137	56401	59.58
2017	139008	81347	57661	58.52
2016	138271	79298	58973	57.35
2015	137462	77116	60346	56.10
2014	136782	74916	61866	54.77
2013	136072	73111	62961	53.73
2012	135404	71182	64222	52.57
2011	134735	69079	65656	51.27
2010	134091	66978	67113	49.95
2009	133450	64512	68938	48.34
2008	132802	62403	70399	46.99
2007	132129	60633	71496	45.89
2006	131448	58288	73160	44.34
2005	130756	56212	74544	42.99
2004	129988	54283	75705	41.76

续表

年份	年末总人口（万人）	城镇人口（万人）	乡村人口（万人）	城镇化率（%）
2003	129227	52376	76851	40.53
2002	128453	50212	78241	39.09
2001	127627	48064	79563	37.66
2000	126743	45906	80837	36.22
1999	125786	43748	82038	34.78

资料来源：国家统计局。

四、农村产权流转市场发育不完善，金融机构抵押权实现困难

农村土地承包经营权抵押贷款能否顺利进行，一个基础性的条件是抵押的土地经营权能够顺利地变现，当借款人出现违约的情况下，金融机构只要能够通过土地经营权流转平台将作为抵押物的耕地变现，收回贷款的本息，就愿意发放此类贷款。反之，如果作为抵押物的土地经营权变现困难，不能顺利实现抵押权，农村金融机构开展农村土地承包经营权抵押贷款的积极性就会受到影响，此类贷款就不能大规模发放。抵押权的实现要求有完善的农村产权交易市场，但当前我国农村土地承包经营权流转市场还处于实验阶段，虽然各地方在试点中大多数已经建立了初级的土地产权流转平台，但是这些平台依然存在信息不对称等问题，影响了土地承包经营权交换价值的体现和抵押权的实现。

有的试点地区成立了乡镇土地流转服务中心和村级土地流转服务站，发挥着为供需双方提供土地流转信息服务的作用。但是，这些平台规模很小，能够提供的信息非常有限，而且供求双方的信息不对称，有时只有供方信息，有时只有需方信息，供求信息不能迅速地传递到对方，影响了土地流转。一些想了解土地流转信息的种植大户、家庭农场、农民专业合作社等，无法获得供求信息，不容易获取耕地，也影响了贷款银行抵押权的实现。当然这些信息也会由乡镇土地流转服务中心进行整理、分类、汇总，然后将信息通过政府网络系统上报县级土地流动服务中心，县级土地流转服务中心会协助土地的流转，寻找匹配的交易对象。然而，目前一些地方还只是通过政府部门将信息汇总，并没有实现信息共享，造成了只有土地流转中心具有信息，供需双方没有信息的局面，只能被动地等待中心进行匹配的结果，效率非常

低下。

抵押权实现的困难，会使金融机构在借款人违约时，无法及时处置土地而获得补偿，造成不良贷款。如果低价转让抵押物，虽然变现比较快，但是转让价格低于贷款本息就会造成银行的损失，抵押人的利益也会受损。如果持有这些耕地，会占用大量的信贷资金，况且《商业银行法》第四十二条规定，商业银行因行使抵押权而取得的不动产，应当自取得之日起2年内予以处分，长期持有是法律不允许的。总之，如果抵押的耕地砸到银行手里，必定影响银行放款的积极性，会在一定程度上影响农村土地承包经营权抵押贷款的推广。

五、缺乏专业的农村土地产权价值评估机构，土地承包经营权价值评估不规范

开展农村土地承包经营权抵押贷款，必须对土地承包经营权进行合理的估价，在此基础上才能确定贷款金额。但目前一些试点地区还没有专业性的评估机构和评估人员，往往由发放贷款的银行进行价值评估，主观判断成分较大，即使一些地方政府部门颁发了农村土地产权价值评估的指导价格，也并没有科学依据，经验判断的成分比较大。

银行自行评估的办法，虽然简便易行，但是为了贷款的安全，往往会出现抵押物价值被低估的情况，这一方面会降低借款人的可贷资金量，出现贷款金额不够用的可能性；另一方面评估的价值低，在实现抵押权时，虽然可以较快地流转出去，但是抵押人的权益得不到保障，会在处置土地承包经营权时利益受损。当然，银行自行评估，对于借款人来说可以节省评估费用，借款人是愿意的，不过这里有一个条件就是借款人自己有把握还款，否则在处置抵押物时会蒙受损失。在借款人的借款金额相对于抵押物价值比较低的情况下，银行的风险也会比较低，所以银行也愿意采取自行评估的方式。

由政府部门主导的评估模式，同样存在主观判断成分较大的问题，在试点初期小范围、小规模的抵押融资中具有一定的适用性，但对于试点后大规模的推广农村土地承包经营权抵押贷款，就难以适应了。由于不能做到评估得客观、可信，土地承包经营权的价值就不能通过市场来表现了，多数情况是低估抵押物的价值，因此，其抵押担保权能并不能充分体现，也无法真正满足借款人的融资需求，这对于想获得较大金额资金的借款人来说是不利的。

当然，如果土地承包经营权估值过高，就会对发放贷款的金融机构不利，一旦贷款不能按时偿还，抵押物处置时收不回来这么多钱，就会使金融机构的贷款本息无法获得足额的补偿。

六、抵押贷款风险分散机制不健全，金融机构聚集了比较大的风险

在抵押物不能顺利处置时，或抵押物处置后的价值不足以偿还贷款本息时，银行就会遭受损失。因此，建立抵押贷款风险的分散机制很有必要，可以打消银行担心抵押贷款损失的顾虑，增加贷款的投放。从目前来看，风险分散的方式主要有担保、保险和政府设立基金弥补这几种。

设立专门的农业担保公司是试点地区普遍的做法，为金融机构开展土地承包经营权抵押贷款提供担保，地市级的、县级的都有，甚至近几年已经开始设立省级的农业担保公司。担保公司是政府背景的，有的由政府出全资，有的由若干个政府的企业或部门合股成立，属于间接的政府出资。因此，如果贷款采用"担保公司保证＋土地经营权反担保"的方式，实际上就把银行的风险全部转移给了农业担保公司，从政府的角度来看，也没有达到分散风险的效果。

通过农业保险分散风险也是一种好的办法，目前一些试点地区对于投保的借款人会优先发放贷款。但是除了一些新型农业经营主体根据自身情况愿意投保之外，大多数农户对参加农业保险的积极性并不高，一般农户基本上不考虑投保。各地方政府，为了鼓励农户参加农业保险，近年来不断提高保费的补贴力度，对提高农户参加农业保险的积极性很有作用。但把分散的农户组织起来投保，仍然有较大的难度，这需要农村基层组织的密切配合。而且，过高的保费补贴，不是每一个地方政府都能拿得出来的。

通过地方政府设立的风险补偿基金，对金融机构的贷款损失给予部分补偿，或者对农业担保公司代为借款人履行债务的金额给予部分补偿，在一定程度上可以减少金融机构处理农村土地经营权抵押贷款坏账的顾虑，提高其发放贷款的积极性。但是这种基金的风险保障能力还是非常有限的，以平罗县为例，其建立的风险防范基金规模为1000万元，县财政在初期注资了300万元，其余部分由县财政逐年预算拨付，可见基金的规模并不大。在金融机构贷款不能收回、处置抵押物出现困难时，由地方政府也就是基金与金融机

构按照 8：2 的比例分摊贷款损失。从分摊比例看，80% 由政府承担，保障性还是很强的，银行自然是非常愿意的，但是基金规模不大，如果出现大面积的贷款违约，基金就难以为继了，贷款的风险也就分散不出去了。

以上三种分散农村土地经营权抵押贷款的方式，都有政府的资金在里面，有的甚至是由"财政兜底"，缺乏市场机制的运用，因而也就不具有可持续性。

七、贷款供需存在矛盾

从人民银行天津分行对宝坻区、武清区两个试点区的调查摸底情况来看，有贷款需求的主要是农业产业化龙头企业、农民专业合作社、家庭农场以及经营大户等农业经营主体，它们资金流量较大，对贷款的需求较为迫切。而普通农户土地面积小、投入较少，单纯经营农业上的资金需求有限，贷款意愿较少。但从全国来看，农户用于农业生产的资金普遍缺乏，农村土地承包经营权抵押贷款可以有效地解决资金短缺问题，这一信贷产品还是受欢迎的。

虽然新型农村经营主体贷款需求比较旺盛，但是由于其土地绝大多数是通过流转得来的，这就造成了抵押登记的困难。根据中国人民银行、银监会、保监会、财政部、农业部联合印发的《农村承包土地的经营权抵押贷款试点暂行办法》以及各级地方政府、参与试点金融机构的有关文件规定，这种经营权抵押，要征得发包方（即村集体）和承包方（即转出土地的农户）同意，这在实际操作上就有了较大的难度。这个难度主要在承包方，因为一旦借款人不能如期偿还贷款本息，作为抵押权人的银行就会处置抵押物，承包方的利益就有可能受损，所以，往往承包方是不会同意承包土地的经营权进行抵押及再流转的。在天津市的试点中，就有宝坻区的天津蕴华农业科技发展有限公司申请贷款的例子，其经营的土地是流转来的，虽然有《农村承包土地经营权证》且对地上物进行了评估，但是，由于村委会和流转土地的农户不同意抵押，致使该企业无法办理贷款手续，贷款难以完成。其他的新型农业经营主体，包括种植大户、家庭农场、农民专业合作社等，只要土地是靠流转取得的，即使办理了经营权证书，同样会遇到发包方和承包方不同意抵押的情况，难以获得以土地经营权做抵押的贷款。

从供给方来看，农村土地经营权抵押贷款的风险还是比较大的，所以各参与试点的金融机构贷款都较为审慎，影响了抵押贷款规模的快速增长。从天津市的试点来看，大型商业银行积极性不高，而天津银行、天津农村商业银行和天津滨海农村商业银行等小型银行业金融机构则积极参与。此外，一些银行贷款期限的规定不尽合理，增加了新型农业经营主体的贷款难度，例如，《中国农业银行农村土地经营权抵押贷款管理办法（试行）》中规定，贷款期限应短于农村土地承包或流转合同剩余年限 3 年（含）以上；采用分期缴付租金方式的，同时应短于已缴清租金的剩余使用年限 1 年（含）以上。而在现实当中，新型农业经营主体主要通过承接农户流转土地取得了经营权。虽然流转期限较长，但租金大都一年一付，即年初支付当年的流转租金。这样，就无法满足农业银行的贷款要求了。

第二节　发展农村土地承包经营权抵押贷款的政策建议

一、修订相关法律，使农村土地承包经营权抵押合法化

在国家级试点开展之前，各地的试点无论是依据中央文件还是地方政府文件，或是金融监管机构文件，均没有充足的法律依据。2015 年 8 月 10 日，国务院发布《关于开展农村承包土地的经营权和农民住房财产权抵押贷款试点的指导意见》，国家级试点开启，试点涉及突破《物权法》第一百八十四条、《担保法》第三十七条等相关法律条款的规定，由国务院按程序提请全国人大常委会授权，允许试点地区在试点期间暂停执行相关法律条款。2015 年 12 月 27 日，全国人大常委会通过了《关于授权国务院在北京市大兴区等 232 个试点县（市、区）、天津市蓟县等 59 个试点县（市、区）行政区域分别暂时调整实施有关法律规定的决定》，也就是说，农民承包的耕地作为抵押财产，在试点地区已经不再禁止，因而从法律上突破了农村承包土地的经营权抵押贷款的最大障碍。国家级试点结束后，全国人大应尽早修订担保法和物权法的相关条款，从法律层面上真正承认土地承包经营权抵押贷款的合法性，消除农村金融机构开展此项贷款业务的顾虑，使其获得快速发展。

《农村土地承包法》第三十二条规定，通过家庭承包取得的土地承包经营权可以依法采取转包、出租、互换、转让或者其他方式流转。其在流转方式中没有说到抵押，因为抵押本来就不属于流转方式，在抵押权实现时才涉

及流转方式，因此，《农村土地承包法》这一条不需要修订。不过，为适应农村土地"三权分置"的需要，2018 年 12 月 29 日，第十三届全国人民代表大会常务委员会第七次会议对《农村土地承包法》进行了修正，专门增加了"土地经营权"一节，第四十七条规定，承包方可以用承包地的土地经营权向金融机构融资担保，并向发包方备案。受让方通过流转取得的土地经营权，经承包方书面同意并向发包方备案，可以向金融机构融资担保。由此可见，虽然我国《物权法》和《担保法》还没有修订相关条款，但是《农村土地承包法》已经允许耕地进行抵押了，农村土地承包经营权抵押给银行进行贷款也不再有法律限制。我国《物权法》和《担保法》禁止抵押的是耕地、宅基地、自留地、自留山等集体所有的土地使用权，《农村土地承包法》允许对耕地的经营权进行抵押，在这里，土地使用权和经营权没有本质的区别。《农村土地承包法》第九条规定，承包方承包土地后，享有土地承包经营权，可以自己经营，也可以保留土地承包权，流转其承包地的土地经营权，由他人经营。《农村土地承包法》第十七条规定，承包方依法享有承包地使用、收益的权利，有权自主组织生产经营和处置产品。第三十七条规定，土地经营权人有权在合同约定的期限内占有农村土地，自主开展农业生产经营并取得收益。可以看出，土地经营权人对流转土地依法享有的自主开展农业生产经营的权利，也是一种使用权。总之，在《农村土地承包法》已经修正的情况下，《物权法》和《担保法》再修订应该没有什么障碍了，应加快修订，允许耕地抵押，以促进农村土地承包经营权抵押贷款的大力开展。

有关抵押权实现方式的条款，也存在着一些不适应实际的情况。《担保法》第五十三条、《物权法》第一百九十五条都规定了债务人不履行到期债务抵押权人可以与抵押人协议以抵押财产折价或者以拍卖、变卖该抵押财产所得的价款优先受偿，也就是抵押权实现的三种方式分别是折价、拍卖和变卖。但是，这三种方式都不适合银行处置作为抵押物的农村土地承包经营权。折价给银行，虽然也合法，但是银行毕竟不是农业企业，耕地在银行手中是会荒废的，找人或者委托农业经营主体种植也比较麻烦，而且我国《商业银行法》第四十二条规定，商业银行因行使抵押权而取得的不动产，应当自取得之日起 2 年内予以处分，长期持有是法律不允许的。拍卖和变卖，我国目前法律对于耕地是不允许卖的。因此，如果要修订，最起码要在最高人民法院的司法解释里面修订。当然，《物权法》第一百二十八条规定，土地承包经营权人依照农村土地承包法的规定，有权将土地承包经营权采取转包、互换、转让等方式流转，但这里说的是土地承包经营权人，没有说抵押权人。所以我国《担保法》和《物权法》应该明确规定可以通过哪些流转方式实现抵押权，使发放贷款的金融机构在实现抵押权时有法可依，顺利实现抵押权。

二、加快完成农村土地承包经营权确权登记颁证工作

对于确权登记颁证工作比较慢的县（市、区），要抓紧推进，特别是非试点地区近几年没有积极开展这一工作，要迎头赶上。如遇确权后难以颁证的情况，要找出颁证难的原因，采取妥善措施予以解决。总的原则是，既要保证颁证工作的准确性，又要保护农户的利益。

在"三权分置"的情况下，农村集体土地确权颁证的范围应包括集体土地所有权证、农户的承包权证和经营权证，做到三证既关联统一又相互分离。确认"三权"权利主体，明确权利归属，稳定土地承包关系，才能确保"三权分置"得以确立和稳步实施。首先，要坚持和完善土地用途管制制度，对集体土地所有权确权登记颁证；其次，在集体所有权颁证工作基本完成的基础上，加快推进农村承包地确权登记颁证；最后，对于通过流转取得经营权的新型农业经营主体，通过流转合同鉴证、交易鉴证等多种方式对土地经营权予以确认，颁发农村土地经营权证书，促进土地经营权功能更好地实现，为开展抵押贷款打下坚实的基础。"三权分置"后，耕地的流转更加顺畅，流转价格有可能增高，有利于提高农户和新型农业经营主体贷款的可得性。

三、建立科学的农村土地产权价值评估体系和专业的评估机构

价值评估是农村土地承包经营权抵押贷款的重要基础，决定着贷款金额的多少。因为只是用经营权作抵押，所以评估的价值自然不是耕地本身的价值，而是其流转价值，这要大大低于耕地本身的价值。根据这个评估价值，再乘以抵押率，就是可以发放的贷款金额。由于每一块耕地都存在差异，所以其价值也是不一样的，需要在贷款时进行评估。进行评估时主要参考的因素应当包括：第一，周边耕地的流转价格，近年来各地都有一些民间自发的土地流转，也有挂牌流转的，还有政府建立龙头企业产业基地、储备林基地等进行流转的，这些流转价格都可以作为评估的参考，甚至是主要参考；第

二，地力情况，这是影响耕地产出能力的各种自然因素，例如，土壤质地、地形、农田基本设施情况等，这些情况决定了耕地每年的产量和收入；第三，土地位置和交通条件，影响耕地是否容易耕作，农产品是否方便销售，也因此影响了农业生产经营的成本和收益；第四，其他特殊情况，例如环境污染状况。

还有一种评估方法，是以耕地每年种植普通粮食作物的产出为标准，计算该块土地的承包经营权值多少钱。农村土地承包经营权评估价值 = 每亩耕地纯收益×评估土地面积×剩余年限。其中，每亩耕地纯收益 = 每亩产量×单价 – 每亩成本。当然，用每亩耕地纯收益作为评估价值的依据，计算结果可能高于流转价格，因为转入方的每亩耕地纯收益要大于流转价格，才会有利可图。

建立专业的第三方农村产权评估机构，对农村土地承包经营权进行评估，是比较好的评估办法。这样做可以做到尽可能的科学、公正，评估结果更加合理。评估机构可以由政府出资建立，以增加其公信力，当然也要允许其他资本参股。同时，要培养合格的专业评估人员，既要有专业知识，又要能够吃苦耐劳。例如，重庆市 2012 年推动兴农集团成立了政策性的兴农价格评估公司，作为专业的农村产权评估机构，自成立起至 2015 年 3 月末，累计评估农村产权 286 亿元，实现了重庆市各区县全覆盖。兴农价格评估公司对评估收费实行优惠，基本控制在评估资产总额的 1‰ 以内。同时，重庆市金融办、市物价局也于 2014 年出台了《重庆市农村产权抵押价格评估暂行办法》，对农村产权的评估条件、参考因素和评估方法形成了统一规范的标准。这种由政府部门推动的评估体系和评估机构建设，比较适合我国的国情，会在试点中产生良好的作用。

银行自行评估的办法也不是不可以，这要做到尽可能地公正，而且应该是与借款人或抵押人双方协商确定，而不能由银行单方面确定。评估中严禁将抵押物价值低估，以保护抵押人的利益。在贷款金额大大低于抵押物价值的情况下，也不能低估抵押物价值，否则在处置土地承包经营权时抵押人利益会受损。例如，借款 10 万元，抵押物价值 50 万元，在评估时，抵押物就应该评估成 50 万元，不能评估成 15 万元，虽然 15 万元乘以抵押率也能达到要求。这样做是为了防止银行在实现抵押权时，低价处置抵押物，损害抵押人利益。银行自行评估，可以节省评估费用，对于借款人来说还是有好处的，借款人是愿意的，所以在做到公正的前提下，可以采取这种方式。

四、建立完善的农村产权交易市场

农村土地承包经营权抵押贷款业务的开展离不开农村产权交易市场的发展。首先，农村产权交易市场可以方便耕地的流转，使一部分土地转移到种植大户、家庭农场和农民专业合作社的手中，使这些新型农业经营主体可以从事适度的规模经营，这样才能实现农业的规模化经营，发展现代农业。规模化、设施化、现代化需要大额的资金，对银行贷款有了需求，而农村银行业金融机构也愿意发放这种有大片土地作抵押的贷款。因此，这必将促进农村土地承包经营权抵押贷款的发放。其次，完善的农村产权交易市场有利于银行抵押权的实现。在借款人出现违约时，发放贷款的银行可通过农村产权交易市场将土地流转出去，收回贷款本息。从而消除银行发放贷款的后顾之忧，使银行更愿意发放这种贷款。

重庆市近年来稳步推进农村产权流转交易体系建设，依托重庆农村土地交易所，推进建设全市统一的农村综合型产权流转交易市场，着力构建以市级平台为核心、区县平台为支撑、乡镇平台为基础的交易体系。把农村产权流转交易市场打造成为农村产权流转交易的场所和抵押登记信息平台，为农村产权流转交易提供信息发布、组织交易、成交鉴证、抵押登记信息管理、产权登记协调等服务。

天津农村产权交易所有限公司是经天津市人民政府批准设立，由天津市农委、宝坻区人民政府、天津产权交易中心共同出资组建的国有全资股份制企业，注册资金为2000万元。经营范围包括：提供农村土地承包经营权、水资源使用权、大型农用设施租赁权、农业技术及科技成果转让交易服务；提供农村集体和农业生产领域相关企业股权托管及转让交易服务；农产品交易市场管理与服务；履行政府批准的其他交易项目和产权交易鉴证。农交所实行会员委托代理制，有26个会员，在农交所网站上公布会员名单，供流转双方自由选择，建立委托代理关系。天津农村产权交易所的设立为农村各类产权交易提供了一个全新的市场服务平台，标志着天津市农村产权交易进入了一个新的时代，将极大地推动天津市农村产权制度改革，加快农村土地资本化的进程，全面促进农村经济更好更快地发展。

2014年11月24日，天津农村产权交易所发布了《天津市农村土地承包经营权流转交易规则（试行）》，用以规范农村土地承包经营权交易行为。同日，宝坻区也发布了《宝坻区农村土地承包经营权流转管理办法（试行）》，规范本区的农村土地承包经营权流转秩序。其中，规定农村土地承包经营权流转应当遵循以下原则：（1）依法、自愿、有偿的原则，农村土地承包经营权人自主决定土地承包经营权的流转和流转方式，任何组织和个人不得强迫或阻碍土地承包经营权流转；（2）流转收益归转出方所有，任何组织和个人不得以任何形式截留、扣缴；（3）流转后不得改变土地所有权性质和农业用途；（4）通过家庭承包方式取得的农村土地承包经营权流转期限不得超过《农村土地承包法》的规定。同时规定，农村土地承包经营权流转可以采取转让、出租、入股、互换、转包、委托经营等方式。采取转让、互换方式流转农村土地承包经营权的，当事人可申请农村土地承包经营权变更登记，并依照相关规定办理《农村土地承包经营权证》。承包方可以书面委托村集体经济组织或中介机构流转其农村土地承包经营权。受让方将承包方以转包、出租方式流转的土地实行再流转的，应当取得原承包方的同意。

农村产权交易市场的建立和完善，一定要从形成体系入手。目前试点地区有的建立了基层的机构，如乡镇土地流转服务中心和村级土地流转服务站，其流转信息在本乡镇或村里发布，也往县里汇总，但是信息并不能顺畅地传遍整个县域。也有的试点地区成立了地市级的农村产权交易所，甚至像重庆、天津这样的省级交易所。从天津农村产权交易所成立后的发展来看，发展速度还是非常快的，最初成立时只有省级机构，但到2017年底，也就是国家级"两权"抵押贷款试点最初规定的截止日期，3年时间里就已在全部10个涉农区设立了区级分市场，在151个乡镇成立了工作站，形成三级网络，同时，统一的农村流转交易网络信息系统也已经上线运行。天津市农村产权交易市场的经验还是值得推广的。因此，建立多层次的农村产权交易市场，形成一个体系，使土地承包经营权的流转信息能够在更大的范围内被人们知晓，才会有更多的人愿意转入耕地，农村金融机构抵押权的实现才会变得容易。

五、创新抵押物处置方式

在借款人不能按时偿还贷款本息的情况下，作为抵押权人的银行就可以通过处置抵押物，实现抵押权。处置方式可以是到农村产权交易市场挂牌流转，这样可以让更多的人看到流转信息，特别是愿意扩大耕地规模的新型农业经营主体以及一些愿意进入农业领域投资的人，加速耕地流转，使银行尽早实现抵押权。因此，农村产权交易市场要形成体系，形成村、乡镇、县、地市的四级网络。当然，为了土地耕作的方便，就近流转是最好的，如果能够在本村或本乡镇流转，流转后耕地距离农业经营主体比较近，耕作起来就更方便。因此，在挂牌之前，要先在本村本乡镇进行流转信息的发布，可以先在本村公告 10 天，让村里的农户和新型农业经营主体最先得到流转信息，如果有意愿的就可以转入。如果在本村没有流转出去，就在本乡镇再公告 10 天，要是能够流转出去，耕作起来也是比较方便的。在本乡镇还没有流转出去的话，就可以在地市级的农村产权交易市场挂牌流转了。

　　发放贷款的银行，因行使抵押权而取得的耕地，由于属于不动产，持有的期限不能超过 2 年，这是我国《商业银行法》的规定。况且，长时间不能流转出去也会影响银行的效益，毕竟银行不能找人耕种作为抵押物的耕地，同时这也会造成耕地资源的浪费。因此，应由政府出资，成立政策性的农村承包土地储备中心，或者叫农村产权收储中心，来收储金融机构因行使抵押权而取得的且持有期限超过 1 年的耕地。这种措施具有兜底的作用，由新增加的政策性的收储机构作为受让人，可以保证金融机构的抵押权都能够实现。在收购价格上，以市场价格和贷款本金中较低的一个为标准，让发放贷款的银行损失贷款的利息甚至少量本金，使银行也承担一部分风险，其实也是为收储机构分担一部分风险。收储机构如果收储的耕地比较多，则可以找农民进行耕种，同时寻找受让人，再把耕地出租出去。作为国家级试点的西安市高陵区，于 2017 年成立了农村产权收储中心，并于 2018 年 5 月完成了首笔承包土地经营权贷款抵押物的收储，具体情况见专栏 6 – 1。

☞专栏 6 –1　　西安市高陵区完成首笔承包土地经营权贷款抵押物收储

　　早在 2011 年，高陵区就已经开展了土地承包经营权抵押贷款试点。2015 年国务院开展农村"两权"抵押贷款试点时，高陵区被确定为全国"两权"抵押贷款试点区。

　　为解决贷款银行处置抵押物困难的问题，2017 年 8 月，高陵区成立了农村产权收储中心，设立了 500 万元的农村产权收储基金，履行高陵区农村产权的收储职能，负责收储银行手中难以处置掉的耕地和农房等抵押物。并在之后制定印发了《西安市高陵区"两权"抵押贷款风险防范和抵押物处置管理办法（试行）》和《西安市高陵区农村产权收储基金管理办法（试行）》两个文件，作为具体实施收储工作的依据。在这两个文件中，规定了自愿协商收储、公开交易收储、司法拍卖收储、协调收储4种抵押物收储方式。收储工作的具体程序包括收储申请、抵押物价值的重新评估、征求原承包户意见、签订收储协议、收储资金划拨、抵押物权属变更等，每一个环节都有具体的实施原则和操作步骤，以确保整个收储工作在科学性、前瞻性和计划性的思路指导下得以顺利完成。

首笔承包土地经营权贷款抵押物收储工作完成于2018年5月，此次案例的借款人是西安市高陵区药惠街道马家村的一位村民，为了养殖肉兔，2013年底向当地的阳光村镇银行申请贷款20万元，并以流转来的48.5亩承包土地的经营权作为抵押。2015年，肉兔价格下跌，借款人经营失败无力偿还贷款。此时，银行需要处置抵押物，但各种处置渠道均不顺畅，即使法院裁决后也无法进入实质性的执行阶段。直到农村产权收储中心成立后，经过与阳光村镇银行、借款人协商，三方共同选择了自愿协商收储方式对这块48.5亩流转土地的经营权进行收储，从而解决了银行难以处置抵押物的难题，收回了贷款本息，增强了其参与农村"两权"抵押贷款的积极性。同时，也使借款人偿还了债务，有利于其保持较高的信用等级。

资料来源：雷和平、周丹、贺璟. 稳妥处置土地承包经营权抵押贷款不良，西安市高陵区完成首笔抵押物收储 [EB/OL]. https：//www. financialnews. com. cn/, 2018 - 05 - 11.

六、完善相关配套措施

（一）完善政策性农业担保体系

设立专门的政策性农业担保公司，为农业经营主体贷款进行担保，可以降低金融机构的贷款风险。2014年9月25日，由天津市农村工作委员会发起，津郊9个涉农区县共同出资9亿元组建的天津农业投资担保有限公司挂牌成立，与此同时，各涉农区县也成立了担保中心，标志着以市级农业担保机构为龙头、区县担保机构为支撑的全市农业担保组织体系初步形成。2015年，财政部、农业部、银监会印发了《关于财政支持建立农业信贷担保体系的指导意见》，进一步强调，以建立健全省级农业信贷担保体系为重点，切实解决农业发展中的"融资难""融资贵"问题，支持新型经营主体做大做强，促进粮食稳定发展和现代农业建设。此后，多地开始组建省级农业担保公司。加上已有的地市级的、县级的农业担保公司，有政府背景的政策性农业担保体系正在形成。

政策性农业担保公司由于有政府的大力支持，在与银行合作上具有一定的优势，有一定的话语权，有利于农业担保业务的开展。例如，天津农业投资担保有限公司强化银担合作机制，与包括国有大型银行、股份制银行、农村商业银行、城市商业银行、村镇银行以及人保财险、太平洋寿险在内的20多家金融机构签署了战略合作协议，撬动银行资金支持现代都市农业发展。在担保的贷款不能按时偿还时，该公司承担损失的80%，另外20%由银行自己承担，从而使发放贷款的银行也要积极认真地对借款人进行贷前调查，在甄别借款人上下功夫。这样的分担风险的条件，一般的商业性担保公司是谈不下来的。

完善政策性农业担保体系在农村土地经营权抵押贷款上的作用是，贷款银行和担保公司可以合作开展"土地经营权抵押 + 担保公司保证"的担保贷款模式。这是一种由抵押和保证两种担保方式组合的贷款担保方式，例如贷款金额的50%由土地经营权抵押来担保，另外50%由担保公司保证来作担保。这样做的好处是，贷款银行在借款人不能按时还款时，在没有处置抵押物的情况下，就可以拿到担保公司代为偿还的金额，即使抵押权的实现暂时出现困难，银行的贷款也已经收回了一大半。当然，对担保公司也有好处，由土地经营权抵押分散了一半的风险。如果银行贷款采用"担保公司保证 + 土地经营权反担保"的方式，对银行来说也是一种可行的方式，这样就把银行的风险全部转移给了农业担保公司，如果担保公司只承担80%的话就不是转移了全部风险，而农业担保公司实力都比较强，贷款的偿还有了保障。但是，这个时候担保公司就要认真甄别借款人，审核其经营的项目，对反担保的抵押物要进行调查。天津农业投资担保有限公司自成立以来，积极创新担保业务，其开办的"政银保"贷款担保业务就很有特色，见专栏6 - 2。

☞专栏6 - 2　　　天津农业投资担保有限公司"政银保"
贷款担保业务

"政银保"贷款担保是指根据天津市农委、天津市财政局联合下发的《天津市支持粮食适度规模经营及现代农业担保贷款风险补偿金试点实施方案》（以下简称"实施方案"）的要求，天津农业投资担保有限公司（以下简称"农担公司")为合作银行向符合"实施方案"要求的农业经营主体发放的贷款所提供的担保。

一、担保对象

符合"实施方案"要求的粮食适度规模经营主体和现代农业经营主体，重点为农业龙头企业、农民专业合作社、家庭农场和专业大户等新型农业经营主体。

担保对象既可以是法人单位也可以为自然人，但需要满足农担公司规定的条件，同时符合"实施方案"的扶持方向。

二、反担保措施

担保对象应提供有效的反担保措施，包括但不限于下列抵质押物：房地产、土地使用权、农业设施、林权、农村土地承包经营权、水域滩涂养殖权、车辆设备、有价证券、股权等有价资产，抵质押物应经法定部门依法登记。

三、担保额度

（一）单户额度。农担公司根据担保对象的经营情况、负债情况及反担保措施等因素确定合理的担保额度，原则上担保额度不应超过经营主体的自有资金投入，单户上限为500万元。

（二）总量控制。与种植业有关的担保贷款余额不低于农担公司"政银保"贷款担保余额的70%。

四、资金用途

担保贷款资金必须用于与农业生产、加工、流通和经营有关的固定资产投入和流动资金需求，包括基础设施建设、土地长期租赁、引进新技术、农资购置、农机和设备购置、仓储物流、市场开拓与品牌建设等内容；不得用于委托贷款、并购贷款以及参与民间借贷和投资资本市场。

五、担保期限

最长不超过3年。

六、担保费率

2%/年，执行优惠费率的按照相关规定执行。

七、合作银行

根据"实施方案"的要求，选择合作银行。前期试点行优先选择天津银行、天津农商银行、建设银行天津分行、邮储银行天津分行、广发银行天津分行、平安银行天津分行、北京银行天津分行、津南村镇银行、武清村镇银行、新华村镇银行等在天津市开展涉农小微贷款规模较大的银行。

为提高作业效率，加深与相关银行的合作关系，农担公司可与意向银行试点合署办公模式。

八、操作流程

（一）担保对象向农担公司提出担保申请，按照要求将担保申请书及申请材料交至农担公司担保业务部。

（二）担保业务部根据内部分工，由相应团队负责人安排项目经理结合申请材料，对申请人进行现场调查，项目经理完成尽职调查后，报担保业务部审查。

（三）担保业务部审查通过后，项目经理将调查报告及相关材料转风险合规部进行风险合规审查，审查通过后报农担公司评审委员会。评审委员会评审通过的项目，报董事长批准，董事长有否决权。

（四）农担公司评审通过后，由风险合规部出具《担保意向函》给拟合作银行，合作银行应尽快完成全部审批手续，配合农担公司落实反担保措施。

（五）农担公司落实各项反担保措施后，出具《放款通知书》给合作银行，合作银行执行放款程序。

九、风险预警

合作银行担保贷款逾期率达到 5% 时，担保业务部上报公司预警。农担公司会同合作银行立即停止发放新的贷款，直至共同采取风险控制措施并报市财政局和市农委审核批准后，恢复贷款发放。

对出现逾期的项目，由风险合规部联合财务投资部对相关经办人的尽职调查情况进行调查，并出具调查报告。严格按照公司规程操作却出现逾期的贷款，不追究经办人的责任，但经办人需对逾期原因进行总结，并形成书面材料留档备查。

十、不良清收

出现逾期的项目，公司代偿后，应及时处置相关不良资产。可采取不良资产转让或委托律师事务所等专业机构清收等方式进行处置。具体转让价格或清收费用，由农担公司与合作机构具体协商。

十一、政策扶持

（一）"政银保"风险补偿金由中央财政支持粮食适度规模经营补贴资金与农担公司资金共同组成，规模为 6000 万元，其中，中央财政 3000 万元，农担公司 3000 万元。在"政银保"贷款项目出现第一笔代偿时，农担公司将 3000 万元一次性存入"政银保"业务合作规模最大的合作银行，开立专用账户。市农委将中央财政承担的风险补偿金拨付至农担公司后,农担公司从专用账户中提取相应金额的补偿资金用于补偿相关贷款损失。

(二)市农委会同市财政局负责对农担公司提出的贷款损失风险补偿金申请计划的审核,对风险补偿金的使用情况全程进行监管检查、业务指导和经验总结。核销贷款损失由中央财政承担40%,农担公司承担40%,合作银行承担20%。

(三)各区县农业主管部门向农担公司推荐有融资需求的项目,配合农担公司与合作银行对逾期贷款主体在项目支持、评比、资格认定等方面做出相应处理。

资料来源:天津农业投资担保有限公司.“政银保”贷款担保业务操作细则(试行)(津农担〔2016〕34号附件)〔EB/OL〕.天津农业投资担保有限公司网,2016-11-28.

(二)推广农业保险制度

农业保险可以在借款人遭受自然灾害农作物受到损失,或遭受疾病、瘟疫养殖产品受到损害时,由保险公司给予经济补偿使投保了农业保险在出现灾害事故时借款人不至于立即陷入经营困境,因此,农业保险是农业生产的一种保障措施。如果借款人已经参加了农业保险,就可以减少金融机构贷款违约的可能性。当借款人因自然灾害蒙受损失时,保险公司的保险金补偿可以减少金融机构的贷款损失,甚至不损失。因而金融机构更愿意对已经参加农业保险的申请人发放贷款,甚至规定借款人必须参加农业保险。不过,许多农户是不愿意参加农业保险的,这就需要政府大力推广农业保险制度。近年来我国政策性农业保险开展得比较好,各级财政补贴很多,特别是对于中西部地区中央财政给予的扶持更大。从保费的补贴比例来看,以天津市为例,根据《天津市政策性农业农村保险保费财政补贴资金管理办法》的规定,农业政策性保险的补贴险种和保险标的为小麦、玉米、水稻、棉花、温室、大棚、能繁母猪、生猪、奶牛,补贴标准由农户、企业(含国有农场)、专业合作社交纳20%的保费,市与区县财政补贴80%的保费。区县财政承担的保费补贴不得分解由乡镇财政承担。国有农场的保险保费财政补贴由市财政承担。由此可见,在当前的政策性农业保险中,农户等投保人交费是非常低的,通过少量的交费,获得很大的保障,还是相当合算的,关键是要通过宣传,让农民了解政策性农业保险,并通过适当的组织方式让更多的农户能够参加。

种植大户、家庭农场、农民专业合作社、农业企业等，参加农业保险的意愿还是比较强的，大面积的种植投入大，需要通过农业保险来分散风险。相对于一般农户，银行也更愿意贷款给新型农业经营主体，农业保险的发展是保障贷款安全性的必要措施，会促进农村土地承包经营权抵押贷款的发展。因此，发放贷款的银行业金融机构也要积极主动地配合地方政府、农村基层组织、保险公司，推动农业保险的开展。

（三）设立县级农村土地经营权抵押贷款风险补偿基金

农村承包土地的经营权抵押贷款风险补偿基金是指由县级财政安排，纳入县级财政预算管理，当然也有的省份会有省级政府、地市级政府的投入，通过与银行、农村产权收储中心合作，并以协议约定方式建立的风险补偿基金。其作用是：引导金融机构以承包土地的经营权作抵押向符合条件的承包方农户或农业经营主体发放贷款，确保农村承包土地的经营权抵押贷款工作的平稳推进。

风险补偿基金的补偿对象为发放农村土地经营权抵押贷款的银行，以及农村产权收储中心。风险补偿基金只限于补偿因贷款主体生产经营自身原因发生风险的贷款本金，不含利息及银行违法违规操作产生的不良贷款。风险补偿基金的补偿比例为贷款本金损失的80%，贷款本金损失的另外20%部分由合作金融机构自己承担。

补偿程序结束后，银行仍要履行追偿义务，不得放弃借款损失追偿权。同时银行要将土地经营权转移给县农村产权收储中心进行处置，用于弥补风险基金损失。还有一种制度安排，就是前面已经提到的由农村产权收储中心购买银行因行使抵押权而取得的且持有期限超过1年的耕地，然后逐步处置。如果有亏损，由风险补偿基金来补偿。

（四）健全农村社会保障制度

当前农村社会保障制度仍然严重不足，养老、医疗、就业等方面社会保障水平不高。很多农户还主要依靠耕地来从事就业，获取收入，耕地仍然担负着重要的社会保障的功能。随着经济的发展以及城镇化水平的提高，大量的农民进城打工，或者在农村从事非农就业，参加了城镇社会保险，耕地的社会保障功能就逐步弱化了。只有弱化了耕地的社会保障功能，农民才能转变观念，消除对土地的依赖性，才敢于用耕地作抵押取得贷款，才能使农村土地经营权抵押贷款顺利开展。

因此，政府应该积极推动农村社会保障制度的建设，设计可行的实施办法，增加财政资金的投入，吸引农民参加，解决农民社会保障不足的难题。特别是在农村社会养老保险问题和入住小城镇农民的就业问题等方面，要优先解决。这样才会解决农民的后顾之忧，敢于创业，增强对贷款的需求，促进农村土地经营权抵押贷款的发展。

第七章　农民住房财产权抵押贷款创新

第一节　农民住房财产权抵押贷款的试点情况

一、各地农民住房抵押贷款试点

（一）浙江

2003年起，温州所属的乐清市农村合作银行在人民银行温州支行的支持下，大胆尝试农民住房抵押贷款，在具有"农房房产证"加上"房屋宅基地使用权证"的情况下，就给办理抵押贷款，贷款额度是房屋市场评估价的60%~80%。2007年，温州市中级人民法院和温州市国土资源局联合下发通知，规定已经办理抵押登记手续的集体土地，只要符合流转条件，就可以由法院直接裁定处分，然后直接办理农民集体土地使用权的变更登记，在本村村民间有偿调剂。这就给银行推出农房抵押贷款提供了法律支持，促进了该项业务的开展。

2007年10月8日，浙江省嘉兴市人民政府办公室颁布了《嘉兴市农村合作金融机构农村住房抵押借款、登记管理暂行办法》，作为地方规范性文件，自2007年11月1日起实行。在嘉兴市范围内拥有农村住房所有权的农民以及个体工商户，以农村住房抵押担保方式向农村合作金融机构申请贷款的，适用该《办法》。借款方到期不能归还借款本息时，农村合作金融机构有权依法处置其抵押物而优先受偿。设定抵押的房屋，必须经房屋权属登记，取得由房地产登记机关颁发的房屋权属证书，并且房屋权属证书上需要加注："此证仅用于向农村合作金融机构办理抵押贷款时使用。"借款人借款时需要向农村合作金融机构提出申请，并向其提供需要审查的相关资料，其中包括农村住房坐落土地所有权单位（村民委员会）同意住房抵押的承诺。抵押借款申请经农村合作金融机构审查同意后，签订抵押借款合同，由抵押权人、抵押人共同到房地产管理部门办理抵押登记手续。抵押借款合同必须由借贷双方、抵押人，以及财产共有人签章。农村住房抵押，原则上应由抵押人办理财产保险。农村住房的抵押率，根据其在抵押期内的折旧、价格变化及处理费用等情况确定，原则上不超过评估价值的70%。

（二）广东

2010年3月10日，东莞农村商业银行在东莞经济重镇厚街首次推出"宅基贷"。虽然名为"宅基贷"，但并不是以宅基地作为抵押品的贷款，而是通过引入担保公司保证的方式，向宅基地业主们发放贷款。借款人拥有一定宅基地房产物业，无须办房地产权证，无须办理抵押登记，只要提供宅基地物业权属证明、评估其价值，在担保公司担保或农户联保等认可的担保条件下，利率最低可下浮10%，授信额度最高可达1500万元。授信额度根据申请人自身实力、经营活动所需资金情况而定，贷款额度最高可达宅基地物业价值的95%。这一业务至今仍在办理。

2012年7月25日，由中国人民银行、国家发改委等八部委联合印发的《广东省建设珠三角金融改革创新综合实验区总体方案》在广州发布，其中，将梅州市作为农村金融改革试验区，提出试点农村宅基地使用权和土地承包经营权抵押贷款。2012年8月14日，广东农村金融工作现场会在梅州召开，宣布农村宅基地使用权和土地承包权抵押贷款试点，将在梅州和云浮两市展开。试点的基本思路是，在国家法律和政策的框架内，农户将宅基地使用权抵押给政府授权的机构，银行即向农户提供信贷，这一政府授权机构为农户贷款提供保证。这是一种反担保方式，由"农户征信中心"负责给银行提供保证担保，而农户以自己的宅基地和农房抵押给中心作为反担保。梅州市先在下辖的梅县进行试点，云浮市则在郁南县进行试点。郁南县的农户将自家的农村闲置宅基地使用权、土地承包经营权、林权等作为担保物，就可以贷款建房。截至2013年5月11日，已经有132户从中获益，累计发放贷款297.6万元。

（三）湖北

2010年，湖北谷城县发布《农房抵押登记管理办法》，开展农房抵押试点，规定：农村房屋在县房产局进行他项权证登记后，可以进行抵押贷款；

同时，农民房屋只能在本村或社区内交易，城里人不能购买。截至 2015 年底，该县已有 3000 多农户办理了农村房屋抵押贷款，累计发放贷款近 3 亿元。其中，谷城县农村商业银行累计发放农村房屋抵押贷款 2 亿多元，呆坏账发生率不足 1%，并且尽量采取延期还款、转化抵押物等方式处理，银行没有进行过强行收屋拍卖。该行跟踪调查发现，九成以上农户都能精心、高效地使用贷款，且创业成功。

（四）重庆

2010 年上半年，重庆市农村商业银行与石柱县农委、县国土房管局联合发布了《石柱县农村居民房屋抵押贷款管理办法（试行）》，拥有农村住房（指自有住房以外的富余的农村住房）所有权的农户，经所在村委会同意后，均可用农村住房来抵押取得贷款；贷款额度最高可达房屋评估价值的 60%，期限最长 3 年，并实行利率优惠。同时，该银行注重贷款风险防范，坚持选择信用好的农户、前景好的项目、条件好的房源，并积极争取国土房管部门支持，做好抵押房屋的抵押登记，规避信贷风险和法律风险。首批给 7 家养殖大户，发放了 66 万元的贷款。截至 2010 年 9 月中旬，石柱县已有 23 家农户以自己的农房为抵押，从重庆市农村商业银行石柱支行获得了 185 万元贷款。试点成功后，逐步在全市推广。

2010 年 11 月 23 日，重庆市政府发布了《关于加快推进农村金融服务改革创新的意见》，在确权工作基本完成的情况下，开始进行"三权"（农村土地承包经营权、农房和林权）抵押融资。并附《重庆市农村土地承包经营权、农村居民房屋及林权抵押融资管理办法（试行）》，以省级政府文件的形式对三权抵押贷款的抵押、登记、转让和处置办法做了详细规定。之后，2011 年 1 月 13 日，重庆市人民政府办公厅颁布了《关于开展"三权"抵押贷款及农房小额信用贷款工作的实施意见（试行）》，重庆市国土资源和房屋管理局、重庆市金融工作办公室印发了《重庆市农村居民房屋抵押登记实施细则（试行）》，重庆农村商业银行印发了《农村居民房屋抵押贷款管理办法》等政策文件予以规范。多部规范性文件的颁发，为农房抵押贷款提供了政策法规方面的支持，扫清了障碍，有利于贷款的规范发放。此外还发布了《关于为推进农村金融服务改革创新提供司法保障的意见》《重庆市农村产权抵押价格评估暂行办法》等一系列政策。

建立了风险分担补偿机制。推动市兴农融资担保公司构建农村产权抵押融资"伞形"担保体系，在 25 个涉农区县设立了分支机构，扩大了服务范围。重庆市财政局下发《重庆市农村"三权"抵押融资风险补偿资金管理暂行办法》，涉农区县也发布了配套的办法，例如西阳土家族苗族自治县人民政府办公室发布的《西阳自治县贷款风险补偿办法（试行)》，设立了专项风险补偿资金，由市、区（县）两级财政按照 20% 和 15% 的比例对贷款本息损失予以专项风险补偿。基金规模为 7 亿元，截至 2015 年底，市级农村产权抵押融资风险补偿专项资金已到位 8000 万元，各区县政府建立了农村产权抵押融资担保补贴、风险补偿专项资金，并纳入年度财政预算。

截至 2015 年 3 月末，全市已累计实现农村产权抵质押融资 713.6 亿元，同比增长 32.2%（余额 308 亿元），农房贷款累计 137.6 亿元，占比 19.3%。

二、国家级农民住房财产权抵押贷款的开启

在各级地方政府和金融监管机构的联合推动下，多地进行了拓宽农村抵押担保物范围的试点，取得了不少成功经验，也得到了中央的肯定，但在试点中也出现了难以克服的问题。例如银行实现抵押权时，法院仍然按照相关法律的规定，认定抵押合同无效，致使抵押权难以实现，影响了银行开展农村承包土地经营权和农民住房财产权抵押贷款的积极性，也使农户和新型农业经营主体因没有有效抵押物依旧贷款难，造成试点难以达到理想的效果。

至此，开展国家级的试点非常必要，2015 年 8 月 10 日，国务院发布了《关于开展农村承包土地的经营权和农民住房财产权抵押贷款试点的指导意见》，其中，对进一步做好农民住房财产权抵押贷款试点工作提出了指导意见。该《意见》的发布为深化农村金融改革，创新农村信贷产品，加大对"三农"的金融支持力度，解决农业经营主体融资难问题提供了法律上的支持。根据该《意见》的要求，试点涉及突破《物权法》第一百八十四条、《担保法》第三十七条等相关法律条款的，由国务院按程序提请全国人大常委会授权，允许试点地区在试点期间暂停执行相关法律条款。2015 年 12 月 27 日，全国人大常委会《关于授权国务院在北京市大兴区等 232 个试点县（市、区）、天津市蓟县等 59 个试点县（市、区）行政区域分别暂时调整实施有关法律规定的决定》通过，也就是说，耕地、宅基地作为抵押财产，在试点地区已经不再禁止，因而从法律上突破了农民住房财产权抵押贷款的最大障碍。2016 年 3 月 15 日，人民银行等六部委联合发布了《农民住房财产

权抵押贷款试点暂行办法》，以规范推进农民住房财产权抵押贷款的试点。
试点县（市、区）名单见表7-1。

表7-1　　农民住房财产权抵押贷款试点县（市、区）名单（59个）

所在省（区、市）	试点县（市、区）
天津市	蓟县
山西省	晋中市榆次区
内蒙古自治区	和林格尔县、乌兰浩特市
辽宁省	铁岭县、开原市
吉林省	长春市九台区
黑龙江省	林甸县、方正县、杜蒙县
江苏省	常州市武进区、仪征市、泗洪县
浙江省	乐清市、青田县、义乌市、瑞安市
安徽省	金寨县、宣城市宣州区
福建省	晋江市、古田县、上杭县、石狮市
江西省	余江县、会昌县、婺源县
山东省	肥城市、滕州市、汶上县
河南省	滑县、兰考县
湖北省	宜城市、武汉市江夏区
湖南省	浏阳市、耒阳市、麻阳县
广东省	五华县、连州市
广西壮族自治区	田阳县
海南省	文昌市、琼中县
重庆市	江津区、开县、西阳县
四川省	泸县、郫县、眉山市彭山区
贵州省	金沙县、湄潭县
云南省	大理市、丘北县、武定县
西藏自治区	曲水县
陕西省	平利县、西安市高陵区
甘肃省	陇西县
青海省	湟源县
宁夏回族自治区	平罗县
新疆维吾尔自治区	伊宁市

资料来源：全国人大常委会. 关于授权国务院在北京市大兴区等232个试点县（市、区）、天津市蓟县等59个试点县（市、区）行政区域分别暂时调整实施有关法律规定的决定［EB/OL］. www.gov.cn，2015-12-28.

经过 2 年多的试点，取得了积极的成效，以江苏省为例，全省有 3 个农民住房财产权抵押贷款国家级试点县（市、区），截至 2018 年一季度末，贷款余额 3.7 亿元，当年累计发放贷款 661 笔、0.84 亿元，有力地支持了乡村的振兴①。表 7-2 反映了多个试点县（市、区）农民住房财产权抵押的开展情况。

表 7-2　　　　部分试点县（市、区）农民住房财产权抵押情况

试点县（市、区）	截止时间	贷款笔数（笔）	累计发放贷款额（亿元）	贷款余额（亿元）
新疆维吾尔自治区伊宁市	2018 年 12 月	—	—	0.81
陕西省西安市高陵区	2018 年 8 月	47	0.10	
安徽省宣城市宣州区	2018 年 8 月	685	1.16	
安徽省金寨县	2018 年 8 月			0.58
江西省婺源县	2018 年 5 月	382	1.29	—
江苏省仪征市	2018 年 3 月	495	0.82	0.44
福建省古田县	2018 年 3 月	1480	4.75	—
福建省上杭县	2017 年 12 月			2.14
福建省晋江市	2017 年 5 月			7.67
福建省石狮市	2017 年 5 月			6.33
河南省滑县	2017 年 12 月			2.02

资料来源：中国人民银行官网。

从表 7-2 中可以看出，有的试点县（市、区）取得的成绩还是很好的，例如福建省的四个试点贷款规模都挺大。但是，各地试点工作进展并不一致，部分试点地区存在确权颁证进展不平衡、配套政策落实不到位等问题。另外计划 2 年的试点工作时间还是比较短，有些问题可能还没有完全显现出来，需要进一步通过试点发现问题，以便总结经验。因此，经全国人大常委会批准，"两权"抵押贷款试点延期 1 年，至 2018 年 12 月 31 日。试点延期，体现了"两权"抵押贷款试点在促进乡村振兴中的重要性。2018 年中央一号文件强调："探索宅基地所有权、资格权、使用权'三权分置'，落实宅基地集体所有权，保障宅基地农户资格权和农民房屋财产权，适度放活宅基地和农

① 南京分行. 对省政协十二届一次会议第 0290 号提案的会办意见 [EB/OL]. http://nanjing.pbc.gov.cn/，2018-05-24.

民房屋使用权。"文件为试点地区探索农民住房财产权抵押贷款业务中抵押物的处置方法提供了政策保障。试点地区、监管机构和学界应积极实践和研究，找出试点中的难点问题并加以解决，使农民住房财产权抵押贷款成为主要的支农信贷产品。

第二节　推行农民住房财产权抵押贷款的障碍因素

一、部分试点地区宅基地使用权和农民住房所有权确权登记颁证工作进展较慢

农民住房财产权包括宅基地使用权与住房所有权。农民住房财产权抵押贷款，是指农民拥有合法取得的《宅基地使用权证》和《房屋所有权证》，且证明抵押房屋在依法偿债后有适当居住场所的条件下，经所在农村集体经济组织同意，以宅基地使用权与住房所有权作为抵押担保向金融机构申请贷款的融资方式。农民住房财产权抵押贷款，需要到房管局办理抵押登记才可生效，这就需要证件齐全，要有《宅基地使用权证》和《房屋所有权证》。但是，试点前大多数农民的住房没有两证，无法办理抵押登记，也就不能用住房办理抵押贷款。

为开展农民住房财产权抵押贷款业务，试点地区正在进行宅基地和农民住房的确权登记颁证工作，但这一工作相当烦琐。宅基地使用权的确权登记颁证需要地籍调查、土地确权、争议调处、登记发证等流程；农民住房所有权的确权登记颁证也需要调查房屋产权状况、测量房屋的房角点和房屋边长、量算房屋面积、编制房屋测绘报告、制作住房平面图等，然后携带宅基地使用权证等必要的证明材料申请登记，材料合格的予以发证。除了工作烦琐影响确权登记颁证的进度外，农民法律意识淡薄，违章建设住房情况比较普遍，也增大了建房验收难度，例如少批多建、未批先建、乱搭乱建等，造成不能验收也就不能颁证。也有不少农户对住房的办证意识不强，认为自己建的房子反正是自己的，有没有房产证一个样，能住就行，况且办证还需要交费。因此，虽然在各试点地区工作小组的强力推动下，确权颁证工作总体上进展顺利，但在部分试点地区由于受上述因素的影响其进展仍然比较缓慢。

二、农民住房价值低且评估难影响贷款发放

相对于城市的楼房，农民住房建造的比较简单、舒适性差，加之地理位置不好，其价值比城市楼房要低得多，一般只有楼房的几分之一。住房只能在本村流转，对其升值也有很大影响。有些属于地下交易的流转，受让人包括本村但不具备购买条件的村民，也包括村外的，由于不受现有法律保护，在一定程度上降低了农民住房的市场价格，其交易价格不具有参考价值。农民住房价值低，就会影响抵押贷款的金额。农民通过住房抵押获得大额贷款，金融机构发放大额抵押贷款的愿望难以实现。

由于农民住房地理位置、交通条件各不相同，且建造风格、材料使用也千差万别，其价值是存在较大差异的。而试点之前法律禁止宅基地使用权的抵押，造成试点地区的农民住房及其宅基地使用权基准价格的缺失。加之缺乏一套客观、科学、准确的评估体系，就给评估与认定农民住房价值的工作带来了困难。而农民住房财产权抵押贷款发放前必须要对住房和宅基地进行价值评估，不能科学有效地进行评估会给农民住房财产权抵押贷款工作的推进带来困难。

三、抵押物处置难影响金融机构发放贷款的积极性

根据规定，因借款人不履行到期债务或者发生当事人约定的情形需要实现抵押权时，允许金融机构在保证农户基本住房权利前提下，依法采取多种方式处置抵押物。受让人原则上应限制在相关法律法规和国务院规定的范围内。因此，可以看出，要处置抵押物，保障抵押权人的权益，实际上是有两点障碍的。

一是要保证农户的基本住房权利。发放农民住房财产权抵押贷款，金融机构首先要求借款人除了用于抵押的住房外，还必须另有备用的至少一套住房，以备将来实现抵押权时农户有房可住，否则会引起社会问题影响安定。但事实上，除城郊实行城镇化的农户外，一个农户只有一套住房，这是法律法规明文规定的，违反了就是违法。因此，只有少量农户，因为继承了父母的住房，会有两套住房。可见，这一规定会造成大部分农户不能成为抵押人，也就不具备成为借款人的条件。由于法律规定法院对农民唯一住房不能强制

收回，必须保留其居住权，有的金融机构在办理只有一套住房的农民住房财产权抵押贷款时增加了第三方安置承诺环节。由借款人即抵押人找一个第三方来提供住房保证，借款人不能按期还款时，金融机构处置抵押的住房，这时由第三方来出面安置借款人，需为借款人全家提供住所，在无法安置借款人住所时则负有代偿责任。这种办法，虽然有一定的可行性，但第三方保证人的责任还是挺大的，除了部分父母（不是所有的父母都会这么干）外，谁愿意充当这种保证人呢？如果借款人不能按时还款，银行处置抵押物，这时保证人就要拿自己的房子来安置借款人，这种安置可不是几个月的事情，也许会是几年甚至是更久。因此，绝大部分村民是不愿为借款人提供住房安置保障承诺的。

二是受让人的限制使抵押物难以处置。法律法规对受让人有严格的限制，只能是本村取得宅基地资格且还没有取得宅基地的村民，本村村民有钱但已经有宅基地的不能购买，外村的、城里的就更没有资格了。有资格购买的少量村民中，有的没钱购买，有的会等待村里下一批无偿发放的宅基地，还有一些碍于情面不好意思购买。至于私下卖给没有资格的人，这种交易还是有的，但无论是卖给城市居民还是农村村民，对于买方来讲都存在着交易无效的风险。金融机构也不会去私下交易，这就造成金融机构处置抵押物时找不到买家的局面，影响了金融机构开展此业务的积极性，这也表明现行法律法规制度设计是不支持农民住房财产权抵押贷款的。

四、贷款的风险分担机制和补偿机制仍需完善

如前所述，农民住房财产权抵押贷款的抵押物处置比较难，使得信贷风险集中于发放贷款的金融机构。因此，目前以农民住房财产权作为单一抵押物的贷款余额还不高，也就是说纯粹的此类贷款的发放并不理想。当然，试点中创新出了一些变通的信贷产品，通过政策性担保公司担保、农户联保等方式进行贷款风险的分担，也起到了一定的作用。

在试点期间，各地也设立了风险补偿基金，但几百万元的规模难以发挥大的作用；一些地区探索引入了农业保险和小额贷款保证保险等方式分散风险，但还需要扩大承保面。风险分担和补偿机制的不完善，使承贷金融机构在发生信贷风险时无法获得一定的风险补偿，加重了金融机构的畏惧心理，不利于农民住房财产权抵押贷款的推行。

第三节　开展农民住房财产权抵押贷款的对策建议

一、加快宅基地使用权和住房所有权的确权颁证工作

农户取得《宅基地使用权证》和《房屋所有权证》是办理农民住房财产权抵押贷款的先决条件。因此，在县（市、区）、乡镇政府的配合下，国土、建设、房产等部门要加快推进宅基地使用权与住房所有权的确权、登记和颁证工作，适当降低颁证收费标准，提高农民配合颁证工作的积极性。力争用2年时间，对合规建造的农民住房都能颁发《宅基地使用权证》和《房屋所有权证》，且最好是两证合并在一起颁发。对于急需贷款的农户和其他农业经营主体，可以优先颁发两证。试点中，一些地区对于违规多建、私搭乱建的住房，因为超标不能确权，工作人员也会因为麻烦而放弃这一部分住房的确权颁证。为提高试点效果，对于违章多建的住房及其附属设施，应强制拆除，宜早不宜晚，拖的时间越长越难以处理，合格后予以颁证。借鉴拆除城市违章建筑的经验以及一些地区拆除违章别墅的经验，只要政府下定决心拆除，没有拆不了的，因此，对于农村私搭乱建的超出来的房屋，要及时坚决拆除。当然，对于因历史造成的超标准占用宅基地，例如农民建造房屋及其院落的面积大于省级标准，但该宅基地是在省级土地管理条例颁布之前就已经有了的，这种情况下就应该尊重历史，给该农民颁证，因为这种情况不同于颁布了条例并审批了宅基地之后，农户在建造房屋时超标准多建，或在农房建好后找机会私搭乱建抢占土地。

二、适当扩大抵押物受让人的范围

住房所有权设立抵押并没有法律限制，受限制的是宅基地使用权，处置抵押物时也是这样。但是，农民住房财产权设立抵押时，需将宅基地使用权与住房所有权一并抵押，在债务人到期不能偿还贷款、需要处置抵押物时，也要将宅基地使用权与住房所有权一并处置，这就出现了法律法规严格限制受让人的资格而使抵押物难以变卖，抵押权不能实现的问题。如果不解决这一问题，金融机构是不会愿意接受这类抵押物的，只会象征性地配合一下政

府的工作，而不会大力开展发放农民住房财产权抵押贷款工作。扩大抵押物处置的受让人范围是解决问题的主要途径，由当前的本村集体经济组织内部成员扩大到本乡镇农民，或全体农村居民，例如外地来的承租土地的农民、外来务工人员以及外来经商人员等，这些流动人口有很大的住房需求，农村住房比较便宜，是外来农民较理想的居住选择。

允许城市居民购买农民住房是扩大受让人范围的又一个办法，现在户籍制度已经放开，有钱的农民可以买城市房地产，迁到城市居住生活，而且随着城镇化的推进，大量的农民都进城了。既然允许农民进城买房，那么，市民到农村买房应该也是合理的，有的市民因收入比较低而只能买得起农民的住房这也是解决住房保障的一条途径。此外，还有一些比较富裕且有闲暇时间的市民，特别是退休人员，想到农村去过田园生活，也希望购买农民的住房。

在有关宅基地使用权受让人资格的法律法规没有修订之前，处置抵押物时如果受让人不是村集体经济组织成员，那么可以将宅基地使用权暂时转让给村委会，当相关条款修订后再由村委会转让给受让人。转让后抵押人丧失宅基地使用权，今后也不得无偿取得新的宅基地。而对受让人而言虽然其没有在取得住房所有权的同时取得宅基地使用权，但宅基地使用权转移到村委会手中也是放心的，不会担心出让人因受让人没有法律资格而反悔，这时，实际上是由县、乡镇两级政府和村委会来保障受让人的权益。

2018年中央一号文件提出探索宅基地"三权分置"改革后，2020年中央一号文件又强调了"以探索宅基地所有权、资格权、使用权'三权分置'为重点，进一步深化农村宅基地制度改革试点"。在"三权分置"中，集体所有权和农户的资格权，这两个实际上都是以前就有了的，所以改革的关键是放活使用权。由于必须坚持房地一体的原则，所以应该探索的是宅基地使用权和农民房屋所有权（或使用权）的放活方式问题。乡村居民可以通过转让、互换、赠予、继承、出租、入股等方式流转使用权，也可以利用自有住宅依法从事休闲、旅游经营等活动。这些方式，都是使用权的放活，宅基地的所有权、资格权是没有改变的。这种"三权分置"改革为银行处置抵押物创造了有利条件，银行作为抵押权人，处置抵押物时由于不涉及宅基地资格权，所以流转的限制就没有了。银行可以转让、出租给其他村民，也可以流转给市民或外地农民，或者流转给想发展乡村旅游的企业，从而收回贷款本息。这种使用权的流转是设定期限的，期满后使用权自动回归具有资格权的农户。

三、建立农村产权交易平台

建立完善多级联网的农村产权交易平台，平台可以是省级、地市级或县级，可称作农村产权交易所，也可以称作农村产权交易中心。平台的主要职责是负责农村产权流转交易信息的登记与发布、农村产权流转交易活动的组织及配套服务工作，制定统一规范的市场管理制度和交易规则。适应"两权"抵押贷款试点，可将县级农村产权交易平台设定为办理"两权"抵押物的登记部门，以方便后期抵押物的处置。

以地市级农村产权交易平台为例，每月由乡镇、村收集农民住房、耕地等各类农村产权流转信息，集中上报到县，各县成立相关机构，作为交易平台的会员单位，每月将收集起来的流转信息，在农村产权交易平台发布交易。在农村产权交易平台的网站上，需求方可以便捷地查到各类流转信息，选择自己中意的农民住房进行交易。由于是网上发布的信息，全国各地的潜在需求者都可以查询，所以还可以吸引外地的人员前来交易。流转既可以是买卖，也可以是租赁，当然这里流转的只是"三权分置"后的使用权。

比较大的农村金融机构，可以申请成为地市级农村产权交易平台的会员，将到期不能偿还贷款的抵押物进行转让处置，实现抵押权。村镇银行等新型农村金融机构，可以委托农村产权交易平台的县级会员单位，代为流转抵押物。

四、成立县级农民住房储备中心收储金融机构无法处置的农民住房

由于受让人资格的限制，能够购买抵押物的人少之又少，不利于金融机构处置农民住房实现抵押权，同时我国《商业银行法》第四十二条规定，商业银行因行使抵押权而取得的不动产，应当自取得之日起 2 年内予以处分。这种相悖的法律规定，会导致金融机构发放农民住房财产权抵押贷款的意愿进一步降低，影响这一业务的开展。解决这一难题的一个可行的办法就是由政府出资，成立政策性的农民住房储备中心，来收储金融机构因行使抵押权而取得的且持有期限超过 1 年的农民住房。这种措施等于增加了一类受让人，即农民住房储备中心，而且是政策性的，可以保证金融机构的抵押权都能够

实现。收购价格以市场价格和贷款本金中较低者为标准，等于发放贷款的金融机构要损失贷款的利息甚至少量本金，承担一部分风险；相应地，农民住房储备中心会少承担一部分风险。农民住房储备中心取得住房后，处置方式可以有以下几种。一是先持有，待到抵押人同村有了有资格的受让人，向其出售；当然，如果抵押人几年后有了资金也可以购回。二是等到法律放开受让人资格后，例如，"三权分置"试点经验推广时，向外地农民、市民等出售。三是如果赶上城镇化建设，卖给房地产开发商，这一方式下农民住房储备中心还可以获取可观的收益，增强资金实力，当然具有资格权的原农户还是可以凭借其资格获得相应的补偿。四是在没有出售前，出租给没有住房的农民以及想过田园生活的市民，当然，抵押人具有优先承租权。五是作为地方政府保障性住房的一个房源，由政府出面协商，出租给辖区内的无房户。

五、建立贷款的风险分担机制和补偿机制

各县（市、区）要积极创造条件，组建政策性的农业担保机构，为农民住房财产权抵押贷款提供担保服务。贷款可以采用"抵押＋保证"的担保方式，由农民住房财产权提供50%的抵押担保，由政策性担保机构提供50%的保证担保。一旦借款人不能偿还到期债务，即使抵押权暂时不能实现，担保机构也会承担50%的债务，降低了贷款人的风险。目前，我国普遍设立了省级农业担保公司，在县级政策性农业担保机构业务量过大不能独立承担担保责任时，可以由省级农业担保公司为其提供再担保，提高担保的可靠性，同时分散县级农业担保机构的风险。

创新信贷产品，采用"农户联保＋住房抵押"的担保方式，由有贷款需求的农户5户以上组成联保小组，相互之间互为保证人，同时以小组内各农户的住房作为抵押，向金融机构贷款。当某一农户到期不能偿还贷款时，由小组内的其他农户代为偿还，也就是说，这种贷款应规定优先采用保证方式来偿还，这就省去了处置抵押物的麻烦。只有当小组内其他保证人不能全额偿还贷款本息时，才需要处置抵押物。

加快村级担保组织建设，在大的行政村建立村级的担保组织或担保基金，为农户贷款提供担保。农户贷款时，由担保组织或基金提供保证，同时农户以自有住房向担保组织或基金作反担保。对于金融机构来说，贷款的担保是村级担保组织或基金提供的保证，贷款不能按期偿还时由担保组织或基金代

偿，不会涉及处置抵押物的麻烦。村级的担保组织或担保基金代为偿还贷款后，再向借款人追偿，由于有住房作为反担保，可以在行政村内部转让借款人的住房，可行性较强。

通过借款人投保农业保险分散农民住房财产权抵押贷款的风险。近几年我国政策性农业保险业务发展较快，保险品种涵盖了我国主要的种植作物和养殖产品，一些地区还创新了特色保险产品，满足特色种植养殖的需要。由于政府保费补贴力度不断加大，有的险种各级政府的补贴已达保费的70% ~ 80%，减轻了农户的保费负担，提高了农户和其他农业经营主体参保的积极性。农业保险分散了农业经营主体由于遭受自然灾害造成损失的风险，有利于其稳健经营，因此，各地方政府都引导和鼓励农户特别是适度规模经营主体积极参保，将工作目标定为"愿保尽保"。对于开办农民住房财产权抵押贷款的银行来说，如果借款目的是发展种植业和养殖业，则应该要求借款人必须投保农业保险。投保后即使遭受了自然灾害或疫病，由保险公司给予赔偿，银行贷款还是比较安全的。

由地方政府出资设立风险补偿基金，对于因发放农民住房财产权抵押贷款而受损失的金融机构，按损失本金的30% ~ 50%予以补偿。目前试点地区风险补偿基金的规模一般是几百万元，补偿能力有限。由于风险补偿基金和农民住房储备中心的职能有重叠，可以由农民住房储备中心掌管风险补偿基金，对于收购抵押物后，放款银行本金还有损失的，按一定比例给予补偿。

各试点地区一般都建立了全方位的农村产权抵押贷款风险分担机制，以安徽省金寨县为例，其风险分担和补偿办法见专栏7 - 1。

☞**专栏7 -1**

安徽省金寨县是全国13 个农村承包土地经营权和农民住房财产权抵押贷款"双试点"地区之一，也是安徽省唯一的"双试点"。经过近3 年的试点，取得了显著的成效，截至2018 年8 月31 日，其"两权"抵押贷款余额突破1 亿元。其中，农民住房财产权抵押贷款余额增至5793 万元，同比增长287%。金寨县开办"两权"抵押贷款试点业务的银行机构共10 家，实现了县域银行机构全覆盖。

在风险分担机制方面，金寨县不断探索创新，建立了全方位的风险分担机制，促进了"两权"抵押贷款业务快速健康发展。

一是政府性融资担保机制。由安徽利达融资担保公司为县域金融机构开展的"两权"抵押贷款提供担保,该担保公司的最大股东实际上是县政府。担保方式为一般保证,担保费率比其他的融资担保业务低,由 1.5% 降为 1.2%。截至 2018 年 8 月末,辖内各金融机构累计发放此类担保贷款 1500 万元。

二是农业保险保障机制。充分发挥全国农业保险试点地区优势,扩大农业保险和农民住房保险范围,这两种保险均为政策性保险,保费有政府财政补贴,前者可以对抵押的农地上的农作物等的损失给予补偿,后者则为倒塌房屋损失予以赔偿,从而为"两权"抵押贷款提供风险保障。截至 2018 年 8 月末,农业保险和农民住房在保余额 3710 万元。

三是政府兜底的"资产收储 + 补偿基金"机制。金寨县财政局整合 1000 万元,作为"两权"抵押贷款不良资产的收储资金,收储金融机构不能处置的抵押物;金寨县农发委整合 1000 万元,作为"两权"抵押贷款风险补偿基金,当收储资金不足时,按 30% 的比例进行风险补偿,形成"资产收储 + 风险补偿基金"双补偿模式。

风险缓释机制的建立,有效降低了"两权"抵押贷款的风险,也极大地缓解了金融机构的风险顾虑,有利于试点工作的持续推进。截至 2018 年 8 月末,金寨县农地抵押贷款不良率仅为 1.09%,农房抵押贷款不良率则为 0。

资料来源:合肥中心支行. 安徽革命老区将军县推进"两权"抵押贷款双试点增量拓面 [EB/OL]. http://hefei. pbc. gov. cn/,2018 - 09 - 13.

六、加大以农民住房财产权作为单一抵押物的贷款投放力度

部分试点地区以农民住房财产权作为单一抵押物的贷款投放力度不大,难以评估试点效果。2017 年 7 月 17 日上午,蓟州村镇银行为一村民发放了 1 万元农民住房财产权抵押贷款,用以支持其扩大养殖规模。这是天津市发放的首笔农民住房财产权抵押贷款,虽然新闻报道说这标志着蓟州区农民住房财产权试点工作取得了阶段性成果,但可以看出,将近 2 年的试点成果并不大。因为,1 万元的贷款,不需要抵押物的信用贷款也能发放。因此,要进一步加大农民住房财产权抵押贷款的投放力度,试点金融机构应积极主动完善贷款管理制度,将试点业务落到实处。

地方政府、金融监管机构在推动金融机构开展业务的同时,应加大对农户和新型农业经营主体的宣传力度,使有借款意愿的人了解这一信贷产品,

知道如何申请农民住房财产权抵押贷款。这是从贷款需求方的角度，推动农民住房财产权抵押贷款的措施。

总的来看，在《关于开展农村承包土地的经营权和农民住房财产权抵押贷款试点的指导意见》发布后，由国务院按程序提请全国人大常委会授权，允许试点地区在试点期间暂停执行相关法律条款，宅基地已经不再禁止抵押，从法律上突破了农民住房财产权抵押贷款的最大障碍。农民住房的价值，在不少地区往往会大于其承包耕地作为抵押物的价值，因为耕地作为抵押物，其每亩价值约为每亩每年的流转价格乘以未到期承包年限。假如一个农户有十几亩耕地，用耕地作为抵押物取得贷款的额度就不会太高。所以，对农户来讲农民住房财产权抵押贷款的前景更大。国家级试点的 3 年时间已经届满，后期的推进工作应该继续。加快确权颁证是进行农民住房财产权抵押贷款的前提，而建立有效的抵押物处置机制是这一信贷产品在服务乡村振兴战略中发挥作用的关键。因此，总结试点经验，完善农民住房财产权抵押贷款制度，破解抵押贷款中的难点问题，进而使其成为主要的支农信贷产品，对解决农户和新型农业经营主体贷款难问题意义重大。

第八章　林权抵押贷款创新

第一节　我国农村林权抵押贷款概况

一、林权抵押贷款产生的背景

林业是指保护生态环境、保持生态平衡，培育和保护森林以取得木材和其他林产品、利用林木的自然特性以发挥防护作用的生产部门，是国民经济的重要组成部分。林业是大农业即广义农业中的一个部门，在广义农业中地位非常重要，中华人民共和国成立后的大多数时间里，我国种植业、畜牧业、渔业由农业部主管，而林业则由专门的林业部主管，这一机构设置方式一直到 1998 年；1998 年 3 月 10 日，林业部变更为国务院直属机构国家林业局；2018 年 3 月，将国家林业局的职责整合，组建国家林业和草原局，由自然资源部管理，可见国家对林业的重视。

目前我国农村中的林业主要存在于山区，占比达 90% 以上。以往我国山区农村经济发展比较缓慢，很多贫困县都是因为处于山区不利于种植业的发展所导致的，而山区更适合发展林业。可见，如果林业经济发展了，必将成为驱动山区各项事业发展的主力军，并将为乡村振兴战略提供新的动力。

森林资源包括森林、林木、林地以及依托森林、林木、林地生存的野生动物、植物和微生物。其中，森林是指以乔木为主体，包括灌木、草本植物以及其他生物在内，占有相当大的空间，密集生长，并能显著影响周围环境的群落。森林包括乔木林和竹林。林木则是对森林中所有乔木的总称，是构成森林的主体。林木也泛指林内生长的乔木，与孤立木相对。林木的树干比孤立木通直、高大，能产生圆满度较好的原木，它是构成森林产量的主体，是经营和利用森林的主要对象。林地是森林的载体，是森林物质生产和生态服务的源泉，是森林资源资产的重要组成部分。林地包括有林地、疏林地、灌木林地、未成林造林地、苗圃地、无立木林地、宜林荒山荒地和辅助生产林地。

林权是森林资源的产权，我国现行法律尚没有明确定义，主要是指森林、林木、林地的所有权或使用权。对于农民来讲，林权是农民财产权的一种，是指其拥有的森林、林木的所有权、林地的使用权。林农可以通过抵押森林、林木的所有权、林地的使用权，向银行业金融机构借款，以此获得林业生产经营全过程的资金，解决融资难问题，这就是林权抵押贷款。实际上，林权抵押贷款是森林资源资产抵押贷款的简称，在一些地方性的文件中，就有使用全称的。

我们可以这样认为，是林权改革催生了林权抵押贷款。我国农村集体经济组织实行家庭承包经营为基础、统分结合的双层经营体制。这里的家庭联产承包责任制，在改革开放之初就开始实施了，或者说，我国的经济体制改革就是从农村开始的，就是从耕地的承包开始的。通过耕地的家庭承包，农民取得了承包土地的经营权。但是，与耕地的承包改革相比，林权改革却相对滞后。以福建省为例，改革开放以来，通过稳定山权林权、划定自留山、确定林业生产责任制等方法，使集体林业经济得到长足发展。但由于大部分集体山林仍由集体统一经营，出现了计划经济遗留的弊端，造成林木产权不明晰、经营机制不灵活、利益分配不合理等突出问题。林农发展林业的积极性受到影响，出现了造林难、护林防火难、科技兴林难等现象。为进一步调动林农耕山育林护林的积极性，增加林农收入，在国家林业局的推动下，《福建省人民政府关于推进集体林权制度改革的意见》于 2003 年 4 月 4 日发布实施，在全国率先实施集体林权制度改革。其改革的主要任务包括：一是明晰所有权，落实经营权。在保持林地集体所有的前提下，将林地使用权、林木所有权和经营权落实到户、到联户或其他经营实体。二是开展林权登记，发放全国统一式样的林权证。三是建立规范有序的林木所有权、林地使用权流转机制。

随着集体林权制度改革的推进，广大林农有了自己的承包山，造林育林的积极性空前高涨。林农生产积极性提高以后，需要加大投入，资金不足的问题日渐突出，迫切需要能够融入资金。由于林权证所记载的林地经营权和林木所有权具有资本的功能，使其可以作为抵押物用以向银行业金融机构融资。在人民银行福州中心支行、林业部门和辖内金融机构的配合下，福建省率先在全国推动林权抵押贷款业务创新，取得了良好的支农效果。2004 年初，永安市农村信用社发放了全国首笔 100 万元林权抵押贷款。① 之后的几年里，共有国家开发银行、农村信用社、中国工商银行、中国农业银行、中国建设银行和中信银行等 9 家银行业金融机构开展了林权抵押贷款业务，积极为持有《林权证》并从事林业种植、加工和经营的企业和个人提供信贷支持。截至 2008 年一季度末，福建省累计发放各类林权抵押贷款 46.36 亿元，余额 22.49 亿元，支持育林造林 714.48 万亩。② 截至 2010 年 9 月末，福建省累计发放各类林权抵押贷款 87.09 亿元，余额 39.37 亿元。③

二、支持林权抵押贷款的政策

2003 年 6 月，《中共中央国务院关于加快林业发展的决定》强调应进一步完善林业产权制度，对权属明确并已核发林权证的，要切实维护林权证的法律效力；对权属明确尚未核发林权证的，要尽快核发；对权属不清或有争议的，要抓紧明晰或调处，并尽快核发权属证明。土地退耕还林后，要依法及时办理相关手续。自留山要由农户长期无偿使用，不得强行收回；责任山要保持承包关系稳定；对于仍由集体统一经营管理的山林，要区别对待，分类指导，积极探索有效的经营形式。同时该文件强调，要加快推进森林、林木和林地使用权的合理流转，国家鼓励各种社会主体通过承包、租赁、转让、拍卖、协商、划拨等形式参与流转。此外还规定，森林、林木和林地使用权可依法继承、抵押、担保、入股和作为合资、合作的出资或条件。积极培育活立木市场，发展森林资源资产评估机构，促进林木合理流转，调动经营者投资开发的积极性。这一文件为发展林业经济，解决林农等经营主体生产发展中的资金短缺问题提供了政策依据。

2004 年 7 月，国家林业局发布了《森林资源资产抵押登记办法（试行）》，对林权抵押各方面的具体事宜作出明确规定，包括森林资源资产抵押

① 福建省林业厅. 林改催生了林树抵押贷款 [J]. 绿色财会, 2006 (2)：42-44.
② 中国人民银行农村金融服务研究小组. 中国农村金融服务报告 2008 [M]. 北京：中国金融出版社, 2008.
③ 中国人民银行农村金融服务研究小组. 中国农村金融服务报告 2010 [M]. 北京：中国金融出版社, 2011.

的定义、可用于抵押的森林资源资产、抵押担保的范围、抵押担保的期限、抵押登记等，并列举了可作为抵押物的森林资源资产和不得抵押的森林资源资产，同时规定了办理森林资源资产抵押应当遵循的程序等。至此，林权抵押贷款不仅得到了政策上的支持，也有了具体的操作办法，对于刚刚开始的试点工作具有指导作用。

2008 年 6 月，《中共中央国务院关于全面推进集体林权制度改革的意见》从战略的高度，提出要建立现代林业产权制度，这成为我国林业发展史上新的里程碑。该文件指出了建立现代林业产权制度的六大主要任务：第一，明确产权归属。加强林农的权属意识，确立农民作为林地承包经营权人的主体地位。第二，勘界发证。要依法进行实地勘界、登记，核发全国统一式样的林权证。第三，放活经营权。实行商品林、公益林分类经营管理，对商品林农民可依法自主决定经营方向和经营模式；对公益林则要在不破坏生态功能的前提下，可依法合理利用林地资源开发林下种养业，利用森林景观发展森林旅游业等。第四，落实处置权。林地承包经营权人可依法对拥有的林地承包经营权和林木所有权进行转包、出租、转让、入股、抵押，当然前提是不改变林地的用途。第五，保障收益权。农户承包经营林地的收益，归农户所有；征收集体所有的林地的补偿费、安置补助费、地上附着物和林木的补偿费等按照相关规定该给农户的就给农户，同时还要安排被征林地农民的社会保障费用；公益林已承包到农户的，森林生态效益补偿要落实到户；严格禁止乱收费、乱摊派。第六，落实责任。农户从集体承包林地的，要签订书面承包合同，合同中要明确规定并落实承包方、发包方的造林育林、保护管理、森林防火、病虫害防治等责任，促进森林资源可持续经营。基层林业主管部门要加强对承包合同的规范化管理。

2009 年 5 月，中国人民银行、财政部、银监会、保监会、林业局联合出台了《关于做好集体林权制度改革与林业发展金融服务工作的指导意见》，指出银行业金融机构要扩大林农贷款覆盖面，积极推进林农多元化贷款服务，其中包括积极尝试开展林权抵押贷款，这就为开展农村林权抵押贷款业务提供了行政规章制度层面的支持。同时，要求各地积极探索建立森林保险体系，通过保费补贴等政策手段引导保险公司、林业企业、林业专业合作组织、林农积极参与森林保险，扩大森林投保面积。森林保险业务的开展为林权抵押贷款的发放提供了安全保障。

2013 年 7 月，林权抵押贷款已经推行了 10 年之久，在总结各地实践做法的基础上，中国银监会、国家林业局发布了《关于林权抵押贷款的实施意见》（以下简称《实施意见》），用以规范林权抵押贷款业务，完善林权登记管理和服务。《实施意见》从林权抵押贷款的各个环节包括可抵押林权、贷款用途、贷款流程、抵押财产价值评估制度、抵押登记等方面进行了规范。之后，各地参照《实施意见》纷纷发布了当地的实施意见。

2016 年 11 月，国务院办公厅发布《关于完善集体林权制度的意见》，其中"加大金融支持力度"部分，强调要"建立健全林权抵质押贷款制度，鼓励银行业金融机构积极推进林权抵押贷款业务，适度提高林权抵押率，推广'林权抵押 + 林权收储 + 森林保险'贷款模式和'企业申请、部门推荐、银行审批'运行机制，探索开展林业经营收益权和公益林补偿收益权市场化质押担保贷款。"同时，还强调了要完善林业贷款贴息政策、支持开展林权收储工作、完善森林保险制度等。

2017 年 12 月，中国银监会、国家林业局、国土资源部联合印发《关于推进林权抵押贷款有关工作的通知》，进一步破除阻碍林权抵押贷款发展的制度性因素，推动林权抵押贷款的开展。同时，明确了七项重点任务：一是高度重视，大力推广良好做法；二是突出重点，强化主体服务功能；三是结合林业经营特点，创新金融服务方式；四是明确相关部门职责，做好林权登记；五是完善林权评估机制，建立评估机构名录库；六是健全林权流转体系，提供一站式管理服务；七是建立林权收储机制，完善担保和处置方式。

三、林权抵押贷款业务的发展情况

在农村林权抵押贷款融资实践方面，如前所述，福建省永安市于 2004 年初就试水了全国首单林权抵押贷款，金额 100 万元。辽宁省丹东市 2005 年开始实施林权抵押贷款，截至 2008 年 5 月，已累计发放林权抵押贷款 3.6 亿元，支持林农和林业企业 1300 余户，贷款规模居全省首位。① 2005 年 10 月，山东省德州市齐河县林业局、县农村信用联社联合下发了《关于办理林权证业务及以林权证为凭据办理贷款的通知》，为林农提供抵押贷款。② 2005 年，江西省安福县全面实施林业产权制度改革，作为配套改革措施，开展了林权

---

① 高旸. 林树抵押贷款问题探讨［J］. 财会通讯，2009（5）：21 - 22.
② 司庆正. 林树抵押贷款助推齐河县新农村建设［J］. 国土绿化，2007（2）：24.

抵押贷款，发布了《安福县农村合作银行林权抵押贷款管理办法》，并于2007 年 5 月正式启动放贷工作，当月就办理了林权抵押贷款 8 宗，放贷金额498 万元。① 浙江省丽水市也于 2007 年开始试点林权抵押贷款，其中，松阳县 2007 年共办理林权抵押贷款 84 笔，金额达 434 万元，解决了林业经营主体发展中资金不足的问题。② 2007 年，云南省农村信用社联社制定了《云南省农村信用社农户林权抵押小额贷款管理试行办法》，2008 年又与省林业厅联合发布了《省联社、省林业厅关于农户林权抵押小额贷款业务的指导意见》，自此云南省农村信用社在全省金融机构中率先全面开办了林权抵押贷款，截至 2008 年 5 月末，已有 8 个地（州、市）的 18 个县级联社开办了林权抵押贷款业务，总计发放了 262 笔贷款，余额 11349.3 万元。③

从各地的发展情况看，云南省林权抵押贷款开展得最好，截至 2013 年 9 月末，林权抵押贷款余额 129.7 亿元；截至 2016 年 9 月末，林权抵押贷款余额 176 亿元，连续多年居全国首位。④ 福建省的林权抵押贷款也持续走在全国前列，截至 2016 年末，全省（不含厦门）林权抵押贷款余额 42.35 亿元。⑤ 四川省自 2015 年起开展了"两证一社"林权抵押贷款改革试点工作，"两证"即经济林木（果）权证、林地经营权流转证，以经济林木（果）权证解决非林地上营造林的产权争议，以林地经营权流转证破解流转后抵押标的物缺位；"一社"指的是村级农民互助担保合作社，要以农民互助担保合作社降低林权抵押贷款风险。截至 2017 年 8 月 31 日，46 个试点县（市、区）共颁发经济林木（果）权证 2630 本、林地经营权流转证 706 本，颁证面积 55.12 万亩，实现抵押融资 13.57 亿元，较上年四季度增长 1.4 倍。⑥ 黑龙江省的林权抵押贷款也有一定的规模，截至 2017 年 10 月末，全省集体林权抵押贷款余额 1.05 亿元，业务覆盖 16 个县（市、区），受益农户 565 户，

---

① 王润生，朱龙章. 安福林权抵押贷款打破林业发展瓶颈［J］. 国土绿化，2007（7）：29.

② 李增明，刘建勋，潘永柱. 加快松阳县林权抵押贷款工作步伐［J］. 中国林业，2008（6A）：61.

③ 马红. 彩云之南满眼春——云南省农信社拓展林权抵押贷款纪实［J］. 中国农村信用合作，2008（8）：54－56.

④ 云南银监局. 云南银监局引导银行业深入落实金融扶贫［EB/OL］. 中国银监会网站，2016－11－22.

⑤ 福建监管局. 福建银监局关于省十二届人大五次会议第 1677 号建议的协办意见（闽银监函〔2017〕74 号）［EB/OL］. 中国银监会网站，2017－03－15.

⑥ 刘佩佩. 四川"两证一社"林权抵押贷款改革试点成效明显［EB/OL］. 四川新闻网，2017－09－05.

受益企业 3 家。① 湖南省林权抵押贷款情况也比较好，截至 2018 年底，累计抵押森林面积 1000 万亩，实有抵押森林面积 343 万亩，其中，当年新增林权抵押面积 23 万亩；累计林权抵押贷款金额超过 150 亿元，林权抵押贷款余额 80 亿元。②

从全国的情况看，截至 2017 年底，林权抵押贷款余额 800 多亿元，是 2010 年的 3 倍多，对林业生产经营提供了有力支持。同时，林权抵押贷款还有很大的市场空间，虽然抵押的林权面积已经近亿亩，但还不及商品林面积的 1/10。此外，近年来林权担保的创新产品不断涌现，而且潜力巨大。例如，浙江省农村信用社联合社、浙江省林业厅联合发布公益林补偿收益权质押贷款管理办法，规定贷款额度最高可达年度公益林补偿金收入的 15 倍。截至 2017 年底，浙江省公益林补偿收益权质押贷款额近 2000 万元。四川宜宾隆森油樟基地产业有限公司以 500 亩油樟林的收益权质押，从银行贷款 150 万元，这是林业经营收益权质押贷款。虽然这两类贷款叫作质押贷款，但是与林权抵押贷款性质相近，是林权抵押贷款业务的拓展。③

第二节　我国林权抵押贷款的主要模式

从各地进行的林权抵押贷款来看，主要有以下几种模式。

一、林权直接抵押贷款模式

（一）模式含义

林权直接抵押贷款模式是指借款人以其本人或第三人合法拥有的林权作为抵押物，直接向银行申请抵押贷款。

① 邢晓然. 黑龙江集体林权抵押贷款余额突破亿元［N］. 中国绿色时报，2017－12－28（2）.
② 杨子萱，罗攀柱，杨万里. 湖南林权抵押贷款的现状与问题研究［J］. 湖南社会科学，2019（5）：97－103.
③ 王胜男，黄东. 进一步为林权抵押贷款解绑释能［N］. 中国绿色时报，2018－02－01（01－02）.

（二）贷款流程

借款人持林权证向银行业金融机构提出贷款申请；银行信贷人员对借款人的条件和信息进行详细的调查；对符合条件的借款人由贷款银行或林业资产评估机构对其提供的林业资产进行价值评估；贷款审批部门根据评估报告核准贷款额度；借款人（抵押人）与银行工作人员到当地县级以上地方人民政府林业主管部门办理林权抵押登记；同时，借款人（抵押人）对其抵押的林木进行投保，并签订保险合同，把贷款银行作为第一受益人；借款人（抵押人）与银行签订借款合同与抵押合同；银行发放贷款。

贷款到期后，银行收回贷款。借款人不能按期还贷的，银行通过处置抵押物收回贷款。银行可通过农村产权交易所按规定程序拍卖抵押的林权，如果在规定的期限内没有成交，可以由政府成立的森林资源收储中心收购，然后择机再进行处置。

（三）主要特点

这一模式贷款流程简单，且交易成本较低，如果由银行对抵押人提供的林业资产进行价值评估可以不收取评估费用。但该模式贷款的前提是要求借款人能够提供产权清晰的林权证。

二、林权反担保贷款模式

（一）模式含义

林权反担保贷款模式是指借款人向银行申请贷款，由专业的担保公司来提供保证担保。同时，借款人将林权证抵押给担保公司，向担保公司提供反担保的贷款模式。

当然，除了专业的担保公司可以充当保证人之外，农民专业合作社、龙头企业等新型的林业经营者也可以充当保证人。此外，还有成立专门的林权收储担保机构开展林权贷款担保的。收储中心的运作方式见专栏 8 - 1。

☞**专栏 8 -1　　　　　松溪县成立鑫松林木收储中心开展
　　　　　　　　　　　林权抵押贷款业务**

鑫松林木收储中心是依托松溪县县属国有林场组建的，收储中心和国有林场可以看作一个主体，国有林场以自有的森林资源资产为林农的贷款提供保证担保，承担连带责任；借款人（或第三人）以其林权向收储中心进行反担保，当借款人不能按期归还贷款时，由国有林场代偿，收储中心则对抵押的林权进行收储并作出变现处分。

一、林权抵押担保收储的含义

林权抵押担保收储是指政府依法设立的林木收储中心将林权抵押贷款中不能按时偿还贷款本息的抵押物（森林资源资产）依法收储，并通过协商折价、竞价交易、转让经营权、林木采伐等途径变现林权，以实现归还贷款本息（含归还贷款本息的代偿权）的林权转让行为。当用林权抵押的借款人无力偿还贷款，其提供担保（或反担保）的林权由收储机构收储。

二、林权抵押贷款担保收储的程序

（一）申请贷款、提出担保。借款人凭其本人或第三人的《林权证》向银行业金融机构提出并达成林权抵押贷款意向后，依照《松溪县抵押贷款林权担保收储办法》规定的林权抵押担保收储条件及相关文件资料向松溪县鑫松林木收储中心（以下简称《林木收储中心》）提出担保申请、委托办理林权价值评估事宜。

（二）核实资产、评估价值。林木收储中心对林权抵押人提供的林权是否真实、权属是否清晰、是否有权处分、借款人基本信息和项目建设信息等进行初步调查和审查。

进入林木收储中心担保收储的林权，由林权抵押人委托县林业规划设计队评估，出具评估咨询报告。

（三）确认担保、推荐贷款。收储中心会同银行业金融机构对林权评估结果及借款人、抵押人资信情况进行审查确认、并确定贷款额度，由县属国有林场为借款人提供保证，抵押人以林权向收储中心提供反担保。借款人、抵押人、银行业金融机构、收储中心四方签订《林权抵押贷款担保收储协议书》。

（四）涉及以下林权抵押担保贷款和收储的，还应提交以下材料。

（1）农村集体经济组织统一经营管理的林权申请林权抵押贷款的，抵押人必须提供经本集体经济组织2/3以上成员同意或者2/3以上村民代表同意的决议。

（2）林业专业合作社申请林权抵押贷款担保的，抵押人必须提供理事会通过的决议书；以共有林权办理抵押的，抵押人必须提供共有人的书面同意意见书。

（3）有限责任公司、股份有限公司办理林权抵押担保的，抵押人必须提供股东会或董事会同意抵押的决议书。

（五）签订合同、抵押登记。

（1）签订借款合同和抵押合同。借款合同应包括贷款用途、贷款额度、贷款期限等内容。抵押合同可以单独签订，也可以作为借款合同中的条款。

（2）抵押登记。借款人、林权抵押人与银行业金融机构签订《借款合同》和《抵押合同》后，向县林权管理登记中心申请林权抵押登记。

（六）银行确认、发放贷款。银行业金融机构根据林权抵押人提供的《林权抵押登记证明书》《林权抵押贷款担保收储协议书》《抵押合同》和《借款合同》发放贷款。

三、林权担保收储资产的处置程序

（一）借款人在贷款到期不能偿还银行贷款本息的，银行业金融机构或抵押人或借款人凭《林权抵押贷款担保收储协议书》，均可申请将所抵押的森林资产由收储中心收储处置，收储价格为林权抵押贷款本息。

（二）收储中心依照《林权抵押贷款担保收储协议书》，对实物资产进行逐项盘点、登记造册，按规定履行审核批准程序后，在3个月内先予支付给银行业金融机构，收储中心向抵押人收取抵押物未变现前产生的资金占用费，收取标准为代偿款额的日万分之三，在抵押物处置后分配资金时先予以扣回。

（三）收储抵押林权后，由林木收储中心处置抵押物，处置方式可以由抵押人和收储中心议定转让变现价转让，也可以对外公开变卖、拍卖及由收储中心自行经营采伐等形式。

（四）林权资产处置所得款项扣除尚未清偿的贷款本息和必要的支出费用后，差额部分返还给抵押人。如果所得款项不足抵扣的，收储中心有权向借款人追回剩余债权。

（五）县林权管理登记中心办理变更林权登记等手续，抵押人应主动予以配合。

资料来源：松溪县人民政府. 松溪县抵押贷款林权担保收储办法［EB/OL］. 松溪县人民政府网，2017 - 12 - 12.

（二）贷款流程

借款人向银行业金融机构提出贷款申请；银行信贷人员对借款人的条件

和信息进行详细的调查；对符合条件的借款人，银行要求其提供保证担保，借款人提供保证人为其提供担保，多数情况下由银行指定与其有合作关系的担保公司作为保证人，银行与保证人签订保证合同；同时，借款人与担保公司签订反担保合同，以林权证作为抵押，将林权抵押给担保公司；借款人（抵押人）对其抵押的森林、林木进行投保，并签订保险合同，把担保公司作为第一受益人；在担保公司为借款人提供保证担保的条件下，银行与借款人签订借款合同；银行发放贷款。

贷款到期后，银行收回贷款。借款人不能偿还贷款的，由担保公司承担还款责任，银行收回贷款本息。

（三）主要特点

与林权直接抵押贷款模式相比，这种模式是担保公司（或其他保证人）向银行业金融机构提供的保证担保，而不是由借款人（抵押人）向银行业金融机构的抵押担保。在这里，借款人（抵押人）把林权作为抵押物抵押给了担保公司，作为担保公司提供的保证担保的反担保。对于发放贷款的银行来讲，贷款的回收是比较容易的，因为借款人到期不能偿还贷款时，银行不需要处置抵押物，由担保公司负责偿还即可。

当然，借款人需要向担保公司申请担保，在程序上麻烦一些。但由于担保机构的参与，分散了银行的贷款风险，银行更愿意发放贷款，降低了林农申请贷款的难度。

三、林农联保林权抵押贷款模式

（一）模式含义

这是一种"保证 + 抵押"的模式，由 3～5 户林农自愿组成贷款联保小组，小组成员互相提供保证担保，同时以借款人林权作为抵押的贷款方式。

（二）贷款流程

由 3～5 户（也有允许 5 户以上的）有借款意愿的林农自愿组成联保小组，并由联保林农签订联保协议；由联保小组向银行申请贷款，联保小组成员分别填写借款申请表；银行评估借款人的资产状况，审查各借款人申请贷款的用途，评估联保小组成员的资信状况；银行或林业资产评估机构对各借款人提供的林业资产进行价值评估；银行与联保小组各借款人签订借款合同，与联保小组签订保证合同，与各抵押人签订林权抵押合同；借款人（抵押人）与银行工作人员到当地县级以上地方人民政府林业主管部门办理林权抵押登记；同时，借款人（抵押人）对其抵押的林木进行投保，并签订保险合同，把贷款银行作为第一受益人；银行向联保小组或各借款人发放贷款。

贷款到期后，银行收回贷款。如果某一个借款人不能偿还贷款，则由小组其他成员代为偿还，小组内各成员之间负有连带保证责任。某一个或某几个小组成员代替他人偿还贷款后，有权处置被担保人抵押的林权，这可以在联保协议中约定。如果联保方式还不能偿还贷款的本息，银行可以处置抵押物，收回贷款的本息。

（三）主要特点

这一模式下有保证和抵押两种担保方式，给银行提供了更多的风险缓释机制，有效地降低了林权抵押贷款风险。成立联保小组，各借款人可以有效地选择信用状况良好的其他成员，由于小组成员都是同村的，所以相互之间比较了解，能够把信用不好的人排除在小组之外，省去了银行自己甄别借款人的麻烦。贷款到期后，对于不能还款的借款人，先由小组其他成员代偿，省去了银行处置抵押物的麻烦，降低了银行的经营成本。即使其他成员代偿的资金不足，还可以处置抵押物，因此，与单纯的联保贷款或林权抵押贷款相比，贷款的安全性得到了进一步的提高。

由于这种方式下某一借款人不能偿还贷款时先由其他小组成员代偿，抵押的林权处于一个补充担保的位置，所以在实践中一些银行业金融机构对借款人提供的林业资产是免评估的，由发放贷款的银行与借款人约定抵押物的价值即可。

当然，联保贷款的借款人需要组成小组，比较麻烦。一旦适合贷款条件的户数达不到银行的要求，无法组成联保小组，就不能进行这种贷款。

四、林权抵押小额循环贷款模式

（一）模式含义

林权抵押小额循环贷款是指由银行业金融机构根据农户的个人信誉、森林资源状况、生产经营能力进行信用等级评定，确定最高的贷款额度和授信期限，一次性办理林权抵押登记手续，在贷款额度和授信有效期内借款人可以多次借了还、还了再借，循环使用。只要贷款余额不超过授信额度就可以。

（二）贷款流程

农户林权抵押小额循环贷款采取"一次核定、随用随贷、余额控制、周转使用"的管理办法，也就是采取循环贷款的办法进行管理，简化了贷款的程序。

（三）主要特点

这种贷款模式是在以前"农户小额信用贷款"的基础上拓展出来的一种新模式，是农户小额信用贷款模式、循环贷款模式和林权直接抵押贷款模式的有机结合。

农户小额信用贷款于21世纪初由农村信用社创办，后来很多涉农金融机构都开办了这种贷款业务。这种贷款是指农村信用社等金融机构基于农户的信誉，在核定的额度和期限内向农户发放的不需担保的贷款。开办这种贷款时，需要对借款人进行信用评级。

循环贷款是指银行业金融机构为满足借款人在生产经营过程中的流动资金需要，根据客户的申请及其还款能力，一次性审批确定最高贷款额度和期限，在核定的额度和有效期内，根据借款人的实际需求，允许客户多次提取贷款、逐笔归还贷款、循环使用贷款的流动资金贷款业务。循环贷款可以满足借款人对短期资金的需要，又避免了多次借入短期资金需要多次申请的麻烦，对于银行业金融机构而言同样也避免了多次审批贷款的麻烦。在授信期限上一般1~3年，不太短也不是很长。

五、其他林权抵押贷款模式

（一）林权按揭贷款

林权按揭贷款是在林权抵押贷款的基础上进一步创新出来的信贷产品，指借款人以其合法拥有的林权作为抵押物，直接向银行申请期限较长的抵押贷款，在偿还方式上采取按月或按季等额偿还的办法。

　　林业生产经营周期长，投入大，据测算近几年的造林成本大约每亩 3000元左右，主要用于苗木、肥料、水、人工成本等，而且幼苗的前 5 年都需要管理，需要连续的投入。而银行贷款期限短，1～3 年的居多，不适应林农等经营主体的需要。为解决贷款期限短和投资周期长的矛盾，2014 年三明市借鉴房地产按揭贷款的做法，通过与兴业银行、邮储银行等合作，在全国首推15～30 年期的林权按揭贷款，取得了很好的效果，至 2017 年末已发放林权按揭贷款 8.4 亿元。①

（二）公益林补偿收益权质押贷款

　　公益林补偿收益权质押贷款，是借款人以合法、可持续的公益林补偿收益权作为质押担保，由银行业金融机构发放的一种创新型贷款。这种贷款具有林权抵押贷款同等的功用。其中，提供贷款的银行业金融机构为质权人，借款人为出质人。而公益林补偿收益，是指村集体和个人等公益林权属所有人取得的经济补偿收入。

　　贷款额度应根据申请人生产经营加工及产业发展等所需资金和公益林补偿收益权持续年限及金额合理确定，原则上不超过年度公益林补偿金收入的15 倍。实践中有的县将贷款额度定为年度公益林补偿金收入的 20 倍。

　　中国人民银行征信中心是公益林补偿收益权质押的登记机构。质权人、出质人在办理公益林补偿收益权质押贷款时，按照《应收账款质押登记办法》的规定办理公益林补偿收益权质押登记。质权人、出质人应当在办理完成质押登记、变更登记、注销登记后的 3 个工作日内报当地林业主管部门备案。

　　2017 年 3 月，浙江省农村信用社联合社、浙江省林业厅联合制订了《浙江省公益林补偿收益权质押贷款管理办法（试行）》，开始试点公益林补偿收益权质押贷款，试行期间，浙江省 20 多个市（县）发布了地方性公益林补偿收益权质押贷款政策，截至 2018 年上半年，全省贷款余额突破 6000 万元。经过一年半的试点，2018 年 8 月，中国人民银行杭州中心支行、浙江省林业厅、浙江省财政厅联合印发了《浙江省公益林补偿收益权质押贷款管理办法》，正式办法比试行办法更加完善，其主要创新之处：一是将该贷款定义为具备林权抵押贷款同等功用的一种创新型贷款，二是将该贷款正式纳

---

① 李慧琴. 福建省三明市开展林权抵押贷款的成功探索［J］. 经济师，2017（12）：157－158.

入贴息范围，只要符合林权抵押贷款贴息条件的，均可按规定享受财政贴息。①

　　在一些试点县，对公益林补偿收益权质押融资方式有了进一步的创新，除直接质押贷款这一基本信贷产品外，还推出了公益林补偿收益权质押农村互助担保社担保贷款、农村集体组织所有的公益林补偿收益权质押担保贷款、收益权转让等多种融资方式，具体如下：（1）公益林补偿收益权直接质押贷款，是指以个人或集体拥有的公益林补偿收益权作为质押，金融机构不附加其他担保条件发放的贷款。贷款额度原则上不超过上年度公益林补偿金收入的 20 倍。（2）公益林补偿收益权质押农村互助担保社担保贷款，是指金融机构通过农村互助担保社担保向借款人发放的贷款。在农村互助担保社各入社社员交纳的担保基金的基础上，入社社员公益林补偿收益可作为追加的担保基金。贷款额度原则上不超过农村互助担保社担保基金总额的 10 倍。借款人以持有合法农村产权（公益林补偿收益权和林权等）作为反担保。（3）农村集体组织所有的公益林补偿收益权质押担保贷款，是指本集体经济组织公益林补偿金收入作为担保基金，为本集体经济组织内的成员提供担保的贷款。借款人以持有合法农村产权（公益林补偿收益权和林权）作为反担保。贷款额度原则上不超过上年度公益林补偿金收入的 20 倍。（4）公益林补偿收益权转让，是指公益林补偿收益权所有人按照一定的贴现率，将约定期限内的获取未来补偿收益的权利转让给他人，由他人一次性付给转让资金，对于公益林补偿收益权所有人来说，实际上就是获得了贷款；约定转让期满后，公益林补偿收益权所有人收回收益权，也可继续转让。②

（三）其他的良好做法

　　近年来，各地在实践中形成了一些良好的做法，具有一定的可复制性和可推广价值。例如福建省三明市、龙岩市创新推出的村级小额担保基金"福林贷"模式，见专栏 8 - 2；浙江省丽水市打造"统一评估、一户一卡、随用随贷"的"林权 IC 卡"林农小额贷款管理模式，见专栏 8 - 3。

---

① 何晓玲. 浙江公益林补偿收益权可质押贷款［N］. 中国绿色时报，2018 - 10 - 11（01）.
② 遂昌县人民政府办公室. 关于推进公益林补偿收益权质押融资工作的意见［EB/OL］. http://www. suichang. gov. cn/，2017 - 11 - 03.

☞**专栏 8 - 2**　　　　　**福建省三明市创新村级小额担保基金**
"福林贷"模式

　　福建省三明市是全国重点林区，森林面积 2646 万亩，覆盖率 76.8%。然而，由于三明 90% 以上山林的林权分散在林农手中，而林农的林权具有小额分散的特点，银行难以监管和处置，导致以往银行不愿意发放针对一般林农的贷款，90% 以上的林权贷款集中在国有林场与林业大户手中，林农贷款难问题十分突出。

　　为此，三明农村商业银行创新推出了村级林业小额担保基金模式，试点推行林业金融新产品"福林贷"，盘活小额林业资产，破解林农贷款难、担保难的瓶颈。

　　一、主要做法

　　联动村级组织，整村连片推进。三明农村商业银行选择重点林区村，按照"一户一册"原则，精准建立林农经济信息档案，在村两委推荐的基础上，逐户对林农进行信用等级评定。

　　创新设立村级林业担保基金，以村为单位，依托林业合作社等组织，设立村级林业担保基金，为本村林农提供的贷款提供担保；基金来源于林农出资，每户出资标准为 2000～20000 元，作为保证其贷款的担保基金，贷款额度按保证金最高放大 10 倍（第一年 6 倍、第二年 8 倍、第三年 10 倍）、最高 20 万元确定。林农以其自留山、责任山、林权股权等资产提供反担保。

　　协助监管处置，依托村委会对反担保的林权进行监管，若出现贷款不能按时清偿，由村级林业担保基金代为偿还贷款本息；同时，由村两委牵头对该林农的林权进行村内流转。另外，还要求获得贷款的林农须购买人身意外保险。

　　二、贷款流程

　　三明农村商业银行开设"福林贷"绿色通道。专设林业金融事业部门，单设指标、单独考核，优化"福林贷"流程，最快 1 小时办结。具体流程包括：(1) 在进行信用等级评定的基础上，对 A 级以上的林农给予授信；(2) 林农提出申请；(3) 由农村商业银行、村级林业担保基金、林农对反担保林权资产进行现场调查和确认；(4) 村级林业担保基金出具同意担保意见书；(5) 农村商业银行审批；(6) 乡镇林业站对反担保林权备案；（7）贷款发放。

普惠林业金融产品"福林贷"采取一次授信，年限三年的办法，在授信最高额度内，可以多次借贷，随借随还，属于循环贷款。简化了贷款程序，降低了贷款成本。同时，简化了抵押登记流程，按照我国《担保法》的规定，林权抵押需要到县级以上林业主管部门办理登记，即至少要到县林业局登记；而"福林贷"模式中规定林权反担保可通过向当地乡镇林业站备案的方式，实现林权抵押效力。

三、贷款催收和抵押物处置流程

贷款到期后，借款人不能偿还贷款本息的，农村商业银行要求村级林业担保基金代偿，之后村级林业担保基金有权处置反担保的林权。具体步骤包括：（1）贷款催收。贷款逾期的，农村商业银行进行催收，并告知林农可对反担保林权自行转让并归还贷款。（2）扣划基金。贷款逾期超过60天的，农村商业银行扣划担保基金。（3）林权处置。村委会和村级林业担保基金对不能偿还贷款的林农提供的反担保林权进行流转处置，转让所得款项先行补充担保基金，若转让所得款项超过所欠本息的，超过部分返还林农。（4）后续追究。如果转让林权所得款项不足以偿还所欠的本息，村委会和村级林业担保基金应配合做好后续追究，扣划林农的其他收入。

四、降低林农融资成本的措施

三明农村商业银行采取了以下措施降低林农融资成本。

一是利率优惠。通过林业小额担保基金模式，已获授信的林农只需凭身份证等有效证件和村级林业担保基金出具的同意担保意见书即可获得贷款，授信额度一次审批、三年内循环使用，贷款利率比普通农户贷款优惠三成。

二是代办财政贴息，三明农村商业银行可为符合贴息条件的林农代理每年3%的林业贴息申请。

三是对"福林贷"全部实行自主评估，不收取任何评估费用。林业部门为银行提供林业资源评估专业培训，使银行具备了对小额林权价值的自主评估能力，降低了借款人的融资成本。

五、贷款成效

截至2016年底，三明农村商业银行已在3个行政村试点"福林贷"，已授信174户、金额1500万元，发放贷款73笔、650万元，另有5个村进入推广阶段。截至2019年3月底，全市已授信户数136191户，授信额度13.6亿元；实际放贷 11.6 亿元，惠及 1403 个村、10942 户。①

资料来源：金时.三明：创新推出"福林贷"，盘活小额林业资产 [N].福建日报，2017 - 04 - 12（13）.

☞**专栏 8 - 3** 　　**浙江省丽水市庆元县"林权 IC 卡"林农**
小额贷款管理模式

庆元县拥有林业用地面积 251.7 万亩，占土地总面积的 87.6%，人均占有林地面积 11.5 亩，是一个典型的"九山半水半分田"的山区县。农民的主要收入来源于林业经济，但林业生产周期长、见效慢的特性使广大林农长期守着"金山银山"过苦日子。为解决山区农民创业资金问题，庆元县在 2007 年在县委、县政府的推动下，庆元县于 2007 年成功发放了全省第一笔林权抵押贷款。但是，一笔林农小额贷款，由于山区交通不便，且山林分散，抵押物的审核、权属认定和价值评估非常耗时费力，林业工作站工作人员、银行工作人员、林农都苦不堪言，也增加了办事的开支。因此，为使林农办理林权抵押贷款更简捷、更方便，该县于 2008 年 12 月在隆宫乡启动了林权信息化建设试点工作，通过近 3 个月的不懈努力，圆满完成试点各项任务，同时利用《庆元县林业资源资产信息管理系统》制作以户为单位的《庆元县森林资源资产信息卡》即"林权 IC 卡"，并与金融部门联合探索建立"统一评估、一户一卡、随用随贷"的林权抵押信用证贷款制度，深受广大林农的欢迎。

一、什么是"林权 IC 卡"

"林权 IC 卡"是一张记录着林农基本信息和所拥有的林权的基本信息的磁卡，金融机构可以通过磁卡链接林业局《林业资源资产信息管理系统》，获取林农的林权的基本信息，为贷款的发放提供依据。

二、基本做法

（一）勘界调查。这是一项要花费大量的人力、物力、精力的工作，同时也是"林权 IC 卡"建设的基础性、关键性工作。一方面，坚持政府主导推动，建立了领导小组、专门的机构，配备相应的专职工作人员。同时，还建立工作目标责任制，广泛发动乡村干部、农户，到山上去勘界、指界，把每一片山场的坐落、面积、四至都搞清楚。将村、组林地所有权和农户使用

---

① 刘岩松，陈鑫涛."福林贷"盘活林农山林资源 [N].三明日报，2019 - 04 - 30（A2）.

权勾绘清楚，并进行资料整理及建档。

为了更好地开展工作，庆元县选择了在森林资源基础、竹产业发展都比较好的隆宫乡进行试点。试点成功之后，召开动员会、现场会、培训会，在全县进行发动推广。到 2010 年 9 月，已经全部完成了 345 个行政村、两个国有林场 250 多万亩的林木资产评估和勘界调查工作。

（二）评估建库。对勘界调查获得的森林资源资产资料、权属资料和经营资料，根据《森林资源资产评估技术规范〈试行〉》，综合考虑森林资源资产的类型、数量、质量、立地条件、交通条件、市场行情、管理成本、采伐利用成本和相关法律法规政策等因素，统一采取市价法进行评估，评估出每一宗地的森林资源资产价值。同时，把重新绘制的地形图、林木资产评估的数据全部录入到林权信息管理系统中，统一建立农户森林资源资产信息数据库，实行电子信息化管理。

（三）制卡授信。在农户森林资源资产信息数据库的基础上，制作并发放"林权 IC 卡"，为金融部门发放林权抵押贷款、授信和建立林权抵押信用证贷款制度提供依据，实行"统一评估、一户一卡、随用随贷"制度。这样，林农拿着这个"林权 IC 卡"，到信息管理系统中一刷，其权证认定、资产评估价值就都非常清楚了，银行也就有了抵押依据，林农便能实现随用随贷。

（四）加强管理服务。通过建立两张网来加强管理，确保"林权 IC 卡"建设工作的长效机制。一是服务网，每个乡镇都建立了林改服务中心，其承担着林权林木资产评估、林权流转的管理、林业政策法律法规的咨询、林权抵押贷款登记等功能，这样就把政府的服务推向基层，方便了林农，降低了他们的贷款成本。二是信息网，要建立现代高效林业，必须要加大信息化建设力度，就是在建立林木资产评估数据库的基础上，进一步开发信息管理系统，探索建立林木资产价值动态评价模型，实现林木资产价值实时动态评价。

三、主要成效

"林权 IC 卡"经过短短两年的实践，成效是非常明显的。一是惠民。农民拿这个"林权 IC 卡"随时可以到银行办理抵押贷款，省力省成本，非常方便。二是高效。过去到山上去评估，一宗地需要一周甚至十来天才能完成。现在用"林权 IC 卡"到林权信息管理系统查询，几分钟就可搞定。银行据此就能发放贷款，解决了过去评估难、贷款抵押难的问题，实现随用随贷。三是规范。通过建立林业资源资产信息管理系统，为今后林权依法流转、林业信息化建设和科学化管理打下基础，也为今后实现"数字林业"创造了条件。四是稳定。通过勘界调查，山上地形图绘制，制作成一张电子地图，老问题和今后潜在问题都搞清楚了，为整个林区的稳定打下了基础。五是共赢。建立"林权 IC 卡"后，实现了农民的需求和政府的服务无缝对接，也实现了"林农得实惠，金融部门得利益，政府得民心，干部得口碑"的目的。

资料来源：范正民. 央视就我县"林权 IC 卡"建设工作对话陈景飞 [EB/OL]. 中国庆元网，2010 – 10 – 21.

第三节　农村金融机构林权抵押贷款业务的基本做法

为改善农村金融服务，支持林业发展，规范林权抵押贷款业务，完善林权登记管理和服务，有效防范信贷风险，银监会、国家林业局向各银监局，各省、自治区、直辖市、计划单列市林业厅（局），各政策性银行、国有商业银行、股份制商业银行，邮储银行，各省级农村信用联社下发了《关于林权抵押贷款的实施意见》，用以指导各地的林权抵押贷款工作。2017 年 12 月 19 日，银监会、国家林业局、国土资源部又联合发布了《关于推进林权抵押贷款有关工作的通知》，指导 2018 年以后的林权抵押贷款工作。此前，相关省份、地市、县林业主管部门均根据有关法律法规规章和政策规定发布了具体的实施意见；当然也有林业主管部门与银行业金融机构联合发布的；一些商业银行、农村信用社也出台了林权抵押贷款管理办法，指导具体的贷款工作。目前，开办林权抵押贷款业务的银行很多，特别是由农村信用社改组而成的农村商业银行，基本上都在拥有森林资源的地区开办了这项业务。而且，林权抵押贷款比农村承包土地的经营权抵押贷款和农民住房财产权抵押贷款开办的要早，更具有经验且更加成熟。

一、产品定义和业务对象

（一）产品定义

林权抵押贷款是指农村银行业金融机构向借款人发放的以森林资源资产作为抵押的贷款。森林资源资产抵押是指借款人或者第三人不转移森林资源资产的占有，将该森林资源资产作为贷款担保的行为。其中，发放贷款的农村银行业金融机构为抵押权人，提供抵押物的借款人或者第三人为抵押人，抵押物为由林业行政管理部门颁发了《林权证》并载明归抵押人拥有或有权依法处分的林地使用权和林木所有权。

（二）贷款对象

贷款对象又可称之为服务对象、业务对象，有的银行直接强调服务对象是从事造林、育林和林产品开发、生产、加工、经营和流通等相关用途的企业和自然人。有的银行将林权抵押贷款的对象规定为以合法拥有、可作为抵押物，并取得《林权证》的农村银行业金融机构所在地区范围内森林资源所有权和使用权作抵押，符合贷款基本条件的企事业法人、其他经济组织以及具有中华人民共和国国籍的具有完全民事行为能力的个人（包括个体工商户、农户、小企业业主等）。后一种规定虽然没有明确借款人需要从事林业的生产经营，但也会在贷款用途中进行规定。

二、贷款条件

林权抵押贷款借款人应具备以下基本条件。

（一）企事业法人或其他经济组织应具备的基本条件

（1）依法办理登记或核准，并连续办理了年检手续；持有合法有效的营业执照、税务登记证等相关证明；

（2）有固定的经营场所，从事的生产经营正常且有一定的经济效益，第一还款来源有保障，具备按期还本付息能力；

（3）贷款用途明确具体，合法合规；

（4）资信状况良好，无违法行为和不良信用记录；

（5）在贷款银行开立结算账户；

（6）贷款银行规定的其他条件。

（二）个人应具备的基本条件

（1）持有合法有效的身份证明，身体健康，年龄在 18～60 周岁，且在贷款银行辖区内有固定住所；

（2）资信状况良好，无违法行为和不良信用记录；

（3）从事正当合法职业，有稳定的收入或有效资产，具备按期还本付息能力；

（4）贷款用途明确具体，合法合规，且有符合规定的自有资金；

（5）在贷款银行开立个人结算账户；

（6）贷款银行规定的其他条件。

三、贷款用途、期限、利率及额度

（一）贷款用途

林权抵押贷款应当用于从事林业生产经营，具体用途包括以下方面。

（1）用于林业培育、改造等营林生产；

（2）森林资源保护、竹木经营加工、森林休闲等林业产业；

（3）支付林地承包费用；

（4）林农从事与农业经济发展等合理资金需求；

（5）符合贷款银行规定的其他用途。

（二）贷款期限

林权抵押贷款期限，根据生产周期由借贷双方协商合理确定，但最长不超过 3 年，且属于承包、租赁、受让森林资源资产抵押的，不超过合同约定的剩余年限；属于农村集体经济组织未发包的森林资源资产抵押的，以及自主经营或受托经营的国有森林资源资产抵押的，不超过《林权证》规定的有效期限。

（三）贷款利率

用于林业培育、改造等营林生产、森林资源保护，竹木经营加工、森林休闲、支付林地承包费用等林业产业以及从事与农业经济发展的林权抵押贷款利率按同档次贷款基准利率执行；用于其他用途的林权抵押贷款利率按贷款银行贷款利率定价相关规定执行。

（四）贷款额度

具体的贷款额度应根据借款人的生产经营周期、收益状况、还款能力等因素，由借贷双方共同商议确定。但贷款的最高额度，则由贷款银行认可的抵押财产评估价值或双方协议价值来决定，目前各家银行的规定不一样，有的规定不超过评估价值或协议价值的40%，有的规定不超过50%，也有的规定不超过60%。有的省份，按照不同的林木种类及生长期确定不同的抵押率，例如，《四川省林权抵押贷款管理办法（试行）》中规定：用材林和竹林的幼龄林、产出前的经济林抵押率不超过评估值的30%；用材林的中龄林、近熟林，盛果期的经济林抵押率不超过评估值的40%；用材林及竹林的成、过熟林的抵押率不超过评估值的50%。

四、贷款流程

（一）贷款申请

借款申请人向经办行提出书面申请，填写包括借款金额、借款用途、偿还能力及还款方式等主要内容的《借款申请书》，并同时提交以下资料，交银行受理岗受理。

1. 企事业法人或其他经济组织应提交的资料。

（1）借款申请书；

（2）《林权证》和载有拟抵押森林资源资产的林地类型、坐落位置、四至界址、面积、林种、树林、蓄积等内容的相关资料；

（3）国有或国有控股经济组织的森林资源资产抵押，出具上级主管部门同意抵押意见书；股份制企业、合作经济组织、民营经济组织的森林资源资产抵押，必须出具股东（大）会、社员（大）会或董（理）事会同意抵押的书面决议；权属为村级集体经济组织的森林资源资产抵押，必须附有村民代表大会同意抵押的书面决议，并经村民代表2/3以上签名；

（4）流转经营的森林资源资产抵押，还应出具发包方的同意抵押意见书；

（5）借款人、抵押人营业执照、法人代码证复印件等基础资料；

（6）财务报表等相关贷款资料；

（7）贷款银行规定的其他资料。

2. 个人应提交的资料。

（1）借款申请书；

（2）《林权证》和载有拟抵押森林资源资产的林地类型、坐落位置、四至界址、面积、林种、树林、蓄积等内容的相关资料；

（3）借款人、抵押人及其家庭主要成员基本情况资料，包括居民身份证、户口簿、其他有效身份证明等；

（4）借款人的婚姻状况证明。包括结婚、离婚、单身证明；

（5）贷款用途相关证明材料；

（6）有处分权人（包括财产共有人）同意抵押的证明原件。流转经营的森林资源资产抵押，还应出具发包方的同意抵押意见书；

（7）贷款银行规定的其他资料。

（二）贷款调查

银行业金融机构受理借款人申请后，应当按照前述贷款条件，对林权抵押贷款借款人应具备的基本条件进行尽职调查，查询或评估借款人的信用等级，对借款的合法性、安全性、盈利性等情况进行调查。

在贷前调查中，一项重要的工作是核实抵押物情况，尤其要注重调查借款人用于抵押的林权是否合法、权属是否清晰、抵押人是否有权处分等方面。并不是说合法拥有的林权就可以用于抵押，还需要考虑能否顺利进行流转。根据《关于林权抵押贷款的实施意见》的规定，可抵押林权具体包括：用材林、经济林、薪炭林的林木所有权和使用权及相应林地使用权；用材林、经济林、薪炭林的采伐迹地、火烧迹地的林地使用权；国家规定可以抵押的其他森林、林木所有权、使用权和林地使用权。同时规定，无法处置变现的林权，银行业金融机构不应接受作为抵押财产，具体包括水源涵养林、水土保持林、防风固沙林、农田和牧场防护林、护岸林、护路林等防护林所有权、使用权及相应的林地使用权，以及国防林、实验林、母树林、环境保护林、风景林，名胜古迹和革命纪念地的林木，自然保护区的森林等特种用途林所有权、使用权及相应的林地使用权。

（三）林权抵押价值评估

银行业金融机构开展林权抵押贷款业务，要建立抵押财产价值评估制度，对抵押林权的价值进行评估。根据《关于林权抵押贷款的实施意见》，评估应该尽量减轻借款人的负担，对于贷款金额在30万元以下的林权抵押贷款项目，银行业金融机构要参照当地市场价格自行评估，不得向借款人收取评估费。对于贷款金额在30万元以上（含30万元）的林权抵押贷款项目，抵押林权价值评估应坚持保本微利原则，按照有关规定执行；具备专业评估能力的银行业金融机构，也可以自行评估。

一些地区发布的林权抵押贷款管理办法中规定，对50万元（含）以下的林权抵押贷款，借款人（抵押人）、贷款银行对林权抵押价值认定一致的，可不进行评估；其产权价值评估由借贷双方协商确认；对贷款额度超过50万元的，由贷款银行认可的具备林权评估资质条件的评估机构进行评估。这里规定的金额比银监会实施意见中的金额还要大，对借款人的优惠力度也就更大。

（四）贷款审查和审批

1. 贷款审查。贷款银行信贷业务审查审批中心对客户部门或下级行移交的客户资料和信贷调查（评估）资料进行审查，主要包括以下审查内容。（1）基本资料审查：上报资料是否齐全、完整；（2）主体资格审查：借款人资格及相关证明材料是否符合规定，是否有不良信用记录；（3）信贷政策审查：借款用途是否合法，贷款期限、方式、利率等是否符合贷款银行的信贷政策；（4）借款人林业经营情况审查：经营林木是否适销对路，采伐指标是否合理，能否保证贷款的按期偿还等；（5）抵押担保审查：抵押担保手续是否合法有效，用于抵押的林权市场价值是否合理，是否容易变现。

2. 贷款审批。贷款审查后提交有权审批行的贷审会或合议会议审议，或直接提交有权审批人审批。

（五）签订借款合同和抵押合同

贷款银行按照权限进行审批后，与抵押人签订抵押合同，与借款人签订借款合同。

借款合同应当约定借款种类，借款用途、金额、利率，借款期限，还款方式，借贷双方的权利、义务，违约责任和双方认为需要约定的其他事项。

林权抵押贷款应当由抵押人与贷款银行签订抵押合同。双方应当在合同中明确以下内容：（1）在抵押权存续期间，未经贷款人同意，抵押人不得将抵押物馈赠、采伐、再次抵押、转让等。（2）在抵押权存续期间，确有需要对抵押物进行采伐的，必须经贷款银行书面签字同意，再由林业部门下达林木砍伐证指标后方能砍伐，砍伐的林木收入优先偿还贷款本息。（3）抵押森林资源资产因意外损毁不足以清偿债权、抵押物价值明显减少影响债权实现时，借款人或抵押人应提供新的担保。

贷款人收妥抵押权利凭证原件等文件后，应及时移交会计部门入库保管，并向抵押人出具代保管收据。

（六）办理抵押登记

抵押人和抵押权人签订抵押合同后，应持以下文件资料向县级林业行政主管部门申请办理抵押登记，抵押权自登记之日起生效。（1）林权抵押登记申请书；（2）抵押人和抵押权人法人证书或个人身份证；（3）抵押合同；（4）林权证；（5）拟抵押森林、林木和林地的相关资料，包括：林地类型、坐落位置、四至界址、面积、林种、树种、林龄、蓄积量等；（6）拟抵押森林资源资产需评估的，还应提供评估报告；（7）县级林业行政主管部门认为应提交的其他材料。

县级林业行政主管部门在受理登记申请材料后，应当依照国家法律、法规的规定对抵押物进行合规性审核、确认。对经审核符合登记条件的，登记机关应在10个工作日内办理完毕。办理抵押登记不得收取任何费用。

林权登记机关在办理抵押登记时，应在抵押林权的林权证的"注记"栏内载明抵押登记的主要内容，发给抵押权人《林权抵押登记证明书》等证明文件，并在抵押合同上签注编号、日期，经办人签字、加盖公章。

（七）贷款发放

贷款银行要按借款合同规定按期发放贷款，将资金转入借款人在贷款银行的结算账户。贷款银行不按合同约定按期发放贷款的，应偿付违约金。借款人不按合同约定用款的，应偿付违约金。

按照贷款银行的要求，借款人必须对抵押财产办理森林保险。原则上必须办理林业综合险，如果当地未开办这一险种，也要投保林业火灾险，并指定贷款银行为第一受益人，保险理赔款优先用于归还银行贷款，并由贷款银行保管保险单，保险期限（含续保期限）不短于贷款期限。如果是已经办理保险的林权再进行抵押的，应书面告知保险公司。作为开展林权抵押贷款最早的地区，三明市政府办公室制定并发布了《林权抵押贷款森林综合保险实施方案》，见专栏8-4。

☞**专栏8-4　三明市林权抵押贷款森林综合保险实施方案**

为增强林业自然风险抵御能力，改善林业投融资环境，稳定林业生产，保障林农增收，进一步推进林权制度改革，特制定林权抵押贷款森林综合保险方案如下。

一、保险标的

全市范围内林权所有者所有且用于充当抵押物向银行等金融机构办理贷款的正常生长的森林。

二、被保险人

林木所有权者。

三、保险期间

一年。

四、保险责任

在保险期间内，由于发生森林火灾、病虫害、雨灾、风灾、水灾、滑坡、泥石流、冰雹、冻灾、雪灾、雨淞、旱灾，造成的保险林木受害损失，保险公司按照本方案的赔偿标准负责赔偿。

五、保险金额

按贷款金额承保。

六、保险费率

2.2‰。

七、财政补贴政策

将林木作为抵押物向银行等金融机构办理抵押贷款，由林权收储公司为该贷款项目提供林权收储保证的三明市辖区内林业企业、林业生产经营组织、林农，必须向经市政府批准的林权所在地区有经营农业保险资质的保险公司或保险代理机构投保森林综合保险，保险费由县级财政补贴50%，林业企业、林业生产经营组织、林农自行承担50%，被保险人在签订保险合同的同时必须缴清当年的保险费。

八、赔偿标准与赔偿处理

（一）受害面积≤100亩，免赔10%。

$$赔款 = 每亩保险金额 × 受害面积 × 损失率 × 90\%$$

当损失率<100%时，不扣除免赔；损失率核定标准请参照《福建省森林综合保险承保理赔业务规程》。

（二）受害面积＞100亩，免赔10亩。

$$赔款 = 每亩保险金额 \times （受害面积 - 10） \times 损失率$$

当损失率＜100%时，不扣除免赔；损失率核定标准请参照《福建省森林综合保险承保理赔业务规程》。

（三）受灾户超过一户的，各户赔款按各户赔偿面积占总赔偿面积的比例计算。

（四）桉树风灾损失，每亩赔偿限额270元；桉树因其他灾害造成的损失每亩赔偿限额仍为680元。

九、承保方式

国有林场、林业企业、林农生产经营组织和林农，可单独投保，实行一户一单；也可以委托有权代理人林权收储公司代为办理。

十、理赔要求

保险公司或保险代理机构在接到受灾（害）报案后要及时开展现场查勘和理赔工作，对于重大灾害应开通快速理赔通道，积极主动预付赔偿，提高理赔效率。

资料来源：三明市人民政府办公室．关于印发三明市林权抵押贷款森林综合保险实施方案的通知［EB/OL］．三明市人民政府网，2018 - 03 - 28．

（八）贷后管理

贷款发放后，贷款银行应当对借款人执行借款合同情况及借款人的经营情况进行追踪调查和检查，并进行监控分析，确保贷款安全。

贷款银行特别要注重对抵押财产的贷后管理，对抵押财产定期进行监测，做好林权抵押贷款及抵押财产信息的跟踪记录，同时督促抵押人在林权抵押期间继续管理和培育好森林、林木，维护抵押财产安全。

抵押期间，抵押财产发生毁损、灭失或者被征收等情形时，发放贷款的银行业金融机构可以根据合同约定就获得的保险金、赔偿金或者补偿金等优先受偿或交由借贷双方认可的机构提存。

（九）贷款归还与抵押物处置

借款人应当按照借款合同规定按时足额归还贷款本息。借款人还清全部贷款本息时，借款合同终止，抵押合同也同时终止。抵押人与抵押权人应当在合同期满后 15 个工作日内,持原抵押合同、《林权抵押登记证明书》向原登记机关办理注销登记。

如果贷款到期后,借款人未清偿债务,就需要对抵押财产进行处置,我国《担保法》和《物权法》中规定抵押权的实现方式是折价、拍卖和变卖,《关于推进林权抵押贷款有关工作的通知》规定可通过竞价交易、协议转让、林木采伐或诉讼等途径处置已抵押的林权。其中,通过竞价交易方式处置的,贷款人(债权人、抵押权人)要与抵押人协商将已抵押林权转让给最高应价者,所得价款由贷款人优先受偿;通过协议转让方式处置的,贷款人要与抵押人协商将所得价款由贷款人优先受偿;通过林木采伐方式处置的,贷款人要与抵押人协商依法向县级以上地方人民政府林业主管部门提出林木采伐申请。

第四节　我国林权抵押贷款中存在的主要问题

一、部分地区确权颁证面积少

清晰界定林权抵押物权属是实现林权抵押贷款的首要前提。但由于种种原因,许多林业资源无法做出完全清晰的产权界定,即使部分已经确定权属的林业资源,在颁发林权证的过程中也存在着各种困难,造成颁证面积很少的局面,影响了林权抵押贷款的顺利进行。以四川省乐山市沐川县为例,该县辖区面积 1408 平方千米,林地多、耕地少,森林覆盖率达 77.34%,是全国绿化模范县和全国林业科技示范县。但在沐川县林权抵押贷款改革试点实施方案中,规定的可以进行确权颁证的经济林木面积要 30 亩以上,也就是说要集中成片,小于 30 亩的就不能颁证,但小块儿的林地又比较多。截至 2018 年底,全县完成经济林木确权颁证面积 3368.4 亩,颁证面积仅为全县经济林木面积的 1%,其中,用于贷款的面积为 2155.8 亩,贷款金额 660 万元。①

---

① 邱云,林志芳,龙旭梅,陈其勇. 沐川县经济林木(果)权抵押贷款工作探索 [J]. 中国林业经济,2018(4):86-87.

二、森林资源资产评估机制不健全

林权抵押物价值的评估是确定贷款数额的基础，从目前林权抵押财产价值评估的办法来看，主要有两种办法。根据《关于林权抵押贷款的实施意见》，对于贷款金额在30万元以下的林权抵押贷款项目，由银行业金融机构参照当地市场价格自行评估，不得向借款人收取评估费。对于贷款金额在30万元以上（含30万元）的林权抵押贷款项目，可由专业的评估机构按照保本微利原则对抵押林权价值进行评估；具备专业评估能力的银行业金融机构，也可以自行评估。当然，一些地方的实施办法中还允许借贷双方根据当地市场价格来约定抵押林权价值，不过这种办法与第一种办法是比较接近的，因为双方在约定的时候发放贷款的银行业金融机构肯定处于主导地位，借款人的意见往往只能用做参考。

无论是银行业金融机构自行评估，还是委托专业的评估机构评估，都面临着一些难点问题。森林资源的评估比耕地、农房的评估还要难。因为森林资源具有一定的特殊性，其构成要比一般的农地复杂得多，涉及森林、林木的所有权、林地的使用权，而且不同林木种类价值差异大，一块林地中有可能种植了多种林木，即使是只种植了一种，不同树龄的价值差异也较大，同一树龄的大小也有差异。因此，林木价值的评估需要具备专业的林业知识，熟练掌握森林资源资产的评估流程，还需要了解相关的方针政策，而我国开办林权抵押贷款只有十几年的时间，不管是专业的评估机构还是银行业金融机构都非常缺少能够评估的复合专业人员。同样是因为林权抵押贷款开办时间短，目前我国的林权专业评估机构还比较少，加上评估的具体操作规范与流程不清晰，评估结果难免出现偏差，有时评估机构受发放贷款的银行业金融机构影响，会出现损害借款人利益的评估结果；有时评估机构与借款人串谋，会出现损害贷款银行利益的评估结果。此外，由于林权流转交易少，流转交易市场缺乏体系性，市场不成熟、不规范，难以形成林业资产的公允价值，也给抵押物的价值评估带来困难，造成贷款银行或借款人的巨大风险。

三、抵押物处置难

发放贷款的银行业金融机构为保证资金的安全性和实现资金的盈利性，

要求以林权作为抵押，在借款人到期不能偿还贷款时，金融机构会通过处置变现抵押物的办法来弥补损失，这就是抵押权的实现。虽然我国《担保法》规定的抵押权的实现方式是折价、拍卖和变卖，但在林权抵押贷款中，实现抵押权一般是通过流转林权或者是变卖林木的方式。

当前我国正在逐步建成覆盖省、市、县三级的农村产权交易系统，包括林权在内的农村产权流转管理服务体系正在建立健全，但这一交易系统在各地的发展是不平衡的，一些地区的林权流转市场并不完善，存在着诸多问题。信息登记不完全，基础设施不齐全，服务理念不到位，市场化程度弱，无法合理确定林木、林地的公允价值等缺陷都增加了抵押物的处置风险，制约了林权抵押贷款的进一步发展。而林权抵押物价值比较大，无论是通过竞价交易还是协议转让，很少有购买者能拿出这么多的钱，造成抵押权人不能在较短的时间里收回贷款本息，进而影响银行业金融机构的贷款意愿。还有一个问题是林权抵押贷款的抵押率比较低，往往是抵押物评估价的50%，甚至30%，如果以贷款本息额作为起拍价或协议价的话，处置后会严重损害抵押人的利益。

通过林木采伐方式处置抵押物，也存在着一定的困难。有时候会看到这样的消息，就是某农民因为砍伐了自己种的房前屋后的树木，被拘留被罚款的，某村因为砍伐了本村路边的树木，相关人员被处罚的。林木作为一种重要的资源，不是说有了所有权就可以采伐，因为它不仅具有经济价值，更重要的是它还具有生态价值，所以国家制定了较严格的林木采伐政策，要想采伐必须先到林业主管部门办理采伐证，这样才能合法采伐林木。由于国家实行严格采伐限额制度，各地区的采伐指标是有总量指标控制的，不能超出，加之审批步骤多、时间长，抵押权人通过采伐方式处置抵押物也是困难重重。虽然《关于林权抵押贷款的实施意见》中规定，银行业金融机构因处置抵押财产需要采伐林木的审批机关要按国家相关规定优先予以办理林木采伐许可证，但在指标控制的前提下是不可能每次都能及时办理采伐证。

四、抵押物的自然风险大，森林保险制度存在缺陷

林业生产经营需要长期的资金支持，短的1~3年，长的可达30年，林木在生长过程中会面临各种难以预料的风险，包括森林火灾、干旱、冰雹、风灾、洪涝等，其中，森林火灾对林木生长的危险最大，一旦发生往往都是

毁灭性的，造成的经济损失不可估量，其偶然性、不可预测性及严重性必定会引起放款的金融机构的重视，成为其不愿意发放贷款的一个原因。据统计，2015 年，全国共发生森林火灾 2936 起（其中，一般火灾 1676 起，较大火灾 1254 起，重大火灾 6 起），受害森林面积 12940 公顷，因灾造成人员伤亡 26 人。① 2016 年共发生 2034 起，受害森林面积 0.62 万公顷；2017 年共发生 3223 起，受害森林面积 2.45 万公顷。② 据国家森林草原防灭火指挥部办公室统计，2018 年，全国共发生森林火灾 2478 起（其中，一般森林火灾 1579 起，较大森林火灾 894 起，重大森林火灾 3 起，特大森林火灾 2 起），受害森林面积 16309 公顷，因灾造成人员伤亡 39 人（其中死亡 23 人）③④。表 8 - 1 显示了 2008 ~ 2014 年我国森林火灾情况，可以看出，近年来森林火灾的次数还是有所下降的。

表 8 - 1　　　　　　　　　2008 ~ 2014 年我国森林火灾情况

年份	森林火灾次数（次）	火场总面积（公顷）	受害森林面积（公顷）	损失成林蓄积⑤（立方米）	损失幼林株数（万株）	死亡（人）	其他损失折款（万元）	扑火经费（万元）
2008	14144	184495	52539	1207898	19388	97	12593.91	9184.26
2009	8859	213636	46156	1125075	9454	—	14511.45	10633.14
2010	7723	116243	45800	740099	29228	65	11610.68	16091.63
2011	5550	63416	26950	633601	6206	—	20173.42	13529.34
2012	3966	43171	13948	283827	7703	13	10801.54	34177.74
2013	3929	42890	13724	312490	1064	38	6061.63	9128.94
2014	3703	55340	19110	354655	1986	53	42512.79	9897.54

资料来源：中国林业网——森林灾害数据库。

---

① 金博. 全国森林火灾情况［A］. 国家林业局. 中国林业年鉴［C］. 北京：中国林业出版社，2016：187 - 195。

② 闫鹏，崔洪浩. 增强森林草原防火意识，防范火灾发生［EB/OL］. 新华网，2018 - 12 - 21.

③ 应急管理部. 国家森林草原防灭火指挥部办公室部署春节期间森林草原防灭火工作［EB/OL］. 中国森林草原防火网，2019 - 01 - 28.

④ 森林火灾的分类：①森林火警：受害森林面积不足 1 公顷或者其他林地起火的；②一般森林火灾：受害森林面积在 1 公顷以上不足 100 公顷的；③重大森林火灾：受害森林面积在 100 公顷以上不足 1000 公顷的；④特大森林火灾：受害森林面积在 1000 公顷以上的。

⑤ 蓄积量：是指一定面积森林（包括幼龄林、中龄林、近熟林、成熟林、过熟林和枯立木林分）中，生长着的林木总材积（用立方米表示）。主要是指树干的材积。

　　我国从 1984 年开始进行森林保险试点，虽然开办的省份比较多，到 1994 年已经有 20 多个省（市、自治区）开办森林保险。但林业生产经营具有复杂性和特殊性，林业的生产周期比较长，随着时间的推移保险标的的价值不断提升，并且森林资源容易遭受自然灾害的侵害，火灾、病虫害、冰冻、台风等都容易给林业经营者造成巨大的经济损失。如果商业保险保费低，保险公司没有积极性，保费高了林农又承受不起。因此，虽然开办森林保险的省份比较多，但在国家扶持政策缺位的情况下发展极其缓慢，甚至出现了停滞状态。为调动保险供需双方的积极性，我国政府于 2009 年在福建、江西、湖南 3 省试点政策性森林保险，2010 年和 2011 年又新增 6 个试点省份，到 2012 年试点范围扩大到 17 个省份，2014 年开始在全国推广政策性森林保险。

　　2017 年 1 月 1 日起施行的《中央财政农业保险保险费补贴管理办法》第二章第五条中将中央财政补贴的险种标的规定为已基本完成林权制度改革、产权明晰、生产和管理正常的公益林和商品林。其第七条明确规定：公益林在地方财政至少补贴 40% 的基础上，中央财政补贴 50%；商品林在省级财政至少补贴 25% 的基础上，中央财政补贴 30%。从财政补贴的比例来看，商品林中央财政补贴加上省级财政补贴合计在 55% 以上，比例要比种植业低，这肯定会影响林农的投保意愿，而林权抵押贷款都是商品林作为抵押物的，这样也就影响了林权抵押贷款的发放。政策性森林保险的另一个不足是保险金额偏低。另外，《中央财政农业保险保险费补贴管理办法》第三章第十二条规定保险金额以保障农户及农业生产组织灾后恢复生产为主要目标，因此，在森林保险中规定，保险金额原则上为林木损失后的再植成本，包括灾害木清理、整地、种苗处理与施肥、挖坑、栽植、抚育管理到树木成活所需的一次性总费用。所以，各省份的试点实施方案中规定的保险金额都不高，如 2013 年 1 月湖北省林业厅、湖北省财政厅、湖北保监局印发的《湖北省中央财政森林保险保费补贴试点实施方案》中规定，保险金额为每亩 500 元，并且每次事故损失按实际损失的 10% 免赔；2012 年 3 月广东省林业厅制订的《广东省政策性森林保险试点工作方案》中规定的每亩保险金额也是 500 元，免赔额为每次核损金额的 10%，或免赔 10 亩，两者取高者。可以看出，500 元的保险金额和政策性农业保险中粮食作物的保险金额差不多，而如果是多年树龄的林木，每亩的价值要比粮食作物高得多，如果出现灾害的话，保险赔偿是不能弥补损失的。

五、金融机构发放贷款的积极性不高

林权抵押贷款主要面向一般的林农发放，一次贷款的数额普遍比较低，加之贷款手续比较烦琐，处理成本比较高，因而与大额贷款相比效益不高，影响了金融机构发放此类贷款的积极性。同时，由于抵押物的自然风险大、抵押物处置难等问题的存在，一旦出现贷款本息不能按时偿还的情况，发放贷款的金融机构处置起来比较麻烦，增加了其对开展林权抵押贷款业务的畏难情绪。有的省份开展林权抵押贷款业务的主要是农村商业银行、农村合作银行、农村信用社、农业银行、农业发展银行等传统的农村金融机构，而其他商业银行则涉及较少，贷款额也不多。

此外，由于林权抵押贷款涉及抵押物评估、登记等诸多环节，手续比较烦琐，作为借款人的林农或林业企业中也有人嫌办理时间较长、成本较高而放弃此类贷款，转而选择其他贷款产品。当然，也有因为金融机构要求抵押林地的面积要达到一定的标准才能贷款，设置的门槛比较高，导致林农不能享受林权抵押贷款的，例如，湖南省麻阳苗族自治县是一个老少穷山区，虽然拥有比较丰富的森林资源，但人均拥有量不多，大多数只几亩，少的只有几分，只有少数家庭拥有大量林地面积。而金融机构出于自身利益的考虑，在林权抵押贷款中设置了种种条件限制，包括抵押物的面积，导致最后符合贷款条件能够享受好的贷款政策的只是一部分人，涉及面小。[①]

第五节 发展林权抵押贷款的对策建议

一、加快确权颁证明晰林权归属

确权登记颁证是解决林权抵押融资的首要前提。中央政府要加强农村林地国家宏观管理，完善相关法律制度，为实现林地确权提供法制保障。

各级地方政府要明确职责分工，强化组织管理的规范程度，采取科学合

---

① 张湘玉. 探索林权抵押贷款新模式，激活森林"沉睡资源"——关于麻阳县谭家寨乡楠木桥村林权抵押贷款的调查报告 [J]. 科技资讯，2019 (13)：252–253.

理的方式颁发林权证，积极稳妥地推进农村林地确权登记的各项工作。对于林农承包的林地细碎化问题，在制订实施方案时要予以考虑，既然在林地承包的时候为了照顾大家的利益而导致了细碎化，那么在确权颁证的时候也不要嫌麻烦。适当下调可以进行确权颁证的林地面积，例如从 30 亩下调到 20 亩，这样就会有一大部分林地可以颁证了。还可以先调整后颁证，让林农相互之间互换一部分林地，或由村委会出面协调互换，增大一些地块的面积，然后再颁证。不过林地不同于耕地，地上林木的价值因为树种树龄的不同会有很大的差异，林地的好坏差异也很大，这就给相互置换造成了很大的困难，但是总会有一部分适宜互换的林地的。如果有林农进行了林地互换，就要与村集体重新签订承包合同，这样可以免去以后的一些麻烦。经过互换，可以增加一部分林地的面积，然后就可以颁证了。

农民自身也要加强土地权属意识，对权利确认问题应有清晰且相对一致的认知。对于一些颁发林权证比较慢的地区，林农可以向村干部催促，要求村干部向上级反映林农的需求。在确权颁证中出现的一些困难，林农也要积极想办法出主意，帮助工作人员解决问题。林农要有主人翁意识，把确权颁证当作自己的事情，事实上也确实是自己的事情。

二、采取以银行业金融机构自行评估为主的价值评估办法

在发放林权抵押贷款之前，或者说在办理贷款时，需要对森林资源资产进行价值评估，以确定抵押物的价值。评估应该以银行业金融机构自行评估为主，以委托专业的评估机构评估为辅。银行业金融机构自行评估的好处是可以为借款人节省评估费用，而且银行的信贷人员具有相关的知识和经验，大多数都具备专业的评估能力，评估结果不会出现大的差异。因此，30（或 50）万元以下的林权抵押贷款项目，由放贷银行自行评估，且不得向借款人收取评估费；超过 30（或 50）万元的，也尽量由放贷银行自行评估，这样可以省去借款人的评估费负担。此外，为了简化评估程序，还可以由借贷双方根据当地市场价格来约定抵押林权的价值。在银行评估抵押物价值时，不能随意压低抵押物价值，即使林农贷款的金额远远低于抵押物的价值，也不能压低抵押物的评估价值，因为如果压低了，在借款人不能还贷，银行处置抵押物时就有可能贱卖，损害抵押人的利益。

对于银行自行评估难度比较大且贷款金额比较大的项目，可以委托专业

的评估机构对抵押林权价值进行评估，但要按照保本微利原则，收费必须优惠。要加强专业评估机构的建设和林业资产评估技术人员的培养。在发放林权抵押贷款的县要成立专业评估机构，可以是商业性机构，也可以是非营利性的具有政府背景的机构。同时，加强评估人员的专业技术培训，使其熟悉不同树种林木及林地的价值，能够熟练地计算材积量，以便正确地评估抵押物的价值。此外，还要加强对评估人员的思想道德方面的教育，地方政府相关部门要对评估机构进行监督，评估机构要对其评估人员的工作严格把关，防止出现假评估、乱评估等失职行为，防止评估人员与借贷双方中的一方共谋损害另一方利益的事情发生。

地方政府林业主管部门可以组织林业专家、评估机构人员、金融机构信贷人员一起，讨论制订当地的森林资源资产价值评估方案。参照当地的林权流转价值，对不同树种、不同树龄的林木评估价值做出规定，作为放贷银行和评估机构评估时的参考。这种参考标准不能经常变动，但可以提前规定3~5年调整一次，在调整时，仍然由林业专家、评估机构人员、金融机构信贷人员一起商讨决定。

三、建立市场化的林权产权交易平台

在借款人不能按时偿还贷款时，必须及时处置抵押物，金融机构通过实现抵押权而实现自己的债权，因此，林权交易服务中心的建立十分必要。在互联网高速发展的信息时代，建立林业要素市场要搭上互联网快车，在县乡村范围内利用网络，建立信息透明的交易服务中心。交易服务中心应在从林权的登记认证到林木的砍伐流转等全过程提供一体化的综合性服务。交易服务中心还应配合金融机构对林业经营主体的信用进行评级，建立完善的信息披露制度，逐步消除信息不对称现象，降低林权抵押贷款各环节的交易成本。林权交易服务中心的建立，必将为林权要素的自由流转提供坚实后盾，方便放贷银行林权抵押贷款抵押权的实现。

当然，如果存在多种农村产权交易，就没有必要建立专门的林权交易服务中心。前面几章在介绍农地抵押贷款和农房抵押贷款时，已经研究了建立农村产权交易中心的问题，如果建立了规范的农村产权交易中心（农村产权交易所），包括林权在内的各项农村产权均可以进行交易。

四、完善风险保障和补偿机制

地方政府要积极设立政策性担保公司，参与林权抵押贷款，提供保证担保，以降低放贷银行的贷款不能按时收回的风险。在林农需要贷款时，政策性的农业担保公司对借款人的资信状况、经营能力进行审查，根据林农的生产经营状况、偿债能力等综合信息为贷款业务提供担保。在担保方式上，可以采取"林权抵押＋担保公司保证"的共同担保方式，其中，林权抵押可以担保贷款金额的50%，另外的50%由担保公司提供保证担保。此外，也可以采取"担保公司保证＋林权抵押反担保"的方式，由担保公司向发放贷款的金融机构提供保证，这是按贷款的全部金额提供的，而借款人则以自己的林权向担保公司提供反担保。政策性农业担保公司的参与，为林权抵押贷款提供保障，必将在很大程度上促进林权抵押贷款业务的实现。从目前来看，这种政策性农业担保公司并不需要新建，各省份已经建立了农业担保公司，只需要将农业担保公司的业务扩展到林权抵押贷款就可以了。此外，由于具有政府背景，政策性农业担保公司并不需要担保贷款本息的全部，只需要担保其中的80%就可以了，放贷银行自负20%的风险，这样做的好处是可以加强银行贷前审查的动力，更有利于贷款的安全。

同时，保险公司要拓宽林业保险的覆盖范围，增设林业保险险种，降低林农遇到自然风险和市场风险时的损失，当出现风险损失时，由保险公司负责赔偿，从而保证林权抵押贷款的安全。建立合理高效的林业保险工作机制，保证林业保险能够对林权抵押贷款风险进行一定的弥补。从各地的森林保险试点方案来看，500元的保险金额太低了，仅仅与粮食作物的保险金额相当，这是不合理的，因为粮食作物生长期都是几个月，价值有限，而林木的生长期很长，例如，1亩生长了15年的树木与生长了几个月的玉米的价值并不一样。所以，必须提高森林保险的保险金额，对已经生长多年的林木，增加保险金额，同时，要增加商品林中央财政和省级财政补贴的金额和比例，并尽可能地调动地级、县级财政能够拿出资金进行补贴，减轻林农的保费负担，提高其投保的积极性。

由县级财政出资成立林木收储中心，或成立综合性的农村产权收储中心，负责收储放贷银行难以处置的抵押物。收储中心可以作为保证人，在林农贷款的时候为其提供保证担保，由林农用林权进行反担保，当借款人不能偿还贷款本息时，收储中心代偿，然后收储中心收储抵押人的森林资源资产。收储中心也可以在不是保证人的情况下收储放贷银行难以处置的森林资源资产，此时具有给放贷银行兜底的作用，保证放贷银行能够处置掉抵押物，化解掉放贷银行的风险。

五、加强农村信用信息数据库建设

林权抵押贷款中森林资源资产的价值评估比较麻烦，造成金融机构发放贷款时存在畏难情绪，影响了这一业务的开展。如果与农村信用体系建设相结合，对信用状况良好的林农适当放宽抵押物的评估，或者在林农拥有足够的森林资产的前提下为其发放信用贷款，就会减轻放贷银行的工作压力，使其更愿意发放贷款。

目前我国正在开展农村信用体系建设试点，对农户进行信用评级，这一工作要加快推进。通过采集农户的家庭信息、生产经营信息、资产信息、借款信息、担保信息以及社会信用信息等，对其打分评定信用等级，建立农村信用信息数据库。目前一些政府部门、金融机构都各自存有农户、新型农业经营主体的信用信息，需要把这些信息整合在一起，使信息尽可能地完整，能够真实地反映其信用状况。数据库建立之后，要动态更新数据，以保证信息使用者得到的是最新的信息。农村信用信息数据库可以先在每个地级市建立一个，服务于辖内金融机构。银行在发放林权抵押贷款时，先查看借款人的信用等级，对于信用等级高的，可以优先放贷，并适当放宽抵押物的评估要求。

第九章 农村产权抵押贷款调查

第一节 玉田县农村土地承包经营权抵押贷款调查

一、玉田县的基本状况

玉田县位于河北省唐山市，在河北省的东北部，唐山市的最西面，位于渤海南部，燕山山脉的北部，地理位置非常好。玉田县内土地类型多样，四季分明，气候宜人，属于东部季风性大陆气候，气候条件适宜。截至2018年，玉田县辖区总面积1170平方千米，耕地108万亩，总人口69.2万（其中农业人口57.9万），有20个乡镇、1个街道，750个行政村、22个居委会。土地资源肥沃，粮食产量丰富，有"冀东粮仓"之称。玉田县内的主要作物是玉米、小麦、水稻，粮食年产量40多万吨。苹果、安梨、柿子是主要果品，玉田县内的大白菜、大葱、大蒜、大萝卜和金丝小枣在国内外都非常受欢迎。2019年，粮食总产47.8万吨，蔬菜总产218.7万吨，现代化农业加快发展，全县流转土地面积达到34.5万亩，规模经营率达到67.5%，主要的农作物机械化水平达到了95.6%。有200家农民专业合作社是新发展起来的，12家家庭农场，30户专业大户。①

随着传统的分散管理向集约化转变，很多农业经营主体都想要扩大自己的生产，这就需要大量的资金。然而，农业生产融资既困难又昂贵的问题一直没有得到有效的解决方案。农村承包土地经营权抵押贷款试点将重点解决这个问题。

---

① 玉田县人民政府. 走进玉田 [EB/OL]. http：//yutian. tangshan. gov. cn/，2020 – 10 – 09.

截至 2018 年 12 月，玉田县农村土地承包经营权转让为承包土地面积 33.29 万亩、土地流转率达到了 33.8%，已在 667 个村庄进行了土地确权登记，完成入户调查 144330 户；实现对 662 个村庄的实地调查，占应确权村数的 92.1%；颁发 119640 份证书，占应确权户数的 80%；总共发放承包土地经营权反担保抵押贷款 47 笔，金额 7115 万元。为推动农地直接抵押贷款业务，2019 年由建行玉田支行发放了唐山市首笔"地押云贷"业务，授信金额 54.5 万元。[①]

二、玉田县农村土地承包经营权抵押贷款需求情况调查

本调查包含了玉田县辖 14 个镇、6 个乡，选取部分村庄进行线上和线下的问卷调查。线上问卷 89 份，线下走访 60 份，总共 149 户农户（样本农户）。

（一）承包土地数量调查

调查发现，土地承包 5 亩以下的农户有 22 户，占总户数的 14.8%；承包 5 ~ 10 亩土地的农户有 35 户，占总户数的 23.5%；承包 10 ~ 20 亩土地的农户有 36 户，占总户数的 24.2%；承包 20 亩及以上土地的农户有 56 户，占总户数的 37.5%。当然，耕地多的主要是流转来的。

从贷款需求的角度，只有规模经营主体才有大的贷款资金需要，才有可能用抵押土地的经营权去贷款，实现更为有效的信贷资金配置效益。因此，农户土地承包数量与贷款需求呈正相关关系。

（二）农户贷款需求调查

通过调查发现，大部分农户有贷款需求，占调查样本的 66.44%，有 99 户；无贷款需求的农户占调查样本的 33.56%，有 50 户，见表 9 - 1。这说明农民的贷款意愿较强，一部分种植大户需要扩大经营，对资金的需求大。而无贷款需求的，主要集中在没有劳动能力的老年人。

---

① 郝东伟. 河北省玉田县农村土地承包经营权抵押贷款中的问题与对策 [J]. 河北金融，2019 (7)：59 - 61.

表9-1　　　　　　　　　　　农户贷款需求情况调查

项　目	贷款需求	
	有	无
有效调查户（户）	99	50
比例（%）	66.44	33.56

（三）农户是否听说过农地抵押贷款的政策及信息来源调查

通过对玉田县内16个镇和4个乡的149户进行是否听说过玉田县农村土地经营权抵押贷款的相关信息及其了解途径可知：79.19%的人没有听过相关政策，并且这118户年龄呈现老龄化，通过线下问卷走访调查可知，在60份问卷中有52户都不知道农地抵押贷款这件事，线下走访主要针对的是年龄大不会使用智能手机的用户。这就说明了政府的政策宣传存在一定的问题，农民的信息来源比较少，并没有让基层群众很好地了解政策，不清楚自己是否符合申请贷款的条件。进而导致玉田县虽然作为试点地区，但其政策的实施效果却没有达到理想状态。对于农户的了解途径（多选题设置），从基层政府、村委会了解的比例很低，见表9-2。

表9-2　　　　　　　　　农户了解农地抵押贷款途径调查

项　目	了解途径				
	不了解	网络	电视、广播、报刊	政府和村委会	其他
有效调查户（户）	118	25	20	7	5
比例（%）	79.19	16.78	13.42	4.70	3.36

（四）农户是否愿意用土地进行抵押贷款及其原因调查

通过调查数据分析发现，80%的农户不愿意进行农地抵押贷款，原因包括：现有融资方式可以满足资金需要、不了解政策具体情况、抵押贷款手续麻烦、抵押贷款成本高（利率及评估费用）、预期农业收入可能不足以偿还贷款本利、其他。因为调查问卷设计的是一个多选题，所以各个原因都涉及且占比都很大，这就充分说明了玉田县农地抵押贷款存在很多的障碍。农户不愿意用土地抵押贷款的原因，见表9-3。

表 9 - 3 农户不愿意用土地抵押贷款的原因

项 目	原 因					
	现有方式可以满足资金需求	不了解政策具体情况	抵押贷款手续麻烦	抵押成本高	预期收入不能偿还本利	其他
有效调查户（户）	65	102	80	71	50	37
比例（%）	43.62	68.46	53.69	47.65	33.56	24.83

（五）对农村土地经营权抵押贷款满意度及调查

通过对调查数据的分析，玉田县作为国家级试点县，很多农户都不清楚土地经营权抵押贷款的相关信息与政策。同时，受访者对玉田县试点工作的推进情况表示不太满意，认为在政策宣传方面存在一定的问题，见表9-4。

表 9 - 4 农户满意度调查

项 目	满意度			
	非常满意	较满意	不满意	不知道
有效调查户（户）	0	5	120	24
比例（%）	0.00	3.36	80.54	16.11

（六）开展农村土地承包经营权抵押贷款最需要解决的问题

在问到"开展农地抵押贷款最需要解决哪些问题?"（多选题）时，有54户认为要做好中介工作、提供多种服务，占比36.24%；有105户认为应把抵押贷款的手续简化便于操作，占比70.50%；还有96户选择应颁发更多的农地抵押贷款方面的优惠政策，占比64.43%；有94户认为应提供有关土地流转和土地评估方面的信息，占比63.09%。

（七）总结

通过以上调查分析可以发现，玉田县农村的金融需求还是很大的。但是用土地去抵押贷款的意识弱，农户对相关政策信息了解的少。玉田县作为国家级试点县，这种贷款产品的推出，一方面，在一定程度上解决了农民因为缺少抵押物而产生的贷款难的问题，试点工作取得了初步成效；另一方面，也存在一些问题仍需要各个部门合作来解决。

三、玉田县农村土地经营权抵押贷款存在的问题

（一）农民贷款意愿较弱

第一，农地抵押贷款对于农民来说是有利的，但是由于缺乏政府和金融机构的宣传及简单清晰地讲解，大多数农民对这一政策不太了解。第二，农业生产仍然是以一般农户为主，小额的贷款资金需求通过其他金融渠道就能够解决，所以农户用土地的经营权去抵押来获得贷款的可能性较小，积极性较低。第三，土地经营权抵押贷款手续复杂，若要申请办理贷款需要村委会同意盖章，还需要经过评估、抵押登记等。这样一套流程下来，等到贷款发放大约需要一个月的时间，对于急需用钱的农民来说不能及时拿到钱投入生产中，复杂的程序会降低农民的积极性。相对于金融机构来说，农民投入高但收益低，办理土地经营权抵押贷款的积极性也低。

（二）土地价值评估不准确

一方面，土地价值的评估需要由人民银行玉田县支行组织协同县农业农村局、县农牧局等部门临时组织评估小组。土地价值评估小组的成员由各个部门的人员和乡村干部构成，这些人员都没有经过专业的培训，土地价值的评估缺乏专业性。另一方面，土地价值高低受很多因素的影响，例如，土地的优劣、交通是否便利、市场价格等。评估过程基于评估人员的良心和负责程度，受到主观影响的可能性很大，没有相对客观和独立的评估方法。

（三）缺少政策宣传

国家在实行惠民惠农政策的时候，往往是经过省市县一级一级往下发放政策文件。最后再到乡镇层面，乡镇再安排各村干部落实。从玉田县的情况来看，大部分村庄的农民都不知道有土地经营权抵押贷款这件事，基层政府和村干部缺乏政策宣传，部分农民不知道有这样一种信贷产品，导致申请这种抵押贷款的农户也比较少。在试点农地抵押贷款的过程中，工作人员不仔细或者不负责，并没有让基层群众很好地了解政策，认识政策，不清楚自己是否符合申请贷款的条件。所以导致玉田县虽然作为试点地区，但政策的实施效果却没有达到理想状态。

（四）供需平衡，新业务发展困难

通过调查发现经过多年的发展玉田县内的小额贷款制度已经比较成熟，小额贷款的发放机构也较多，且贷款的额度比较高，农户的信用贷款额度可到5万~20万元，例如，在鸦鸿桥镇就有一个融丰小额贷款公司，主要经营向玉田县境内农户、个体工商户、小企业发放小额贷款。此外，还有农村信用社、邮政储蓄银行之类的金融机构，对鸦鸿桥镇这一辖区来说完全能够满足农民的贷款需求。

所以对于玉田县辖区内的农户来说，目前的贷款机构无论是在数量上还是贷款额度上都能满足农户正常的生产和生活的需求。相对于这种小额信用贷款来说，土地抵押贷款的程序更为烦琐，因此，无论是金融机构还是贷款对象，对这些创新产品的偏好不高，造成了新业务的发展比较缓慢。

四、玉田县农村土地经营权抵押贷款的对策建议

（一）对手续进行适当改变，化繁为简

玉田县土地抵押贷款手续可以由人民银行玉田县支行牵头，地方政府的农业部门、唐山银保监分局辖内派出机构、辖内各发放贷款的金融机构共同来设计完成。确保土地抵押贷款的顺利推进，政府部门应确保现有政策的落实，同时结合实际研究细化方案，紧抓执行，切实为试点后的推广提供保障，简化复杂的手续，提高农民的积极性。

（二）建立专业评估机构，合理评估土地价值

土地价值的评估需要专业的评估人员，因此，为了确保评估的专业性，应该由政府主导建立专业的土地价值评估机构，以现场勘察的方式，合理评估土地价值。评估人员进行实地考察，也能给农户很大的信任感。大部分农户都靠地"吃饭"应该让农户从心里相信自己的土地能够得到正确的评估。通过专业性评估公司与放贷银行的合作，结合各地土地上种植的不同农作物，参考以往年度土地价值的历史均价，建立公平、合理的价值评估体系，为抵押贷款工作打好基础。

（三）大量培育适度规模农业经营主体，刺激贷款需求

近些年来我国工业化的极大发展，推动了农业产业规模的进一步壮大，

加之众多农村劳动力出现了转移就业，所以各个村都由种植大户将农民的土地租过来，这些具备技术和资金，并且懂得管理的种植大户将土地进行集中的管理和种植，种植大户与农户之间是口头协议，一年支付一次租金。

从贷款需求的角度，只有规模经营主体才有大的贷款资金需要，才有可能用抵押土地的经营权去贷款，实现更为有效的信贷资金配置效益。因此，为了促进农村土地抵押贷款，应该集中引导农户进行适度规模经营。完善农村社会保障体系，淡化农民以地为本的意识，使农民愿意长期让出自己的土地经营权，以推动土地的集中化、规范化，使各生产要素（土地、劳动力、资金、设备、经营管理、信息等）得到最优组合和有效运行，取得最佳的经济效益，带领农户集中进行土地经营权抵押贷款。

（四）提高金融机构的积极性

玉田县作为试点地区，农户在日常生活和生产方面依靠土地的经营权去贷款的需求很小，所以在这种情况下，要想提高农户贷款的积极性就应用供给带动需求。政府应鼓励各银行积极开展有关土地经营权抵押贷款方面的业务，开展农村金融产品创新，满足不同类型不同层次主体的贷款需求。同时，各级政府还要采取配套措施保障信贷资金安全，以加强金融机构对信贷新产品研发的热情和积极性。

第二节 景县农村土地承包经营权抵押贷款调查

一、景县基本概况

河北省景县位于河北省东南部，与山东省德州市交界，北纬 N37°，东经 E116°，海拔 18.44 米。全县占地面积 1188 平方千米，辖 11 镇 5 乡 849 个行政村，人口数为 53.7 万人，农业人口为 45 万人。2019 年，景县全县生产总值增长 7%，社会消费品零售总额增长 9.2%，城市居民人均可支配收入 31200 元，增长 10.5%，农村居民人均可支配收入 17020 元，增长 11%，一二三产业结构比为 11：47：42。景县人口达到一定规模，经济发展水平多次居于衡水市首位，经济发展潜力大。

景县全县耕地面积 124 万亩，人均耕地 2.62 亩，高于全国、全省平均水平，多次被评为全国粮食生产先进县。其2018年粮食总产量6.7千克。景县为农村承包土地登记管理制度和确权成果应用省级试点，土地确权和土地流转都取得了一些成效。截至2019年11月，全县土地流转总面积达到57.06万亩，土地流转率达到51.08%。景县积极鼓励发展种养大户、农业产业化龙头企业、农民专业合作社流转，推动特色产业发展，提高土地资源利用率。全县共有市级以上农业龙头企业23家，农民专业合作社1940家，家庭农场860家。[①]

二、景县农村土地经营权抵押贷款的需求情况

根据各乡镇经济发展水平的高低，本次调查选择了留智庙镇、野庄镇、景州镇三个乡镇，共计150个农户进行问卷调查，有效回收问卷122份，并根据调查结果对农户进行交流和访谈。

（一）承包土地数量情况

对土地承包数量进行分组，分别是5亩以下、5~10亩、10~15亩、15亩以上。表9-5显示，122户中，承包5亩以下土地的合计63户，占比51.64%；承包5~10亩土地的合计51户，占比41.80%；承包10~15亩土地的合计5户，占比4.10%；承包15亩以上土地的合计2户，占比1.64%。贷款需求与土地承包数量有一定的相关性，土地承包数量越多，贷款需求也就越旺盛，能够为农业产业化经营提供资金支持。

表9-5 农户土地承包数量

项 目	土地承包数量			
	5亩以下	5~10亩	10~15亩	15亩以上
户数（户）	63	51	5	2
比例（%）	51.64	41.80	4.10	1.64

（二）农户贷款需求统计

农户的贷款需求对土地承包经营权抵押业务的开展有重要影响。表9-6显示，44户有贷款需求，占比36.07%；37户无贷款需求，占比30.33%；

---

① 景县人民政府. 景县概况［EB/OL］. http://www.jingxian.gov.cn/，2019-11-14.

无所谓的农户为41户，占比33.61%。总体来看，三者的占比相差不大，但是有贷款需求的农户数量多于无贷款需求的农户数量，而且持无所谓态度的农户占有相当比例，农户的资金需求存在较大潜力。农作物的经营利润低周期长，加之信息化程度、知识水平有限，导致农产品质量、价格的市场预测不精准，这些很容易导致收入没有保证，因而农民有时候会需要贷款。

表9-6　　　　　　　　　　　农户贷款需求

项　目	贷款需求		
	有需求	无需求	无所谓
户数（户）	44	37	41
比例（%）	36.07	30.33	33.61

在贷款用途上，70%左右的农户由于生产性需求需要贷款，剩余30%左右的农户由于消费性需求需要贷款，详见表9-7。消费性需求虽然占一小部分，但让农户产生贷款的动力不大，可能在涉及急需资金时需要一部分贷款。农户贷款的主要原因是生产性需求，种地是一项先投入后产出的活动，在收获之前，需要投入种子、化肥、农药以及灌溉等，零零散散的支出并不是小数目，尤其是对土地种植大户来讲，购买新型农机具的花费更大。此外，养殖业、个体工商户等往往需要启动资金，开店做小生意需要流动资金。

表9-7　　　　　　　　　　　农户贷款用途

项　目	贷款用途					
	生产性需求		消费性需求			
	农业生产	非农业生产	盖房娶妻	子女教育	大病就医	其他
户数（户）	41	46	8	3	9	15
比例（%）	33.61	37.70	6.56	2.46	7.38	12.30

（三）农户借款渠道情况

虽然供农户选择的借款渠道已经发展得多种多样，例如农业银行贷款、农商行支农贷款、小额贷款公司贷款、民间借贷、找亲朋好友借贷等，但农户最终选择的借款渠道仍然比较单一。表9-8显示，如果有借款需求，有近80%的农户选择向亲朋好友借钱，相当小比例的农户选择向银行或小额贷款公司贷款，高利贷贷款渠道无人选择。农户向亲朋好友借款是地缘关系的体现，而且无须提供抵押物，受到多数农户的欢迎。农商行、国有商业银行、小额贷款公司等标准化借款渠道的流程透明规范，但需要提供抵押物，贷款利率较高，运作效率比较低，通常贷款额度低、手续复杂，可能需要多户联保，因而农户可能不会优先考虑。虽然景县很早就开始发放小额扶贫信贷，但小额扶贫信贷的受众面比较狭窄，而且需要繁杂的信用条件确认、贫困程度确认程序。高利贷为非法性借款渠道，虽然在调查的样本中并不存在，但是也不能否认民间借贷就没有市场，实际上农村对高利息非常的痴迷，"赛马会""红花会"等各种名词层出不穷。

表 9-8 农户借款渠道

项　目	借款渠道			
	银行	小额贷款公司	亲朋好友	高利贷
户数（户）	24	3	97	0
比例（%）	19.67	2.46	79.51	0.00

三、景县开展农村土地经营权抵押贷款面临的困难

虽然大家一致认为承包土地经营权抵押贷款的发展潜力巨大，但目前其仍存在着很多难以解决的制度和实务问题，发展缓慢。

（一）土地确权未完全完成

农户在申请土地承包经营权抵押贷款时需要把土地承包经营权证书提供给相关部门，而这项证书迟迟没有下发。景县的土地确权工作已经开始较长时间，也取得了一定的成效，但农村土地承包经营权确认等级办证耗时耗力，周期较长。农户缺少进行抵押贷款所需要的权威证书。银行从防范风险的角度考虑，没有证书不会放款。这就导致了农民难以获得贷款。

（二）农户缺乏对政策的了解

在被调查的 122 户中，超过 60% 的农户表示对这种贷款内容完全不了解，约 30% 的农户表示只是听说过这一政策，但是具体情况还是不了解。在政策了解途径上，62% 从未获得过相关知识，仅有近 30% 的农户表示从亲戚朋友或者广播电视上了解过这一政策，但是没有人表示从政府或者金融机构

了解过这一政策，详见表 9 - 9。由此可见，农户对土地承包经营权抵押贷款的相关政策了解甚少。

表 9 - 9　　　　　　　　　　**农户对农地抵押贷款的了解途径**

项　目	了解途径					
	从未听说	亲朋好友	广播电视网络	政府宣传	金融机构工作人员	其他
调查农户	76	31	11	0	0	4
比例（%）	62.30	25.41	9.02	0.00	0.00	3.28

在被问到"如果有贷款意愿，是否会优先考虑农村土地承包经营权抵押贷款"时，有 52 户表示"不会"，其中真正不需要资金帮助的有 9 户，其余农户则是因为有顾虑，7 户表示是因为担心贷款成本高；8 户表示怕手续麻烦，即使申请到了贷款，给予的贷款额度也会很小；5 户表示自己的土地不符合条件；23 户则表示担心会失去抵押物。这一方面说明基层政府的政策宣传工作没做到位，造成农户对于很多贷款问题不是很清楚，另一方面说明农户了解政策的渠道比较单一。

（三）金融机构开展抵押贷款业务不积极

关于金融机构开展农地抵押贷款业务的态度，16 户认为非常不积极，89 户认为不积极，两者合计 86.07%，只有 1 户认为金融机构会积极开展该业务。这也基本符合金融机构开展此业务的态度，虽然土地承包经营权抵押贷款已经在很多地方开始了试点，试行了不少时间，但是商业银行对农村土地承包经营权抵押贷款的积极性并不高。其原因如下：一是每亩地在扣除成本后的利润仅为几百块钱，土地收益情况直接决定了土地本身的价值，决定了农地评估的价值上限；二是农村土地承包经营权抵押贷款的特点是小而分散，很难达到较大贷款规模，增加了银行的跟踪管理难度和成本；三是土地流转市场发展程度不够，抵押违约的情况出现时会造成金融机构难以处置抵押物。

（四）农村金融服务体系不完善

从表 9 - 10 中可以看出，33 户有过贷款经历，89 户没有贷过款；42 户认为融资便利，80 户认为融资不便利。在和几个借款户交流过后发现，问题之一是农商行和邮储银行提供的金融服务还远远不能满足他们的借款需求。农村的金融基础设施建设比较落后，金融网点较少，自动取款机等在村庄里几乎不存在，只在乡镇的银行网点有分布，数量较少，难以为农户提供便捷的金融服务，这就导致了借贷供给困难。另外，银行为了避免风险，在贷款时审核严苛烦琐，农户急需用钱时就会主动去寻求交易便利的民间借贷。银行贷款更愿意面向非农产业，涉及农业方面的贷款会优先选择农业龙头企业或者种植、养殖大户，直接贷款给小农生产者的意愿很低。

表9－10　　　　　　农户贷款经历及对贷款便利与否的评价　　　　单位：户

项　目	贷款经历		
	有	无	合计
便利	18	24	42
不便利	15	65	80
合计	33	89	122

四、景县开展农村土地承包经营权抵押贷款的建议

（一）加强政策的宣传

现阶段农户对土地承包经营权抵押贷款的认知程度不高，需要提升农户的认识理解程度。一是基层政府部门在向全体农户宣传的同时，也可以有侧重点地向中青年农户进行宣传，详细解读农地抵押贷款政策以及政策开展实施后对于农户有何重大意义，通过张贴宣传标语或者宣传单页等途径宣传政策优点，使农户固有的传统贷款思维发生转变。二是银行积极做好为农户传播金融知识的服务，提高农户的基础金融素养，从而提高农户贷款的积极性，同时也要提高基层金融服务者的专业水平和服务水平。

（二）完善农村土地经营权价值评估机制

由于农地的产权价值缺乏行业内的统一标准，使农户可以贷款的金额存在很大的不确定性。对于这种情况，政府可以结合本地区的实际情况，制定各类农地的基准价格和最低保护价格。同时，成立专业的评估机构，对于金额大于30万元的贷款，放贷银行可以委托评估机构开展价值评估。

（三）做好金融风险防范措施

防范农村金融风险对促进农村金融市场稳定发展有重要作用。应做好以

下金融风险防范措施：一是做好贷前调查，把调查的重点放到借款人的个人信用情况上，完善农村征信系统，提高农户的信用精神、信用意识；二是利用财政资金建立起土地经营权抵押贷款风险补偿基金，降低金融机构的放贷风险，从而提高金融机构发放贷款的积极性；三是积极发挥农业保险的保障作用，放贷银行积极寻求与保险公司合作，保险公司为借款人提供农业保险，扩大农业保险的覆盖率和赔付力度，降低农户的收入损失；四是运用大数据和人工智能技术，对土地经营权抵押状态信息、业务流程、贷款资金进行深度分析，增强金融监管能力，防范金融风险。

（四）提高金融机构涉农贷款的积极性

农户是否会选择用自己承包土地的经营权去进行抵押贷款，与当地金融机构开展这种贷款的积极性有很大关系。若是当地金融机构有良好的信誉并且可以给予农户优质的贷款服务，就更能够获得农户的信任。因此，政府可以通过财政补贴、政策优惠等措施提高金融机构开展此类贷款的积极性。同时，金融机构可以采取"因地制宜"的方式，根据当地农户的实际情况，针对不同农户的贷款需求制定不同的抵押贷款方式，促进农村金融事业的发展。

第三节　定襄县农村土地承包经营权抵押贷款调查

一、定襄县基本情况

定襄县地处山西省忻州市东部，总面积达 865 平方千米，现辖 3 镇 6 乡 155 个行政村，总人口数 22.3 万人，其中农业人口 18 万人。定襄县地势平坦、土壤肥沃、水源充足、气候温和，全年日照时数 2735 小时，年平均气温 8.7℃，年降水量 400 毫米左右，无霜期 168 天，平川多山区少，农业生产条件优越，非常适合农业生产的运作。① 定襄县既是全国商品粮基地县也是农业农村部小杂粮生产基地县，是忻州和山西的"粮仓"。近年来定襄县精心培育杂粮、瓜菜、养殖、农产品加工四大农业主导产业，特别是因地制宜发展设施农业，通过高标准农田建设，从根本上提高了农业生产综合能力，定

---

① 定襄县人民政府. 定襄概况［EB/OL］. http：//www. dingxiang. gov. cn/，2018 - 01 - 03.

襄县正在实现由传统农业向现代农业、由农业大县向农业强县的强力转型。

二、农村土地承包经营权抵押贷款试点的主要做法和成效

定襄县作为全国 232 个国家级农地抵押贷款试点县之一和山西省政府确定的农地抵押贷款 6 个试点县之一。自 2015 年 7 月以来，在县政府、农委、人民银行以及各农村金融机构携手推动下，定襄县农地抵押贷款取得了一定的成绩，但总体进展缓慢。

（一）主要做法

1. 加快土地确权步伐。确权登记颁证工作是抵押贷款的基础性工作。根据山西省关于土地确权颁证的要求和标准，对试点县（市、区）"两权"确权登记颁证工作实行优先办理、费用优惠等政策，加快推进耕地确权登记颁证工作，这一工作安排在 2016 年 12 月底前基本完成。目前定襄县 3 镇 6 乡已全部完成确权颁证工作，确权颁证的完成为土地抵押贷款的有序开展打下了基础。

2. 成立试点领导机构，确定试点银行。按照上级要求和实施意见，定襄县人民银行牵头协调县政府相继发布了农地抵押贷款试点相关制度、办法、措施，成立了试点领导小组及办公室，确定了定襄县邮储银行和农村信用社为提供抵押贷款的试点机构，为符合条件的当地农户提供贷款服务。

3. 相关平台的设立。成立了县、乡级的农村土地流转服务中心，建立动态的土地流转监测制度。并依法开展农地承包经营权纠纷调解工作，县设立农村土地承包仲裁委员会，乡镇设立调解庭，妥善化解土地承包经营权流转纠纷。2016 年 6 月挂牌成立了定襄县农村产权交易办公室，为农地抵押贷款业务提供服务。同时，发布了农地价值评估办法，要求抵押物评估时应综合考虑当地农用地分级估价成果、土地已付租金、平均预期收入、经营权剩余年限及地上附着物等因素。

（二）试点成效

截至 2018 年 4 月末，定襄县累计发放农地抵押贷款 14 笔 1491 万元，余额为 1118 万元。其中，定襄县邮储银行累计发放贷款 7 笔 90 万元，余额为 1 笔 16 万元；农村信用社累计发放 7 笔 1401 万元，余额为 1102 万元，涉及 4 户专业大户。从贷款方式来看，直接以土地经营权抵押的贷款 704 万元，以

土地经营权抵押占主导作用的贷款 579 万元。从贷款用途来看，农业种植 742 万元，养殖 541 万元。试点期间没有出现不良贷款。[①]

三、调查与统计分析

定襄县于 2014 被选为忻州市农地抵押贷款试点地区，2015 年又被全国人大批准为国家级试点县，并于 2018 年底结束试点。在试点期间，定襄县政府、农委、人民银行以及各农村金融机构携手积极开展农地抵押贷款相关工作，但成效不太明显。笔者对该县农户的贷款情况进行了问卷调查以及实地走访，共发放线上问卷 200 份，收回有效问卷 185 份，线下走访 40 户。调查问卷涉及定襄县 3 镇 6 乡。调查问卷内容包括农户家庭基本情况、对农地抵押贷款的了解程度以及农地抵押贷款使用情况等。

（一）调查情况分析

1. 农户基本信息统计。定襄县农产基本信息统计情况详见表 9 - 11。

表 9 - 11 受访农户基本信息统计

统计指标	变量	样本数（户）	所占比例（%）
年龄	21 ~ 30 岁	14	6. 22
	31 ~ 40 岁	30	13. 33
	41 ~ 50 岁	70	31. 11
	51 ~ 60 岁	74	32. 89
	61 岁及以上	37	16. 59
性别	男	146	64. 89
	女	79	35. 11
学历	小学及以下	50	22. 22
	初中	120	53. 33
	高中	34	15. 11
	专科	16	7. 11
	本科及以上	5	2. 22

---

① 李沛珈. 农村承包土地经营权抵押贷款试点的实践与启示——以山西省定襄县、山东省潍坊市试点比较为例 [J]. 山西农经, 2018 (9)：48 - 50.

统计指标	变量	样本数（户）	所占比例（%）
家庭的耕地规模	3 亩以下	4	1.78
	3~10 亩	24	10.67
	10~20 亩	97	43.11
	20~30 亩	68	30.22
	30 亩及以上	32	14.22

（1）年龄。调查中 40~59 岁的农户占据主要部分，占到了 66.8%，此年龄段的农户正处于中年时期，是家庭收入的主要提供者，同时此年龄段的农户也更倾向于通过土地的规模经营来增加家庭收入，因而他们是农地抵押贷款的主要需求者。

（2）性别。受访农户男性有 146 户，占 64.89%，男性是农村家庭中主要的劳动力，更清楚家庭耕地规模以及当地农业种植等重要信息，因而有利于确保调查数据的真实性。

（3）学历。受访农户的学历主要是初中，占据总体的 53.33%，对于抵押贷款、贷款利率等相关知识的储备较少，这也从侧面反映了农户对于农地抵押贷款政策理解模糊的原因。

（4）家庭的耕地规模。受访农户家庭耕地规模在 10~20 亩的居多，其次是 20~30 亩，说明定襄县目前还是以小规模经营为主，家庭农场、种植大户占少数。

2. 农户对农地权抵押贷款的了解程度及贷款意愿。

（1）了解程度。调查发现有 124 户受访农户不了解农地抵押贷款这项政策，占比达 66.05%。而在了解农地抵押贷款这项政策的农户中，仅有 9.26% 的农户清楚地知道当地开展土地承包经营权抵押贷款的政策，而 58.64% 的农户不清楚该项政策是否开展。由此，由于农户对于政策的不了解，致使农地抵押贷款在开展初期就不顺利。

（2）贷款意愿。调查发现，73% 的农户表示不愿申请办理农地抵押贷款。主要原因如下：一是融资成本高。由于农村土地流转性能差，金融机构在发放农地抵押贷款时一般不提供优惠利率，加之贷款农户还要承担评估、登记和保险等费用，致使综合融资成本与正规金融机构的其他贷款相比没有优势，甚至还高出 1~2 个百分点；二是时间成本高。农地抵押贷款先后要经过评估、办理、抵押等环节，办理时间需要半个月到一个月的时间。综合来看，基于较高的融资成本以及时间成本，农户不愿通过抵押土地进行贷款。

3. 借款人对农村土地承包经营权抵押贷款的评价。通过对借款农户的了解，74.13% 的农户表示贷款数量不能满足其资金需求。对于一些信用好、农业规模经营大的农户来讲，很容易从当地金融机构获得 5 万～10 万元的信用贷款，互保和联保将额度可扩大到 10 万～15 万元。如果办理农地抵押贷款，在抵押率较低的情况下，一般农户很难获得 15 万元以上的贷款，贷款额度提高不多，对农户的吸引力不强，这也是农地抵押贷款进展缓慢的一个主要原因。

4. 抵押贷款的用途。获得农地抵押贷款的农户表示，其贷款资金主要是用于购买大型农机具、投资设施农业、扩大农业生产规模等，如购买收割机器、建造温室大棚、养殖生猪等。贷款资金的投向说明定襄县政府大力扶持农户发展农业规模经营。

（二）调查结果小结

综合来看，农户对于农地抵押贷款的相关政策了解不够，同时受传统思想的影响，不愿将土地进行抵押取得贷款，在一定程度上存在排斥心理。另外，通过对于已经获得农地抵押贷款的农户调查，他们表示农地抵押贷款的利率没有明显优惠，且由于贷款额度低、贷款期限短、审核程序烦琐等原因，农户不愿将农地抵押贷款作为主要融资方式。虽然定襄县在试点期间试行的农地抵押贷款取得的成效较其他试点县不明显，但是在一定程度上也为定襄县扶贫助农提供了支持。

四、农村土地承包经营权抵押贷款推进缓慢的原因

针对定襄县农土地抵押贷款开展缓慢的原因，本书总结了问卷调查以及实地走访情况，概括为以下几点。

（一）农户对于政策不了解

农户对于政策不了解，致使农地抵押贷款在开展初期就不顺利。问卷调查结果表明，66.05% 的定襄农户对于这项政策的具体内容是不了解的，当地政府也没有对该政策进行具体宣传，绝大多数农户也只是听说过该政策。虽然农地抵押贷款对农民是利好的，但由于政府对政策的宣传不到位、农村金融机构对政策缺乏专业的讲解，定襄县 66.05% 的农户对这一贷款政策是闻其名而不知其容。

（二）小规模种植农户贷款意愿弱、融资困难

问卷调查表明，农地规模在 10 亩以下的农民表示通过抵押土地进行贷款较难，由于资金需求小，金融机构开展业务的意愿不强。第一，目前定襄县小规模种植农户仍然是农业经营的主体，经营规模主要在 10～30 亩，因而对于农业资金的需求较低。另外，当农户有资金需求时，基于农民对农地抵押贷款政策理解的模糊，促使农民选择通过其他渠道进行融资借贷，如向亲朋好友借款这种成本低的借款方式。第二，在实地走访过程中，农户反馈金融机构贷款给土地经营规模较小的农户的意愿不强，而更愿意贷款给大规模种植的农户，如经营家庭农场的农民。农业本身的高风险性、长周期性决定了农业融资的困难，而对于经营规模较小的农户来说，如果发生违约，金融机构贷款更是难以得到足额偿还。

（三）土地价值较难估值

目前定襄县土地价值评估机制尚不健全，土地价值较难估值，阻碍了定襄县土地抵押贷款的进程。地方政府虽制定了相关土地价值评估准则，但没有结合各村的实际情况，如没有考虑到地理位置、土地质量等，在评估土地价值时容易出现低估或高估的现象。这就造成在土地价值低估时，农户就难以获得足额的资金。同时，在评估土地价值时缺少有经验的评估人员，不能形成公允的土地价值，也不利于后期的土地流转和买卖。

五、对策建议

（一）加大政策宣传力度

地方政府应联合村委会加大对农地抵押贷款政策的宣传力度，使得更多的农民了解该政策的内容，提高农户对土地抵押贷款的接受程度。地方政府可以定期下乡进村对农地抵押贷款的相关政策进行宣讲，或通过当地微信公众号发布相关信息。村委会可以组织本村农民进行集体学习，为农户详细地解读农地抵押贷款政策的内容，使农户全方位、多层次地了解农地抵押贷款政策。

（二）鼓励小规模种植农户贷款

农村金融机构作为农地抵押贷款资金的供给方，应做到公平、公正，为真正缺乏农业生产资金的农户提供信贷支持。小规模种植农户作为当地农业生产经营的主体，在当地开展农地抵达贷款政策时也只能通过非正规金融渠道满足其资金需求，这有悖于政策出台的初衷。同时，金融机构为了规避小规模农户贷款违约情况的发生，可以不定期对贷款农户的资金使用情况进行监管，在其有大概率出现违约的可能时，金融机构应及时封锁其账户，保证其贷款损失的最小化。

（三）完善土地价值评估机制

合理确定土地价值是有序开展土地承包经营权抵押贷款的前提，否则金融机构难以确定贷款额度，农户违约后也难以顺利实现土地流转和变现。可以从以下两个方面来完善土地价值评估机制。一是地方评估机构在对土地价值做出评估时，联合村委会进行价值评估，同时把土地质量、物价水平、地理位置、产出水平等因素考虑进去，作为评判标准确定土地价值。二是成立专门的土地价值评估机构，由更具土地价值评估经验的专业人才根据地方政府颁发的相关办法以及其自身的评估经验确定土地价值。

第四节　庐江县农村土地承包经营权抵押贷款调查

一、庐江县基本情况概述

庐江县位于安徽省合肥市，经济状况在全省较为突出，一二三产业发展均衡，拥有众多文物古迹、风景名胜、地方特产，极具投资潜力。该县总面积2343.7平方千米，耕地72807公顷，植物、动物、林业等自然资源丰富。2019年，庐江县辖17个镇和1个开发区，总人口数达120.86万。①

实施农村土地承包经营权抵押贷款，庐江县是安徽省最早开展工作的10个试点县之一。自2015年以来，庐江县试点工作全面开展，建设了全新的网

---

① 庐江县人民政府. 走进庐江［EB/OL］. http：//www.lj.gov.cn/，2020－03－12.

上交易平台，推进了农村的经济发展，但仍有一些需要进一步探索和解决的问题。

二、农村土地承包经营权抵押贷款开展背景和发展情况

（一）庐江县开展农村土地承包经营权抵押贷款背景

庐江县地理位置优越，耕地、水源丰富，适合农业、林业发展。近些年，大多数在城市发展的年轻人希望将土地流转出去，以免闲置土地。同时，在农村地区，一批农户希望承租土地，采用新型生产经营方式进行更大规模的生产，但是与现有生产经营方式不同，新型生产经营方式需要更多的资金，农户获得资金的渠道又少，若选择贷款，金融机构必然要求借款人提供抵押物，这些问题亟待解决。2015 年 8 月 24 日，国务院在安徽省选择了包括庐江县在内的 10 个县（区）开展农地抵押贷款试点任务，耕地成为法律允许的抵押物。自此，庐江县全面开始了试点的推进工作。

（二）庐江县试点的主要做法

根据国务院"两权"抵押贷款试点指导意见精神，为进一步推进试点任务，庐江县人民政府发布《庐江县农村承包土地的经营权抵押贷款试点方案》（以下简称《试点方案》），指导农村承包土地经营权抵押贷款业务的实施，具体实施内容如下。

1. 阳光交易平台。自 2015 年庐江县开始试点工作，农村产权交易市场逐步规范，交易纠纷逐步减少。为了推进试点工作，庐江县设立两个线上平台，安排专人负责网上操作业务，公告抵押贷款情况，实现信息公正公开，拓宽借款人了解信息的渠道。除了线上模式，线下设立农村产权交易服务大厅，方便借款人了解信息、办理业务。通过线上模式与线下模式同时完善，逐步实现交易规范有序进行。

2. 价值评估。关于价值评估，庐江县主要采用两种方式：一是金融机构自行评估；二是金融机构委托社会中介机构进行评估。试点期间，庐江县建立抵押物评估等级机制作为价值评估的依据，县农委定期发布庐江县不同地区的土地收益数据，为金融机构或社会中介机构对抵押物的评估提供数据支持，使价值评估逐渐合理化。

3. 贷款管理。《试点方案》为试点任务的实施提供指导，并明确规定了

贷款对象、用途、条件、额度、期限等事项。庐江县对此类贷款实施严格管理，根据《试点方案》相关规定决定是否发放贷款、贷款额度是多少，例如，对贷款用途限制，农地经营权抵押贷款不能用于除生产经营之外的一切活动；多因素考量贷款额度等。综上所述，庐江县在试点期间对贷款发放进行严格管理，减少了试点期间风险事件发生的概率。

4. 风险缓释及补偿机制。庐江县针对农村承包土地经营权抵押贷款业务设置了几种风险缓释及补偿机制，具体如下。

第一，设立偿债风险基金。庐江县政府为支持试点工作，设立了偿债风险基金，其规模达 1000 万元，在金融机构由于发放此类贷款而造成不良贷款时使用偿债风险基金对其进行补偿。

第二，转贷过桥资金支持。贷款临近到期，若借款人资金周转暂时出现困难，可根据《试点方案》规定申请转贷资金，在贷款到期前，由借款人提出申请与银行达成协议，到银行重新办理借新还旧或还旧借新。

第三，创新金融产品支持。针对流转面积在 200 亩以上的农业经营主体，庐江县将其纳入"小微企业池"，并享受创新产品支持，例如，"政保贷""政银担""农业小额贷款保证保险"等，进而缓解借款人还款压力，分散金融机构面临的风险。

第四，完善农业保险制度。借款人能否按时还款在很大程度上取决于农作物种植情况，其产量会受天气状况影响，最终收益也受市场价格等多方面影响，借款人为种植品种购买保险是保障风险的最佳方式。但是现存农业保险规模较小，种类不齐全，因此，庐江县政府对农业保险制度开展进一步的完善工作，提高保险标准，丰富保险种类。

（三）庐江县农村土地承包经营权抵押贷款落实情况

2016 年 7 月 13 日，庐江县成功发放第一笔农村土地承包经营权抵押贷款。由此，庐江县试点工作得以落实。2016 年，庐江县农地抵押贷款总共发放 3 笔，贷款余额 150 万元。2017 年，庐江县持续推进试点工作，截至 2017 年 6 月底，发放农地抵押贷款 4 笔，贷款余额 4367 万元，下半年发放农地抵押贷款 9 笔。同时，网上交易平台逐步建设完善，截至 2017 年末，土地流转通过交易平台累计成交 539 笔，成交金额高达 8.47 亿元，土地流转速度较高，为抵押物变现提供了参考。但是，2018～2019 年此类贷款发放笔数为 0，直至 2020 年 1 月 14 日，农地抵押贷款重新开始，截至 2020 年 6 月，上半年抵押贷款发放 6 笔，共抵押耕地 9020.4 亩。①

在调查过程中，农户对于农地抵押贷款褒贬不一，笔者也从中发现了农地经营权抵押贷款实施中仍然存在不足。例如：笔者在庐江县调查时访问了一位经营家庭农场的农场主陈先生，他表示：自己家种植水稻面积 500 多亩，由于资金有压力，在得知可以将土地承包经营权抵押就能获得贷款后，就到银行去借款。但却被告知，必须找到担保人，并且担保人必须是公职人员，因而找到妹妹和妹夫担保，但是由于每个公职人员担保额度有限，最终只贷到了 20 万元。陈先生的经历并非个案，虽然农地经营权抵押贷款已经在实施过程中，但是贷款成功率还是偏低，整体而言，庐江县农村承包土地经营权抵押贷款状况仍需改善。

三、农村土地承包经营权抵押贷款实施中存在的问题

(一) 金融机构面临的难题

1. 贷款利率偏低。庐江县人民政府办公室发布的《庐江县农村承包土地的经营权抵押贷款试点方案》中对贷款管理进行了明确规定，对银行贷款利率的最高额做出了限制，不得超过同期基准利率上浮 30% 的水平，金融机构无法自由提高利率，在发放此类贷款时获得收益少。这与金融机构面临的风险不匹配，抵押人为农户，文化程度较低，不善经营，可能会导致贷款本息不能按时偿还，金融机构面临还款风险较大。由此可见，金融机构以较低的利润承担较高的风险，利润风险不匹配使得金融机构发放抵押贷款的积极性不高。

2. 抵押物价值难以确认、变现困难。自庐江县开展试点工作以来，逐步完善基础性工作，但农地确权颁证的问题一直存在，同时，对于抵押物价值的衡量没有规范、稳定的制度作保障，这些问题对金融机构进行农村土地经营权价值的评估造成了一定程度的困难。

除了抵押物价值难以确定之外，若借款人没有及时还款，对于抵押物的处置更是一大难题。抵押物的处置难度取决于多个因素，其中最关键的是借款人是否拥有完整的产权。由于农民获取农地经营权的方式不同，例如，承

---

① 安徽省农村综合产权交易所. 土地经营权抵押登记公告 [EB/OL]. http://www.ahaee.com/, 2020-03-20.

包、租赁等,其产权的完整性也不同,金融机构面临的抵押物处置难度也因此不同。首先,借款人是承包土地的农户,这种情况下如果土地不集中,或者农户由于抵押贷款失去了生活保障,那么对抵押物的处置就很难通过市场化的方式实现,或者说会付出很大的代价。其次,借款人通过承租的方式获得土地经营权,这种情况下租金的给付方式会对抵押物的处置造成不同程度的困难。如土地承租人将租赁期限内的租金一次性进行支付,这样其所拥有的土地经营权就等同于债权,被处置时会比较顺利。如承租人用来抵押的土地经营权没有一次性结清租金,那么金融机构要对土地抵押物进行处置时,出租耕地的农民不会接受;即便农民同意二次流转,但仍需落实租金问题。在此种情况下,银行就不能顺利地处置抵押的耕地。

(二)借款人面临的问题

随着庐江县试点任务的开展,农村土地承包经营权抵押贷款为农户提供了新的融资方式,但是从数据和调查来看,农户参与度仍然比较低,农户作为抵押人面临许多问题。第一,根据调查中对农户的访谈来看,农地抵押贷款普及度较低,农户对其认知程度有限。农户普遍年龄偏大、受教育程度较低,同时对于网络资源了解较少,其获取信息的渠道有限,甚至有个别农户并不知晓这一业务。第二,贷款手续繁杂,审核时间长。参与农地抵押贷款的农户大都表示抵押贷款流程复杂,需要提交9项材料,准备过程漫长、手续繁杂。另外,金融机构需要审核的材料多,审核时间长,延长了贷款发放时间。第三,贷款额度小,期限短。金融机构为了降低自身风险,使利润风险相匹配,提高审核的严格程度来限制贷款额度、贷款期限,从而降低了农户的参与度。大多数借款人通过农地抵押获得贷款后仍未完全解决资金缺口。

四、优化农村土地承包经营权抵押贷款的对策建议

(一)对农村土地承包经营权抵押贷款提供制度保障

金融机构面临的难题需要完整的制度体系作为保障,应对抵押物价值的评估方式和方法、抵押物变现方式制定完善的制度,以保障农地抵押贷款的发放、降低金融机构面临的风险。在抵押物价值评估的问题上,制定完善的价值评估体系,实现公正公开,价值评估中要考虑土地差异、时间价值等问题。针对抵押物变现的难题,逐步实现土地产权交易机制与交易平台的规范

化，确保信息真实准确，方便抵押物变现。

（二）加大农村土地承包经营权抵押贷款的推广力度

针对庐江县农户对于农地抵押贷款认知程度较低的问题，需要乡镇干部、村委会成员大力宣传该贷款的相关政策。邀请已完成农地抵押贷款的农户、金融机构相关负责人员充当"宣传大使"，普及相关知识，为借款人解答相关疑问。同时，采用线上、线下相结合的信息普及方式，如官方微信公众号、村文化路牌、宣传板报等将信息分享给所有村民。

（三）提高农村土地承包经营权抵押贷款发放效率

目前，农地抵押贷款手续繁杂、审核时间长、效率低，这类问题需要相关激励政策、配套措施的完善。一方面，通过提高金融机构、农户的风险防控力，降低风险来避免一些不必要的手续。由于种植业容易受自然灾害的影响，应该为其提供相应的保障，庐江县所设立的风险缓释及补偿机制应该落到实处，例如保险公司应积极创新相应的保险产品，对以农地作为抵押物的农户提出参加农业保险的强制性要求。另一方面，农地抵押贷款手续繁杂主要是由于借款人信用不高，为控制风险而进行的，因而要采取措施提升借款人信用，例如，对借款人进行信用评级，根据信用等级高低适当放宽审核要求，提高贷款效率。

第五节　金寨县"两权"抵押贷款调查

一、金寨县概况

金寨县隶属于安徽省六安市，全县总面积 3814 平方千米，总人口 68 万，是安徽省面积最大、人口最多的山区县。金寨县发展较为滞后，是全国首批重点贫困县，全县现有贫困人口 6.64 万人，贫困发生率 11.2%。[①] 2015 年底，金寨县被列入国家级"两权"抵押贷款试点县，是安徽省唯一的农村承包土地的经营权和农民住房财产权抵押贷款双试点县。2016 年是脱贫攻坚战

---

① 金寨县人民政府. 走进金寨. [EB/OL]. http：//www.ahjinzhai.gov.cn/, 2020 - 06 - 18.

的第一年，金寨县响应国家号召，利用"两权"抵押贷款，发挥金融造血功能来支持脱贫攻坚。

之所以选择金寨县作为"两权"抵押贷款试点，原因有以下几点。首先，金寨县农村地区的金融设施相对落后，金融产品较为单一，农户缺少抵押品。其次，金寨县位于大别山腹地，绵延起伏的多山地形为其提供了多种多样的环境与资源，为多层次开发、发展具有当地特色的生态型产业提供了条件，其茶叶、猕猴桃、石斛种植和休闲农业发展实力与前景较为优越，且大多数农户都发展有相关产业，这使得大部分农户都会有资金需求。最后，金寨的林地、土地资源丰富，再加上随着经济发展，大部分农民向城镇转移造成大量农房闲置，这些都为开展"两权"抵押贷款试点工作提供了便利。最重要的是早在2015年，金寨县就开始实施"三权一诚"试点工作，其中就包括农村土地承包经营权和农民住房财产权，这为金寨县的"两权"抵押贷款试点工作打下了坚实的基础。

二、试点的主要做法及成效

(一) 主要做法

1. 完善"两权"抵押贷款实施办法。金寨县为了稳步推进"两权"抵押贷款试点工作，成立了专门的"两权"抵押贷款指导小组，并且征求县财政局、房管局、国土局、村镇银行、担保公司等相关单位的意见，经过多次修改相继发布了《关于开展农村承包土地的经营权和农民住房财产权抵押贷款试点实施方案》《金寨县农民住房财产权抵押贷款试点暂行办法》等文件，为更好地实施"两权"抵押贷款试点工作提供了指导。

为了更好地明确承包人对于相应土地的承包经营权，保障"两权"抵押贷款的合法性，早在2014年金寨县就已经开始展开土地确权颁证工作，对符合条件的农户和农业专业合作社、家庭农场等新型农业经营主体进行登记和颁证。截至2016年，金寨县已经在全县完成确权颁证全覆盖，有效地促进了当地土地流转进程。此外，金寨县还成立了农村产权交易中心，同时还结合了农村产权交易网的线上平台，农户在线上线下共享一体化服务，高效快捷地完成登记、估值、交易等产权抵押的一系列流程。金寨县对于农民住房的价值评估，一般是交由经验丰富的中介公司进行评估；对于农地价值则是按照"土地基础设施投入＋土地流转价格＋地上附着物价值/农作物当年预期收益"的标准进行评估。

在开展农村"两权"抵押贷款试点工作的过程中，金寨县采取了多种抵押方法。一种是直接抵押的方法，农户和新型农业经营主体可以用农地、农房直接抵押获得贷款，以在农村综合产权交易中心获得的抵押许可证明直接去金融机构办理，由金融机构审查通过后签订借款合同。还有一种方法是"保证＋'两权'抵押反担保"，借款人向金融机构申请抵押贷款时，由安徽利达融资担保公司作为担保人，为其提供保证担保，当借款人无力偿还贷款时则由利达融资担保公司偿还，降低了金融机构的放贷风险，借款人以"两权"向利达融资担保公司提供反担保。此外，金寨县还采取了一种创新方法，即"保证＋资金联合社反担保"方法。由9家种植猕猴桃的新型农业经营主体组成资金联合社，将资金联合社和担保公司、金融机构联系起来。联合社的社员向金融机构贷款时，担保公司为其提供保证担保，同时资金联合社也为担保公司提供反担保。也就是说，当社员无法还款时，担保公司为其代偿债务后，有权处置社员作为抵押的承包土地经营权和住房财产权，保障了金融机构和第三方担保公司双方的权益。这些方法不仅能够促进"两权"抵押贷款的顺利进行，而且能够帮助金寨县的农户和农业新型经营主体扩大生产和销售规模，带动贫困户脱贫致富。

2. 风险防控机制。首先，是采取担保、保险机制。由安徽利达融资担保公司为金寨县的"两权"抵押贷款提供担保，提供较低的担保费率，实现贷款风险共担，促进"两权"抵押贷款顺利实现。另外，金寨县把农业保险和农民住房保险与"两权"抵押贷款相结合，扩大保险范围，为产权融资提供风险保障作用。其次，是建立风险补偿机制。金寨县财政拨款1000万元对办理"两权"抵押贷款的金融机构给予一定比例的风险补偿；同时拨款1000万元当作不良贷款的收储资金，对于无法还款且抵押资产无法处置的，由这笔资金对抵押资产进行暂时收储，减轻金融机构无法回款的压力。

除此之外，随着安徽全省农村金融综合改革的逐渐发展，金寨县农村信用信息共享平台也逐渐完善，已经收集到全县13.7万农户和2000多个新型农业经营主体的信用信息，帮助金融机构能够以更低的成本来快速了解到借款人的信用信息，减少不良贷款率。

（二）贷款情况及成效

自金寨县"两权"抵押贷款试点工作实施以后，有效改善了农村地区融资难的问题，取得了一定成效。2015 年，仅金寨徽银村镇银行发放了 3 笔农村土地承包经营权抵押贷款 600 万元，贷款对象为农民专业合作社。2016年，邮储银行金寨县支行加入放款，贷款对象为农民专业合作社。2017 年，金寨徽银村镇银行、工商银行金寨支行、建设银行金寨支行放款，贷款对象为产业化龙头企业、农民专业合作社和家庭农场。2018 年，邮储银行金寨县支行、金寨农商行、金寨徽银村镇银行、建设银行金寨支行放款，其中，邮储银行放款笔数最多，金寨农商行放款金额最大。从贷款对象看，2018 年开始有了面向农户的贷款，3 万元、5 万元、7 万元和 10 万元的小额贷款都有。金寨县近几年农地抵押贷款情况见表 9 – 12。

表 9 – 12　　　　　　　**金寨县农村土地承包经营权抵押贷款统计**

项目	2015 年	2016 年	2017 年	2018 年
笔数	3	5	4	115
金额（万元）	600	800	450	6744

资料来源：金寨县农村综合产权交易中心官网。

从农民住房财产权抵押贷款看，2016 年发放了 4 笔，共计 55 万元，以后逐年增加，2018 年发放了 1733.68 万元。此类贷款的借款人都是农户。从担保方式看，大多为农房直接抵押给银行，但也有少数是由安徽利达融资担保股份有限公司提供保证的贷款，农户再以其农房提供反担保，见表 9 – 13。

表 9 – 13　　　　　　　**金寨县农民住房财产权抵押贷款统计**

年份	笔数	金额（万元）	备注
2016	4	55	利达担保公司保证 1 笔，借款人反担保
2017	13	379	利达担保公司保证 5 笔，借款人反担保
2018	39	1733.68	利达担保公司保证 2 笔，借款人反担保

资料来源：金寨县农村综合产权交易中心官网。

自金寨县实施"两权"抵押贷款试点工作以来，全县办理农村土地承包经营权抵押贷款的农户已有 11445 户，流转土地 31600 亩，扶贫效果明显，并且间接促进了当地特色农业的良好发展。中国人民银行合肥中心支行的数据显示，金寨县支行的农房抵押贷款不良率为 0，在施行期间截至 2018 年 8月末发生不良抵押贷款，农地不良率也仅为 1.09%。

金寨县将"两权"抵押贷款和当地独特的农业产业相结合，既能提高"两权"抵押贷款的参与度，又能有效应对农户和新型农业经营主体的资金缺乏难题，发展当地农业经济，可谓是一举多得。金寨县金禾农业体验有限公司缺乏扩大公司规模所需资金，通过县里的农商银行将其所拥有的3070.93亩土地抵押，获得了3000万元贷款，该公司利用这些资金开设了农家院、大别山农耕文化博物馆，以及泡菜坊、米酒坊等各种传统作坊，弘扬了当地民俗文化。金寨县麦吉农场利用680多亩土地向建设银行金寨县支行进行抵押，获得了250万元的贷款，由于抵押土地位于徐冲村，该村是金寨县生态旅游示范村，麦吉农场则计划利用这笔贷款资金，结合当地丰富的旅游资源来发展独具特色的休闲农业。

三、试点中存在的主要问题

首先，产权评估困难。一方面，没有完善的产权评估体系，缺乏专业的第三方评估机构。社会化的中介机构大多还没有孵化成型，而且在全国范围内也没有可以参照的相对独立的价值评估体系，对产权评估尚有较大的主观成分，极易受人为因素干扰，实际价值不能准确且合理地确定。另一方面，金寨县地形多为山地，农地大多形状不规则、多梯田，使得土地测量评估有困难。农村住房大多建设不规范，同样会增加测量困难。此外，土地是农民的衣食之源、生存之本，是农民获取收入的重要来源，因此，大多数农民对土地感情深厚，害怕自己的土地被银行和政府低估，很容易产生分歧和土地纠纷等问题。这些都使得产权价值评估较为困难。

其次，风险防控机制不健全。农户和银行双方在借贷过程中都面临着各种风险。农户获得收入的重要来源就是种植农作物，这也是他们的还款来源，但是农作物受自然灾害的影响很大，使得农户收入的不确定性很大，还有就是农户面对瞬息万变的市场环境不能准确应对，他们的风险识别能力与控制能力很弱，这些都使得农户无法按时还款的风险增加，从而减弱其参与两权抵押贷款的积极性。银行也会面临抵押的农地和农房价值下降的风险。对农地和农房价值的评估只是在农户申请两权抵押贷款时的最初估值，随着时间和市场环境的变化，农户抵押的土地和房屋的价值可能会下降，导致银行有了不能完全收回贷款金额的可能。

最后，借款人受限。在金寨县两权抵押贷款的实施中，借款人大多是规模较大的农民专业合作社和产业化龙头企业等新型农业经营主体，而普通农户很少。银行发放贷款主要考虑借款人的还款能力以及违约可能性，而规模较大的新型农业经营主体相比普通农户，信用情况良好、还款能力较强，因而银行会更倾向于放贷给规模较大的借款人。另外，普通农户抗风险能力较差，农地和农房基本上就是他们的收入来源，再加上普通农户的文化水平不高，对新事物接受程度不高，有畏难心理，所以普通农户对于"两权"抵押贷款的参与度不高。

四、对策建议

一是要完善产权评估体系。为了准确合理地评估农地和农房的价值，可以建立专业的"两权"抵押贷款评估机构，对抵押物价值进行评估。同时，由县政府出面，组织农业、金融、土地、司法等部门的专业人员，根据金寨县的实际情况制定一致的评估标准和评估办法，为"两权"抵押价值评估提供参考依据。

二是要完善风险防控机制。首先，根据农户和新型农业经营主体的经营范畴增加农业保险的种类，针对当地农作物和特色农业增加投保险种。在中央政府和省级政府补贴的基础上，当地政府也要给予一定的资金补贴，减轻农户和新型农业经营主体的保费压力。其次，当地政府应尽快完善农村地区的生活保障机制。农户对于抵押自己的农房和农地始终有抵触心理，缺乏安全感，县政府可以提高农民住房、养老等保障水平，乡镇领导及时传达政策措施，关怀农户，这样可以减少农户对于产权抵押的担忧。最后，由财政出资建立风险补贴资金，弥补银行因抵押的农地和农房的价值下降而造成的风险。

三是要加大对农村"两权"抵押贷款的推广力度。鼓励各个银行扩大贷款对象范围，不仅针对规模较大的新型农业经营主体，而且要考虑资信情况良好的普通农户，同时政府部门也要给予银行一定的补贴，对于银行办理的农村两权抵押贷款给予减少税收、财政贴息等优惠，鼓励银行更加积极地开发贷款客户。另外，要加大在农村地区的两权抵押贷款宣传力度，可以通过宣传册、电视、互联网等途径向普通农户普及两权抵押贷款的相关知识、流程和益处等，增强普通农户参与的积极性。

第六节 滕州市农民住房财产权抵押贷款调查

一、滕州市基本情况

滕州市隶属于山东省枣庄市，气候温和，生产环境优越，农产品资源丰富，是鲁南地区重要的粮食产地。该市总面积为 1495 平方千米，包括 17 个镇，4 个街道，共 1250 个行政村。截至 2018 年末，全市总人口 175.2 万人，其中农村人口 88.94 万人，占到 50.76%。全市实现生产总值 1196.32 亿元，其中第一产业增加值为 74.99 亿元，较上年增长 2.8%。

从农业发展来看，该市于 2018 年新成立农民专业合作社 108 家，总计为 2250 家，新发展家庭农场 233 家，总计为 490 家。由于地处平原地带，小麦等粮食作物机械化水平较高，是全国马铃薯之乡，也是国家首批现代化农业示范区。从金融发展来看，该市于 2017 年被列为山东省首批普惠金融综合示范区试点地区，不断创新金融信贷产品、优化服务水平，助力精准扶贫、助农生产。截至 2018 年，该市各类金融机构 61 家，存款余额为 726.73 亿元，同比增长 8.6%；贷款余额为 491.39 亿元，同比增长 12.1%。[1]

二、农民住房财产权抵押贷款实施现状

自 2011 年成为农村改革试验区以来，滕州市政府便积极创新农村金融服务新模式。随着经济的发展，农民贷款需求不断增加，为了解决农民贷款缺乏抵押物的困境，该市于 2014 年探索农村房屋抵押贷款业务，拓宽农民的融资途径。但受限于《物权法》和《担保法》，该业务的实施并不顺利。

2015 年 12 月，国家正式批复滕州市成为国家级农房贷款抵押试点县，正式赋予了农房财产权以抵押贷款的权利，使得农房抵押贷款"名正言顺"。此次试点工作中，多部门相互配合，联合国土、住建、农业、金融等部门，以保证保险做保障，健全产权评估流转体系、风险评估体系，加大信贷支持

---

① 滕州市人民政府. 政府工作报告（2019）[EB/OL]. http://www.tengzhou.gov.cn/, 2019-01-27.

政策以确保试点工作的顺利进行。截至 2018 年 12 月，农村宅基地确权率达到 100%，全市 21 个镇（街）均建立了农村产权流转交易中心，农民住房财产权抵押贷款余额达到 7.97 亿元，对激活农村经济活力起到了很大的作用。

在贷款过程中，抵押房屋的评估方式是根据借款人的贷款额进行确定的，贷款金额在 20 万元及以下的由银行内部组织评估且免收评估费，20 万元以上的由与银行合作的评估机构进行评估。为了降低信贷风险，一方面，县政府建立 600 万元的风险基金，对办理农房抵押贷款业务的金融机构进行风险补偿，这一措施提高了金融机构办理此项业务的积极性；另一方面，农商行与太平洋财险公司合作，投保人为借款人和政府，保费为固定费率 3%，双方各自承担 50%，若形成不良贷款，则保险公司、财政各自赔付 50%、30%，剩下的 20% 由农商行自行承担相应损失。

以官桥镇官桥村借款人孙某为例，男性，49 岁，初中学历，从事服装销售，以经营收入为主要收入来源，年总收入 50 万元，之前有过向银行贷款的经历。因购买一批服装需要资金 25 万元，自有资金 13 万元，所以贷款金额 12 万元，以自家农房作为抵押，贷款日期为 2016 年 1 月 20 日～2019 年 1 月 13 日（36 个月）。经了解，孙某的住房已确权登记且宅基地使用权证、房屋所有权证都是齐全的，所以他只是委托官桥村委会做出了无条件同意住房抵押，并允许在一定范围内进行转让的承诺。之后孙某向官桥镇农商行提出贷款申请并提交相关证明材料，农商行对孙某的信用状况、还款能力等方面进行审查，合格后评估其房屋价值。贷款申请额度为 12 万元，房屋价格由银行内部组织评估为 25 万元，之后签订了抵押贷款合同，由孙某、农商行共同到滕州市房管局办理了抵押登记手续。从申请到得到贷款大约经历了 15 个工作日，最后孙某用这笔贷款解了燃眉之急，并用经营收入如期偿还了贷款，到不动产登记中心办理了抵押注销登记手续，整个流程还是比较顺利的。①

三、调查基本过程及结果

（一）调查对象与问题的选择

为扩大调查范围，更真实地了解农民对农房抵押贷款的了解程度和贷款

① 滕州市农村产权流转交易中心. 滕州市农房抵押款信贷档案［EB/OL］. http：//www.tznjzx.com/，2016－08－15.

意愿，此次采用线上线下随机调查的方式，共收回有效问卷119份。调查对象覆盖姜屯镇、大坞镇、界河镇、西岗镇、官桥镇、东郭镇等。调查问卷涉及农户基本情况，对农房抵押贷款的了解程度、需求意愿以及影响因素几个方面，为农户填写方便，问卷多设置为选择题的形式。

（二）调查问卷结果分析

1. 调查对象宅基地基本情况。根据《土地管理法》第六十二条规定，农村村民一户只能拥有一处宅基地，其面积不能超过各省市规定的标准。调查发现，大多数农户是只有一处宅基地的，但是也有34户农户拥有两处宅基地，占到了28.57%，甚至有6户农户拥有三处及以上宅基地，这是不符合国家规定的，详见表9-14。通过和农户的交谈，了解到拥有两处及以上宅基地的农户中，有些宅基地并没有人居住，造成浪费现象。从农房抵押贷款的角度看，如果农户仅拥有一处宅基地并以此为抵押进行贷款，那么当农户无法清偿贷款且金融机构实现抵押权时，借款人必须可以自行解决居住问题，否则，就不应强制迁出。在这种情况下就会损害金融机构的利益，以农房作为抵押也就没有了意义，这就要求农户有两处及以上宅基地，这与前述国家规定互相矛盾，这也是农房抵押贷款目前存在的法律困境问题。

表9-14 被调查农户宅基地情况

宅基地情况	选项	户数（户）	比重（%）
宅基地数量	1处	79	66.39
	2处	34	28.57
	3处及以上	6	5.04
是否有房屋所有权证或宅基地使用权证	两者都有	24	20.17
	两者都没有	50	42.02
	只有一个	45	37.81

目前滕州市基本已完成房屋确权登记工作，确权率达到100%。但是颁证率较低，根据调查，房屋所有权证、宅基地使用权证中，两者均有的农户仅为24户，占比20.17%；只有一证的农户占比为37.81%，而两证均没有的农户为50户，占比达到42.02%，这说明该市的颁证工作还没有落实到位。据滕州市国土资源部门提供的数据，截至2018年末，宅基地使用权颁证率为86%，房屋所有权颁证率仅有26%，且颁证工作还没有落实到位，仅集

中在龙阳镇、级索镇、西岗镇等少数乡镇，其余乡镇还没有完全开展起来。

2. 对农民住房财产权抵押贷款了解程度、贷款意愿。

（1）借贷情况。根据调查结果，31.93%的农户并没有资金短缺的经历，68.07%的农户有过资金短缺的经历。可见大部分农户还是有过资金短缺的，经访谈，他们资金短缺大多出现在子女婚嫁、从事生产经营需要时。在问及资金短缺时更倾向的借款对象时，59户更倾向于向亲戚朋友借款，占比达到49.58%，还有少量农户倾向于向小额贷款公司借款，有63.87%的农户并没有到金融机构借款的经历。在谈到未来三年的借款打算时，有57.98%的农户并没有融资需求，一个原因是大部分农户所处的环境决定了其并不会有较大的资金需求，另一个原因是大部分农户属于风险保守型的，相比于消费，更愿意将多余的资金储蓄起来，以备未来之用，不愿在有资金需求时求助他人，详见表9-15。

表9-15　　　　　　　　　　　被调查农户借贷情况

借贷情况	选项	户数（户）	比重（%）
是否有资金 短缺的经历	是	81	68.07
	否	38	31.93
如果资金短缺， 更倾向的借款对象	银行	20	16.81
	小额贷款公司	25	21.01
	亲戚朋友	59	49.58
	其他	15	12.60
是否有到金融 机构贷款的经历	是	43	36.13
	否	76	63.87
未来三年是否 有借款打算	是	50	42.02
	否	69	57.98

（2）对农房抵押贷款的了解程度。通过调查农户对农房抵押贷款的了解情况，可以看到，76户农户是没有听说过农房抵押贷款的，占比达到63.87%；43户农户听说过，占比36.13%，其中仅有7户是非常了解的，详见表9-16。大部分农户对农房抵押贷款这一业务是不太清楚的，更别说对宅基地所有权归属、使用权性质、一户一宅等规定的认知。首先，2016～2018年的试点阶段，推广、宣传程度比较有限，且目前没有再进一步推广此业务，农户自然对此知之甚少。其次，农户文化水平普遍偏低，对农民住房

财产权认知水平较低，对新政策接受程度较弱。最后，大多农民的融资需求是有限的，并不会去主动了解相关贷款政策。通过对少数了解农房抵押贷款相关政策农户的调查发现，此类农户都有一定的融资需求以及贷款经历，或从事生产经营活动，或在城市购置房屋，所以会关注到与贷款相关的情况，对相关政策比较了解。

表 9-16　　　　　　　　　被调查农户对农房抵押贷款的了解情况

是否听说过 农房抵押贷款	了解程度			合计比重（%）
	非常了解（户）	比较了解（户）	不了解（户）	
是	7	15	21	36.13
否		76		63.87

（3）对农民住房财产权抵押贷款的需求意愿。通过调查农户的农房抵押贷款需求意愿，可以发现，74 户农户是愿意以自家农房为抵押获得贷款的，占比达 62.18%，但仍有 37.82% 的农户不愿意以自家农房作为抵押得到贷款。他们主要是考虑房屋是自己一辈子居住之所，抵押出去则丧失了安全感，住房没有了保障，对房子有一定的依恋情结，即使利率再低，可贷款额度再大，也不愿将自家房屋抵押出去。影响农户贷款意愿的另一重要因素是利率，大部分人还是偏好于较低的利率水平的，77.31% 的农户希望的贷款年利率在4% 以内，详见表 9-17。据农商行工作人员介绍，农房抵押贷款的利率根据农户的贷款额、贷款期限、个人还款能力不同而有所差异，但总体来说是比普通金融机构贷款有一定优惠的。贷款额度则是依据房屋评估价值的 60% 为限来确定，房屋的评估价值大多集中在 50 万元以下，如东沙河镇党村村民刘某房屋评估金额为 35 万元、荆河街道郭鹏庄村王某房屋评估价值 46 万元，但也有少数例外，如大坞镇大坞村村民张某房屋评估价值为 360 万元，算是比较高的了。

表 9-17　　　　　　　　　　被调查农户农房贷需求意愿

需求意愿	选项	户数（户）	比重（%）
是否愿意以自家 农房为抵押得到贷款	是	74	62.18
	否	45	37.82
能接受的农房 贷款年利率	4% 以内	92	77.31
	4% 到 5%	21	17.65
	5% 以上	6	5.04

3. 影响农民住房财产权抵押贷款需求意愿的因素。在农房抵押贷款中，贷款利率、期限、额度、程序等均是农户考虑的主要因素。从受访农户的选择来看，选择利率的 26.89%，选择期限的 22.69%，选择额度的 28.57%，选择程序的 13.45%，还有 8.40% 选择了其他因素。农户更希望贷款利率低、额度大、期限长，贷款手续简单快捷。

此外，还有一些其他因素影响贷款需求。首先，文化程度越高的农户，视野比较开阔，有一定的创业或经商意识，有较大的资金需求，贷款意愿也就越强烈，但是随着文化水平高到一定程度，他们往往有稳定的工资收入，贷款意愿就会减弱。其次，家庭中土地面积在 10 亩以上、宅基地有 2 处及以上且有更多收入来源的农户贷款意愿比较强烈。最后，有过向金融机构贷款经历的农户，对贷款程序以及贷款政策比较熟悉，他们也愿意以自家农房为抵押获得贷款。

（三）调查结论

1. 滕州市农民住房财产权抵押贷款是基于房屋所有权证和宅基地使用权证来开展的，并建立了以制度体系为基础，以完善的产权流转体系为纽带，以信贷投放支持为支撑，以多层次信贷风险防控体系为保障的较为完整的操作流程。

2. 基于特定的生活背景，农村居民普遍存在文化水平偏低、年龄偏大等特征，多数农户资金需求较少，风险意识比较保守，对自家房屋有一定的依恋情结，不愿以此进行抵押，资金短缺时更倾向于向亲朋好友寻求帮助，金融机构对贷款的宣传工作还有待进一步提高。在宅基地方面存在闲置、浪费等现象，且基于"一宅一户"的法律规定，宅基地的后续流转面临法律困境。

3. 通过对部分地区农户的调查，发现农户贷款多是由于买房、生产经营等用途，且文化程度、宅基地数量、土地面积、借贷经历、相关政策认知等因素与贷款意愿是呈正向影响的，贷款利率、期限、额度是农户在贷款过程中重点关心的因素。综合来看，农户对农房抵押贷款的需求意愿并不是很强烈，所以需要有针对性地进行贷款制度的完善和创新，需要有明确的政策支持。

四、对策建议

（一）完善宅基地管理体系

农村宅基地作为农村土地的重要组成部分，是农户可以用于居住使用的土地，对大多数农户来说是一种保障、一种安全感。完善宅基地管理体系要严格遵循一户一宅的原则，确保宅基地确权登记颁证工作落实到位。一方面使农户的合法权益得到保障，避免出现纠纷，从而促进农村社会的和谐稳定；另一方面可以促进农村宅基地制度改革，使其进入市场，赋予农民更多的财产权利，也赋予农村财产更多活力。宅基地确权颁证使得农房抵押贷款有了产权基础和法律依据，有利于完善宅基地数据库，也便于之后宅基地的流转工作顺利进行。

（二）提高农户贷款的积极性

通过以上调查发现，基于特定的生活背景和思维方式，多数农户对贷款政策不太了解，甚至没有听说过农房抵押贷款，更不会去主动了解相关贷款政策，这就需要加大对贷款政策的宣传力度，激发农户贷款需求。首先，需要加强农房抵押贷款的宣传工作。乡镇干部一般对本区域农户的情况更加了解，可以通过他们来宣传贷款政策、寻求有贷款需求的农户，用更加"接地气"的语言，通过宣传册、广播等多种途径让农户了解农房贷的申请条件、申请程序等内容，提高农户对农房贷政策的认知水平。另外，贷款利率、额度、期限也是影响农户贷款积极性的重要因素，因而地方政府可以结合借款人诚信记录、还款能力给予更多的优惠政策，例如贴息、减轻农户还款压力，以此提高农户参与住房抵押贷款的积极性。

（三）完善农村社会保障体系

由调查结果可以看出，部分农户是属于风险保守型的，担心因自身不能偿还贷款而无处可居，这导致并不愿意用自家农房为抵押获得贷款，因此，需要健全农村社会保障体系，以打消农户贷款不能偿还的顾虑，让农村宅基地"活起来"。可以通过乡镇政府、社会等多方力量通过补贴、救助等多种方式建立起高保障、全覆盖的农村社会保障体系，让农户基本生活有所保障，降低贷款违约后无处可居的风险。另外，还可以派专业人员对有需求的农户进行创业、就业指导与培训，使其有更多的生活来源，提高生活质量，通过完善的社保体系为农房抵押贷款提供有效支撑。

第七节 陇南市林权抵押贷款调查

一、陇南市基本情况

陇南，甘肃省辖地级市，位于甘肃省东南部，地处秦巴山区，东接陕西，南通四川，扼陕甘川三省要冲，素称"秦陇锁钥，巴蜀咽喉"。全市东西长约 237 千米，南北宽约 230.5 千米，土地面积 27923 平方千米，占全省面积的 8.67%。全市林业用地面积 2645 万亩，森林面积 1668 万亩，森林覆盖率 39.95%，林木绿化率 55.86%。

现辖 1 个区、8 个县。全市共 195 个乡镇，其中 140 个镇、55 个乡（含 4 个民族乡），3167 个村委会，140 个城市社区，总面积 2.79 万平方千米，占全省面积的 8.67%。2018 年总人口 288.16 万人，常住人口 263.43 万人，其中乡村人口 173.86 万人。①

二、林权抵押贷款的基本情况

2014 年，陇南市率先在徽县江洛镇、成县小川镇、武都区角弓镇、西和县何坝镇设立农村物权抵押贷款交易中心，启动林权抵押贷款试点工作。当地政府、金融监管机构和各银行业金融机构结合陇南市农村林权的实际情况和信贷环境等多方面的因素，规范抵押贷款的操作，稳步地开展林权抵押贷款的试点业务。2014 年全市累计发放林权抵押贷款 14 亿元，林权抵押面积达 148.87 万亩。② 截至 2015 年 7 月末，全市累计发放林权抵押贷款 21.6 亿元。③ 截至 2017 年底，全市九个县区累计办理林权贷款 38.41 亿元，新增贷

---

① 陇南市人民政府. 魅力陇南［EB/OL］. http：//www. longnan. gov. cn/，2020 - 06 - 18.

② 李琛奇，陈发明. 陇南"三权"抵押贷款为农业"开源"［N］. 经济日报，2015 - 01 - 05 (10).

③ 林治波，曹树林. 土特产傍电商，山沟里发货忙［N］. 人民日报，2015 - 11 - 17 (09).

款4.93亿元，占全年任务3亿元的164.3%；全市累计完成林权流转110.01万亩，新增0.51万亩。与此同时，新型林业经营主体发展良好，详见表9－18，对提高林权抵押贷款需求具有积极作用。① 截至2018年底，累计林权流转面积达到112.3万亩，累计发放林权抵押贷款42.2亿元。② 从发放贷款的金融机构来看，截至2018年末，陇南辖内9家农村合作金融机构除了康县农商银行外，其余8家机构都开展了林权抵押贷款，当年共发放贷款8.63亿元，但在各类贷款中占比较少，仅占农合机构贷款总额的3.06%。③

表9－18　　　　　　2017年陇南市新型林业经营主体发展情况

项目	累计数（个）	新增数（个）	计划任务数（个）	完成计划的百分比（%）
家庭林场	45	22	18	122
农民专业合作社	603	38	18	211

　　金融监管机构、林业主管部门会同各发放贷款的金融机构，结合当地实际，制定并发布了一系列关于林权抵押贷款的措施和相关配套文件，以提高林权抵押贷款的服务水平。2015年1月，陇南市启动了农村产权确权抵押交易服务平台建设工作，当时计划2016年建成9县区交易中心，西和县、徽县、成县整县推进，其余6县建成3~5个乡镇农村产权交易服务站，实现四级联网，搭建起了覆盖四级服务机构的陇南市农村产权确权抵押交易服务平台。④ 其中，成县积极开展产权交易及抵押贷款工作，选择小川镇作为农村土地承包经营权与林地经营权为主的农村物权抵押贷款工作试点乡镇，具体负责组织管理农村产权各项交易活动和农村物权抵押贷款工作，2014年，该县完成林权抵押贷款80万元，有效解决了农户贷款难的问题。⑤ 但目前，各金融机构在开展林权抵押贷款业务时仍面临诸多的问题。因此，各金融机构应该以问题为突破口，结合当地发展实际，完善林权抵押贷款体制机制。

──────────────

　　① 陇南市林业和草原局.2017年集体林权配套改革工作总结及2018年工作打算［EB/OL］.http://www.longnan.gov.cn/，2018－01－29.
　　② 吕霞，陇南：山青水绿谱写幸福华章［N］.甘肃经济日报，2019－09－24（01，06）.
　　③ 作者调查.
　　④ 郭亚婷.陇南市农村产权确权抵押交易服务平台成效显［EB/OL］.http://www.longnan.gov.cn/，2016－06－29.
　　⑤ 武继良.成县农村物权抵押贷款试点圆满完成［EB/OL］.http://szkb.gansudaily.com.cn/，2014－12－16.

三、林权抵押贷款相关案例

成县小川镇天山村村民李某，男，46 岁，已婚，初中文化水平，家中共
5 口人。该村民拥有耕地 3 亩，林地 5 亩，其中林木的面积为 2500 平方米，
主要从事的职业为牲畜养殖，李某家庭总资产为 65 万元，固定资产为 40 万
元，其他资产为 25 万元，年总收入为 25 万元，经营收入为 15 万元。2016 年
李某来到成县农村信用社申请办理林权抵押贷款，希望以自己的 5 亩林地进
行抵押取得贷款，来扩大自己的牲畜养殖规模。随后，当地的评估机构对李
某的 5 亩林地进行了价值评估，评估价值大约 28 万元，最终当地的农村信用
社批准了李某的林权抵押贷款申请，对他发放了金额为 15 万元的贷款，期限
为 3 年，而还款的第一来源为李某牲畜养殖的收入。最后，李某利用林权抵
押贷款扩大了养殖场的规模，由于养殖场规模的扩大，李某的牲畜养殖数量
也相应地增加，收入水平有了很大的提高。[①]

成县二郎乡村民王某，男，42 岁，已婚，高中文化水平，家中共 6 口
人，该村民拥有耕地 2 亩，林地 3.5 亩，其中林木的面积为 1200 平方米。王
某经营了一家农家乐，王某的家庭总资产为 80 万元，其中固定资产为 52 万
元，其他资产为 28 万元，年总收入为 20 万元，经营收入为 12 万元。2015 年
王某听到村干部宣传，可以用林权证抵押给农村信用社进行抵押贷款，于是
王某向当地的农村信用社申请林权抵押贷款，随后，当地的评估机构对王某
的 3.5 亩林地进行了价值评估，评估的价值为 19.6 万元，最终农村信用社对
他发放了金额为 10.5 万元的贷款，贷款期限为 3 年，还款的第一来源是王某
的农家乐的营业收入。王某拿到了贷款以后，在自家农家乐旁边修建了一个
鱼塘，在吸引钓鱼爱好者垂钓的同时满足农家乐对于鱼肉的需求。王某通过
林权抵押贷款发展的养鱼项目，不仅使自己的农家乐生意变得比以前更好，
而且拓宽了自己的收入来源，增加了收入。[②]

四、林权抵押贷款发展存在的问题

（一）林权抵押投放贷款空间有限，缺乏配套措施

首先，受政策性惠农贷款持续大量投放的影响，林权抵押贷款的吸引力

[①②] 笔者根据调查整理。

受到影响。自 2015 年以来，在各县区政府的支持下，成立了由财政贴息的专项担保基金，支持保证贷款的发放。同时，又相继创新出易地扶贫搬迁贷款、"双业"贷款和中药材产业贴息贷款等惠农政策性贷款。与上述政策性贴息贷款相比，林权抵押贷款解决的是抵押物缺乏的问题，属于商业性贷款，对借款人吸引力较小。而且一般的林权抵押贷款的贷款期限较短、办理手续比较复杂等，这些因素大大地降低了林户对于林权抵押贷款的需求。其次，部分县将试点工作的重点放在了农村土地承包经营权抵押贷款上，并未发布林权的相关配套政策，确权颁证、风险补偿等具体措施都没有，同时还缺乏必要的监督管理机制，使得林权评估结果缺乏公正性和权威性。例如文县未建立林权管理服务机构等配套中心，无法办理抵押登记手续，加之受文县县情的影响，林业主管部门无法办理林权抵押登记手续，影响了抵押合同的效力，无效抵押物是当前银行办理林权抵押存在的最大法律风险。

（二）抵押物评估、变现难

首先，林权抵押的顺利进行需要有一个评估体系，其中包括林木资产评估的专业队伍及评估的标准等。而辖内缺乏专业的评估机构和专业人员，林权评估缺乏规范、统一的标准，存在低值高估、高值低估的现象，导致林权抵押贷款的登记和评估的工作效果不明显，达不到借款人的评估需求。其次，林权抵押的抵押物变现困难，由于抵押物大多为用材林和竹林的幼龄木，如出现贷款不及时偿还，将面临不能及时变卖抵押物用于还款的情况，且森林的采伐还需满足相关要求及标准，申请手续烦琐，林木不能及时采伐出售，不仅会影响林农不能按时偿还贷款，而且会影响金融机构在出现信贷风险后及时处置抵押林木。最后，林权流转市场不透明、社会认可的林权流转交易市场尚未真正建立和运行，当出现违约贷款时，银行的权益将会遭受损失。

（三）贷后管理难，风险补偿缺乏针对性措施

一是大部分抵押林木地处偏远，地形复杂，使得贷后对抵押物的安全管理工作变得十分困难。森林资源既不能仓储，又难以进行封闭的管理，而且林业产业在生产经营的过程中面临的各类风险都有可能随时发生，而放贷银行对于林权抵押贷款的风险补偿机制不健全，这类风险将得不到很好的分散。另外，林业部门和金融机构之间没有建立一个很好的信息共享系统，银行对抵押的林木的基本情况不能够及时地了解，对日后的贷款不能有效的管理，

容易给银行造成不良贷款。二是林木面临火灾、洪涝、虫害及雨雪等不可抗力的自然风险，仅通过林农对这些风险进行自我风险防范是远远不够的，当风险发生以后，林农违约的可能性往往会增加，这样会给银行资产保全带来较大困难。三是大部分贷款的还款取决于林农自身，而林农的教育背景相对较低，对于利率、相关的金融知识和政策缺乏了解，或者是对于相关的政策解读能力不是很强，这势必会造成林农在林权抵押贷款的资金投向上产生一定的偏差，从而增加银行的信用风险。

五、推进林权抵押贷款工作的对策建议

（一）高度重视，大力推广良好做法

金融监管机构、地方政府各相关部门、发放贷款的金融机构一定要认真落实相关的规定，履行好各自的职责。目前部分县区在实践中已形成了一些良好的可推广的做法，当地各放贷银行应该认真学习先进典型，大力推广良好做法。各放贷银行要坚持"政策引领、试点先行，风险可控、慎重稳妥"的原则，不断完善贷款管理制度和操作流程，在全县区范围内稳妥有序地开展林权抵押贷款业务，在积累经验的基础上不断巩固并扩大试点工作。

（二）突出重点，强化主体服务功能

林权抵押贷款要重点支持林业生产经营、森林资源培育和开发、林产品加工等涉林资金需求。各地林业主管部门可设立信息发布、法律咨询等服务窗口，积极为林业规模经营主体提供点对点服务，增加其信息量和辐射面。另外，推广"林业经营主体申请、部门推荐、银行审批"的运行机制。林业主管部门应同当地银保监机构定期在辖区内评选一些经营良好、示范带动作用强的林业经营主体，使得金融机构主动为这些优秀的林业经营主体提供贷款支持，从而提高林权抵押贷款的可得性。

（三）明晰林权权属，建立完善的林权配套体制机制

要实现农村资产的资本化，需要政府部门的行政帮助，地方政府应制定并发布适合当地开展林权抵押贷款的相关政策措施，建立确权中心和风险补偿机制。金融机构需做好对林权权属、林权资产价值的详尽调查，加强与当地林业主管部门之间的交流协作，做好林权类不动产登记和抵押登记等服务

工作，实现一些相关信息的共享。相关的放贷银行应该通过积极地引入政府的权力和公信力，建立区域范围内的操作规范，确保林权抵押贷款业务在各个环节公平透明、科学合理，为该项业务的安全平稳运行提供体制保障。

（四）完善林权交易体系，方便抵押物处置

林业主管部门会同金融监管机构，积极建立健全森林资源资产的交易体系，为林权抵押贷款抵押物的处置交易搭建一个完善的平台，方便放贷银行贷款本息的收回。同时，该平台还可以使林地从对林业经营不感兴趣的农民手中转到那些愿意经营的农民手中，形成规模效应。

（五）严格信贷流程，科学评估林权价值

首先，组建一个专门的林权价值评级机构，由专业的林业工程师、银行人员以及政府部门的人员组成。其次，建立抵押财产价值评估制度，实行评估机构准入管理，对于贷款金额在30万元以内（含）的，由放贷银行根据市场价值自行评估，不收评估费；对于贷款金额在30万元以上的，由专业的评估机构进行资产评估，评估费采取微利原则收取。贷款期限确定为1~5年，对不符合抵押条件的林权一律不得抵押。最后，放贷银行要规范办理林权抵押贷款业务部门的信贷流程，明确部门以及人员的职责，为林权抵押贷款提供一个良好的办理环境。

（六）加强贷款管理，防范信贷风险

放贷银行要加强信贷人员对林权抵押贷款相关政策知识的学习，完善林权抵押贷款管理办法。此外，银行应该针对当前农村的信用环境，委派专业能力强的业务人员深入农村对农民进行贷款相关知识的宣传和教育，提高农民的诚信意识，优化农村金融环境，降低贷款后可能会产生的风险。在此基础上，放贷银行还要加强贷后管理工作，做好借款人账户资金往来的信息记录，有效控制贷款风险点，规避贷款风险的出现，保证信贷资金安全。

参考文献

[1] 安立环. 林权抵押贷款存在的问题及政策建议——以吉林省为例 [J]. 吉林金融研究, 2012 (6): 69-70.

[2] 长汀县人民政府. 创新金融服务体制, 推进林权抵押贷款 [J]. 福建林业, 2017 (2): 6-7.

[3] 陈红民, 李长楼. 江苏省宿迁市农村土地承包经营权抵押贷款试点情况调查 [J]. 金融纵横, 2015 (4): 95-98.

[4] 陈霄. 农村宅基地利用与抵押调查研究——基于重庆市不同区域农户的问卷分析 [J]. 西部论坛, 2010 (3): 8-16.

[5] 褚保金, 陈畅. 农村抵押贷款创新模式的探讨——来自"两权一房"抵押贷款的启示 [J]. 中国农村金融, 2010 (6): 41-43.

[6] 戴青兰. 当前我国农民住房财产抵押贷款的试点及思考 [J]. 吉林工商学院学报, 2014 (3): 55-57, 117.

[7] 丁月成, 祝峰. 商业银行林权抵押贷款探析 [J]. 国际金融, 2015 (9): 17-23.

[8] 董明, 张智强. 加快完善土地承包经营权和宅基地使用权抵押的政策建议 [J]. 中国农村信用合作, 2009 (12): 22-23.

[9] 杜群, 董斌. 农民住房抵押贷款实现机制创新略论——基于试点实践的考察 [J]. 湖南农业大学学报 (社会科学版), 2018 (2): 55-60.

[10] 福建省林业厅. 林改催生了林权抵押贷款 [J]. 绿色财会, 2006 (2): 42-44.

[11] 高锋, 周雪梅, 肖诗顺. 农村土地承包经营权抵押担保制度探讨 [J]. 西南金融, 2009 (3): 40-42.

[12] 高圣平, 刘萍. 农村金融制度中信贷担保物: 困境与出路 [J]. 金融研究, 2009 (2): 64-72.

[13] 高天放，张新立，连和平，等. 农户视角的农村土地承包经营权抵押贷款意愿实证分析——基于国家级"两权"试点县邱县的案例 [J]. 华北金融，2017（8）：52 - 55，67.

[14] 高旸. 林权抵押贷款问题探讨 [J]. 财会通讯，2009（5）：21 - 22.

[15] 郝志伟. 河北省玉田县农村土地承包经营权抵押贷款中的问题与对策 [J]. 河北金融，2019（7）：59 - 61.

[16] 何承斌. 我国农村宅基地使用权抵押贷款的困境与出路 [J]. 现代经济探讨，2014（12）：70 - 72.

[17] 黄惠春，曹青，曲福田. 农村土地承包经营权可抵押性及其约束条件分析——以湖北与江苏的试点为例 [J]. 中国土地科学，2014（6）：44 - 50.

[18] 黄慧春、徐霁月. 中国农地经营权抵押贷款实践模式与发展路径——基于抵押品功能的视角 [J]. 农业经济问题，2016（12）：95 - 102.

[19] 惠献波. 金融机构开展宅基地使用权抵押贷款业务意愿的影响因素分析——基于对河南省 305 名农村信贷员的调查 [J]. 唐山学院学报，2014（3）：94 - 98.

[20] 惠献波. 农民住房财产权抵押贷款：响应意愿及影响因素分析——基于农户阶层分化的视角 [J]. 农村金融研究，2018（10）：51 - 55.

[21] 兰庆高，惠献波，于丽红，王春平. 农村土地经营权抵押贷款意愿及其影响因素研究——基于农村信贷员的调查分析 [J]. 农业经济问题，2013（7）：78 - 83.

[22] 李晨曦. 农村土地承包经营权抵押贷款的实践与思考——以黑龙江省克山县为例 [J]. 中国农业资源与区划，2015（4）：73 - 77.

[23] 李成强. 关于农民住房财产权抵押风险防范的实践与思考 [J]. 金融纵横，2016（5）：27 - 32.

[24] 李慧琴. 福建省三明市开展林权抵押贷款的成功探索 [J]. 经济师，2017（12）：157 - 158.

[25] 李明慧，陈盛伟，姜森. 农村土地承包经营权抵押贷款试点的比较分析——以山东省潍坊寿光市、枣庄台儿庄区为例 [J]. 新疆农垦经济，2018（1）：64 - 69.

［26］李沛珈. 农村承包土地经营权抵押贷款试点的实践与启示——以山西省定襄县、山东省潍坊市试点比较为例［J］. 山西农经，2018（9）：48 – 50.

［27］李文娟，杨曦. 创新农民住房财产权抵押贷款模式有效激活农村"沉睡资产"［J］. 大庆社会科学，2015（1）：124 – 126.

［28］李增明，刘建勋，潘永柱. 加快松阳县林权抵押贷款工作步伐［J］. 中国林业，2008（6A）：61.

［29］林建伟，刘伟平. 土地承包经营权抵押贷款的实践异化与制度回归——来自福建省试点情况的分析［J］. 东南学术，2015（1）：161 – 166.

［30］刘昌南，张亚军. 农村土地流转经营权抵押贷款的困境与发展策略［J］. 山西农业科学，2016（3）：415 – 418.

［31］刘贵珍. 推行农村土地承包经营权抵押贷款的可行性研究［J］. 金融理论与实践，2008（10）：47 – 49.

［32］刘欢，陈文. 农民住房财产权抵押贷款的困境与出路［J］. 法制博览，2018（23）：44 – 46，40.

［33］刘振海，肖化军. 发展农村林权抵押贷款的实证分析［J］. 中国金融，2007（21）：69 – 70.

［34］马红. 彩云之南满眼春——云南省农信社拓展林权抵押贷款纪实［J］. 中国农村信用合作，2008（8）：54 – 56.

［35］倪剑. 林权抵押贷款风险管理研究［J］. 北京林业大学学报（社会科学版），2014（2）：81 – 86.

［36］彭丽坤，宁国强，姜健. 农户宅基地使用权抵押贷款意愿的研究——以辽宁省为例［J］. 江苏农业科学，2014（6）：467 – 469，477.

［37］邱云，林志芳，龙旭梅，陈其勇. 沐川县经济林木（果）权抵押贷款工作探索［J］. 中国林业经济，2018（4）：86 – 87.

［38］阮建明，祝麟. 对探索建立农民住房抵押贷款机制的几点思考［J］. 浙江金融，2008（10）：17 – 18.

［39］佘智禄，杨亚旭，李桑，闫昕，孙昌瑜. 林地使用权抵押贷款问题研究——基于浙江省安吉县的调研报告［J］. 财经界，2010（5）：91 – 94.

［40］司庆正. 林权抵押贷款助推齐河县新农村建设［J］. 国土绿化，2007（2）：24.

[41] 孙红，张乐柱. 股份合作：林权抵押贷款的制度创新 [J]. 林业经济问题，2016 (2)：133 - 138.

[42] 唐其宝，冷潇潇. 论农民住房财产权抵押贷款的有效实现 [J]. 淮北职业技术学院学报，2018 (5)：73 - 75.

[43] 田刚，刘亚男. 河北省林权抵押贷款现状及对策研究 [J]. 商业经济，2018 (4)：102 - 104，181.

[44] 汪险生，郭忠兴. 承包型土地经营权抵押贷款的实践探索——基于对宁夏平罗县与同心县的比较分析 [J]. 农村经济，2016 (6)：77 - 82.

[45] 王朝明，朱睿博. 农村承包土地经营权抵押贷款的理论模型与实践经验 [J]. 河北经贸大学学报，2016 (5)：54 - 62.

[46] 王润生，朱龙章. 安福林权抵押贷款打破林业发展瓶颈 [J]. 国土绿化，2007 (7)：29.

[47] 王文卓. 关于农民住房财产权抵押贷款试点的调查思考 [J]. 现代金融，2016 (3)：27 - 30.

[48] 王晓烨. 农民住房财产权抵押贷款的实践与思考——以福建省晋江市为例 [J]. 科技经济市场，2019 (3)：130 - 132.

[49] 韦欣，葛锦春. 农村林权抵押贷款融资面临的障碍及其对策 [J]. 安徽农业科学，2011 (20)：12456 - 12457.

[50] 吴琦. 商业银行林权抵押贷款的风险防控 [J]. 中国国情国力，2018 (3)：18 - 21.

[51] 许可，龙江，王勇. 关于江夏区农民住房财产权抵押贷款改革试点的若干思考 [J]. 武汉金融，2018 (12)：72 - 74.

[52] 闫广宁. 对同心县农村信用联社开展土地承包经营权抵押贷款情况的调查与思考 [J]. 西部金融，2008 (8)：49 - 50.

[53] 阎庆民，张晓朴. 农村土地产权抵质押创新的实现路径 [M]. 北京：中国经济出版社，2015：144 - 145.

[54] 杨国平，蔡伟. 农村土地承包经营权抵押贷款模式探讨 [J]. 武汉金融，2009 (2)：49 - 50.

[55] 杨南平，段爱勇，黄小仁. 对推行农村住房抵押贷款问题的调查与思考——基于江西峡江县个案 [J]. 金融与经济，2014 (7)：32 - 34.

[56] 杨子萱，罗攀柱，杨万里. 湖南林权抵押贷款的现状与问题研究

[J]. 湖南社会科学, 2019 (5): 97-103.

[57] 于丽红, 陈晋丽, 兰庆高. 农户农村土地经营权抵押融资需求意愿分析——基于辽宁省 385 个农户的调查 [J]. 农业经济问题, 2014 (3): 25-31.

[58] 张辉, 张晓云, 高锦灿. 浅议农村土地承包经营权抵押贷款相关法律问题 [J]. 农村金融研究, 2015 (3): 64-68.

[59] 张湘玉. 探索林权抵押贷款新模式, 激活森林 "沉睡资源" ——关于麻阳县谭家寨乡楠木桥村林权抵押贷款的调查报告. 科技资讯, 2019 (13): 252-253.

[60] 张子成. 河北省农村承包土地经营权抵押贷款开展中的问题及建议 [J]. 河北金融, 2016 (6): 50-52.

[61] 赵丙奇. 农村土地经营权抵押贷款融资效果评价 [J]. 社会科学战线, 2017 (7): 55-64.

[62] Bester H. Screening versus rationing in credit markets with imperfect information [J]. The America Economics Review, 1985, 75 (4): 850-855.

[63] Bester H. The role of collateral in credit markets with imperfect information [J]. European Economic Review, 1987, 31 (4): 887-899.

[64] Deininger K, Binswanger H. The Evolution of the World Bank's Land Policy: Principles, Experience, and Future Challenges [J]. World Bank Research Observer, 2001, 14 (2): 247-276.

[65] Deininger K. W. Land policies for growth and poverty reduction [J]. World Bank Publications. 2003 (10): 77-82.

[66] De Soto, H. The mystery of capital: why capitalism triumphs in the west and fails everywhere else [J]. Archives of Environmental Health An International Journal, 2000, 61 (100): 455-456.

[67] Feder, Gershon. Land policies and farm productivity in Thailand [M]. Johns Hopkins University Press, 1988: 76-82.

[68] Field E, Torero M. Do Property Titles Increase Credit Access Among the Urban Poor? Evidence From a Nationwide Titling Program [Z]. Working Paper of Harvard University, 2006: 22-25.

[69] Jensen M C, Meckling W H. Theory of the firm: Managerial behavior, agency costs and ownership structure [J]. Journal of Financial Economics, 1976,

(3): 305 –360.

[70] Lopez R. Land Titles and Farm Productivity in Honduras [M]. World Bank, Washington Processed, 1997: 41 –52.